黄冈名师录

HuangGang MingShiLu

第一卷

曾跃进　南东求　编著

长江出版传媒
湖北人民出版社

图书在版编目(CIP)数据

黄冈名师录(第一卷)/曾跃进,南东求编著.
武汉:湖北人民出版社,2013.12
ISBN 978-7-216-07909-9
Ⅰ.黄…　Ⅱ.①曾…②南…　Ⅲ.教育工作者—生平事迹—黄冈市—古代
Ⅳ.K825.46
中国版本图书馆 CIP 数据核字(2013)第 282021 号

出 品 人:袁定坤
责任部门:鄂西分社
责任编辑:邓　涛
封面设计:汪　汉
责任校对:游润华
责任印制:谢　清
法律顾问:王在刚

出版发行:湖北人民出版社	地址:武汉市雄楚大道 268 号
印刷:武汉市福成启铭彩色印刷包装有限公司	邮编:430070
开本:787 毫米×1092 毫米 1/16	印张:14.25
字数:223 千字	插页:2
版次:2013 年 12 月第 1 版	印次:2013 年 12 月第 1 次印刷
书号:ISBN 978-7-216-07909-9	定价:38.00 元

本社网址:http://www.hbpp.com.cn
本社旗舰店:http://hbrmcbs.tmall.com
读者服务部电话:027-87679656
投诉举报电话:027-87679757

序

黄冈，是一方传奇的土地。自古以来，人杰地灵，名人辈出。从《黄冈市志·人物》随意拈出一个名字，如：毕昇、程颢、程颐、李时珍、耿定向、顾问、顾景星、刘仕壮、陈沆、万密斋、董必武、李先念、陈潭秋、熊十力、闻一多、叶君健、李四光、王葆心，等等。都是光照史册，让人肃然起敬的人物。据《黄冈市教育志》记载，在科举时代，黄冈先后共中文科进士 852 人，武科进士 89 人，文科举人 3309 人。其中，状元 5 人，榜眼 1 人，探花 4 人，可谓“吾黄冠楚”。就是在当代，黄冈同样以其“高成材率”闻名全国，为国家培养了数以万计优秀人才，缔造了一个又一个教育神话。在国际中学生奥林匹克学科竞赛中，先后为国家夺得 11 金 5 银 2 铜共 18 枚奖牌。走出了 13 位中国工程院、科学院院士，还有各个领域数以千计的杰出人才。如：中国第一颗探月卫星“嫦娥一号”运载火箭系统总指挥岑拯等 3 位技术专家。他们的成就，生动地续写了“惟楚有才，鄂东为最”的历史佳话。

然而，在这“神话”抑或“佳话”的背后，是否想过，这千树万树桃李，是谁为之培土，为之浇灌？显然，作为来者，作为今人，值得去分析，去研究，挖掘其成功的奥秘。我想，这就是作者编写这本书的初衷吧！

何谓名师，顾名思义就是有名望的老师。但其内涵是什么呢？韩愈曾言：“古之学者必有师。师者，所以传道、授业、解惑也。”说的是凡是学习的人，一定要有老师。而做老师的，第一是要传其道。而授业与解惑，则是传道的直接体现。细细品味，他只道出了教师的基本职责。早在韩愈之前的董仲舒说得更好，他说："善为师者，既美其道，又慎其行。"教师，不仅传其道，还要使其道更"美"，如何"美"？那就是"慎其行"，那就是教师的"模范"作用了。正如董仲舒之后的扬雄所说："师者，人之模范也。"实际上，作为老师，授业易，解惑亦不难，而难的是，要成为真正的"人的楷模"，即人们常常称誉的"人之师"。这是最难的。正因如此，宋代大史学家司马光，说了一句至今仍有现实意义的话："经师易遇，人师难求。"司马光的"人师"，就是扬雄的"人之模范"。可以说，做一位普通的老师并不难，而最难的是"人师"，即"人的楷模"，因而也是最难求的。能敬为"人师"的，自然，才是我们常常称道的真正意义上的"名师"了。

编者从施教者的角度，研究黄冈名师，在浩如烟海的史料中，以独特的视角和新颖的体例编写《黄冈名师录》，为黄冈教育者立言树典范，的确是一件功在当代、利在千秋的好事。

不久前，我的两位友人曾跃进、南东求，寄来了这本书稿。恳切地希望我，对书稿提出意见，以便修改，并为之作序。我虽然未能对全书细细阅读，但翻看了本书的目录，看到了书中所列的历朝历代的"黄冈名师"，并翻读了其中的部分章节，明白了编者的良苦用心。黄冈之所以人杰地灵，这一批批的名师，在其中起了巨大的推进和教化作用。他们有的已见诸史载，如"楚北大儒"陈诗，在他的悉心培育下，走出了一名状元——蕲水陈沆、一名探花——蕲春陈銮；如"楚国以为宝"的一代"宿儒"王葆心，由于他的教诲，从这里走出了"现代大儒"徐复观。可是，有的却不见"经传"。如录中所记，著名塾师李卓侯，终生从教，爱生如子，由于教学有方，从他的讲台前，走出了一群著名人物，如后来被誉为红色经济学家的王亚南；名闻中国现代史的"林氏三兄弟”（林育南、林育英、林彪），均得其启蒙，受其教诲。尤其是，悉心教导其次子仲揆（李四光），为其灌输科学思想，使之后来成为世界著名的科学家。像这样的名师资料再不进行抢救性地“挖掘”，为之旌表，恐怕就要淹没在历史的烟海之中了。这一点，我深深感佩编者的社会良知和历史责任！

总之，在黄冈这块土地上，一批批名师，用他们的智慧和心血，化作春雨，“随风潜入夜，润物细无声”，哺育着这块土地上无数的春苗。让这一批批的春苗，茁壮成长，成为这块土地的骄傲，成为民族的骄傲，成为国家的骄傲，甚至成为人类的骄傲。我有幸作为黄冈教育的受益者和在北京工作的文化工作者，有感于斯，愿为广大读者，欣然推荐这本书。

是为序。

蔡　宇

2013 年 7 月 16 日

前　言

黄冈素有“名人之都，教育之乡”的美誉。自古以来，名师荟萃，桃李满天下。个中缘由，除了黄冈具有厚重的人文历史，璀璨的教育文化，崇文重教的社会风尚之外，还有一个很重要的原因，就是教师群体自身的努力。可以说，黄冈历代教育人，尤其是他们中的杰出代表——名师们，前仆后继，继往开来，德艺泽被，无私奉献，造就了蜚声海内外的黄冈教育。

本书为《黄冈名师录》第一卷，主要记录黄冈古代名师，第二卷、第三卷将记录黄冈近现代名师和黄冈当代名师。力图通过叙言、叙行，展现黄冈历代名师的生平风采、教育言行和历史功绩。旨在总结和提炼黄冈教育经验，宣传黄冈教育，弘扬黄冈教育精神，树立黄冈教师典范。同时，告诉您黄冈名师的读书之法，育人之道和个人成长的秘密。

本书试图在体例上有所创新。介绍名师分背景链接、名师名片、教育箴言、名师传略、著述名录等五个单元。背景链接介绍名师工作的属地、学校的教育人文和成长历史背景；名师名片对名师的历史地位和社会公认进行简练、形象的概括；教育箴言则是选取名师对教育最有意义的一则语录；名师传略为本书主体部分，包括名师的生平简介、成长经历、教育言行、教育经验和主要教育教学成就；著述名录则主要记述名师教科研成果。

本书采用章节体，为了结构合理和叙写方便，对一些历史问题，在考证辨析的基础上，做了一些合理推断，如将古代县学（儒学）与当今各县市第一中学联系起来，使之一脉相承，正确与否，仅代表一家之言。

本书收录的名师，都是历史上长期工作在黄冈教育一线的教师和教育管理工作者，他们有着丰富的教育教学经验和管理经验，用智慧和汗水谱写了黄冈教育的辉煌，为发展黄冈教育事业做出了卓越的贡献，既有典范性，又有一定的学术价值。如果对今天黄冈教育进一步科学发展具有一定的借鉴意义，则编者幸甚！

编　者

2013 年 8 月 1 日

黄冈名师语录

涵养须用敬，进学在致知。

——宋/红安/程颢

圣人之志，只欲老者安之，朋友信之，少者怀之。

——宋/红安/程颐

求学不访贤，学无以进。

——宋/安徽/朱载上

知不如思，思不如行，行并于思，乾坤乃定。

——宋/黄州/潘大临

求谏非难而受谏为难，受谏非难而从谏为难。

——宋/安徽/李宗勉

教人必明体适用，讲学必至人知其然而知其所以然。

——宋/成都/毋制机

古人为己之学，乃今人己为之学。

——宋/福建/李宗思

博究经史，以道自任。

——元/江西/龙仁夫

古人云，子不教，父之过。吾谓祖之过更甚也。

——元/麻城/刘巨河

学有三关：一是心即道；二是事即心，三是慎术

——明/红安/耿定向

为学者，成于自信，废于自是。

——明/红安/耿定理

洒扫应对，便是形而上者；日用平常，只要默而识之。

——明/红安/耿定力

动人以言者，其感不深；动人以行者，其应必速。

——明/福建/李贽

势不可使尽，福不可享尽；便宜不可占尽，聪明不可用尽。

——明/江苏/冯梦龙

有教无类，学以致用；方技杂流，亦不拒也。

——明/罗田/顾阙

学不至圣贤，为大罪可惧也。

——明/罗田/顾问

卯时课读，子时自省，学也忽焉。

——明/新洲/郭庆

揣摩圣贤，退省怀惭。

——明/团风/吴良吉

修德问业，明体达用。

——明/新洲/萧继忠

玉不琢，不成器。然玉者分上中下三品，盖下品之玉琢为中乘之器，中品之玉琢为上乘之器，乃师之技也。

——明/浙江/张辅

治学一道，修明律己，其兴也勃焉。师惰纲废，其颓也忽焉。

——明/四川/萧璞

今日之学，必择前人所未有，后世所不可无者为之。

——清/罗田/周锡恩

才能须应万变，学业岂拘五经。

——清/罗田/姚晋圻

为学者，贵有惑，解惑不独有师，而在己。

——清/红安/卢镜亭

讲学须变万法，课徒须应万能，唯业精于勤一法万世不变。

——清/浠水/闻斯行

人无信不立，学无疑不信，为学者当以信自恃，为师者当以信自视也。

——清/河南/张九一

子欲渔，即便结网，也在功夫一途。

——清/黄梅/瞿九思

胸窄自是，悔误必多；庸懒自甘，学业难成。

——清/麻城/李中素

不勘破义利关，何须讲学；要识得忠孝字，才是读书。

——清/麻城/袁铣

一字一书，当思来之不易；一墨一砚，可著千年春秋。

——清/蕲春/陈诗

修身为立德之本，善学为从教之要。

——清/黄梅/帅承治

问山徐霞客，问水郦道元，问草李时珍，余不及万分之一，尔学其一足矣！

——清/宜昌/杨守敬

造学问，若不能苦其心志，探其疑虑，辨其善恶，则师道从此而废也。

——清/安徽/汪绍堉

取小人之悦，必使君子受累，谓为信然。

——清/蕲春/张仕淑

修辞立其诚，以实言为实行，精神更无走作，不至业而始修，直图所以居业者。

——清/团风/曹本荣

问业如捕鱼，有难易也。结网临渊，则难者亦易矣；临渊结网，则易者亦难矣。

——清/新洲/李钧简

听说有天堂，尽吾心聊以报吾本；明知无地狱，从其俗不忍贱其亲。

——清/英山/萧际云

治学之道，贵在师长者之长，补己之短，贵在精勤二字。

——清/武穴/王访儒

治道，贵振民权，任自由。

——清/浠水/何焜阁

放牛娃中亦有朱元璋，雪天求炭，凿壁借光，岂敢拒也。

——清/罗田/叶良杞

只要有愚公之志，总能搬走大山。

——清/蕲春/田又青

为经忏可超生，难道阎王怕道士；纸钱能赎命，分明天尊是赃官。

——清/蕲春/陈仰瞻

学不可以偏废，义理、词章、考据三者缺一不可。

——清末民初/罗田/王葆心

生存之道，学习之法，乃服务社会之技能也。

——清末民初/黄州/李卓侯

贫学则国家贫矣，富学则国家富矣。古往今来，莫不如是。

——清末民初/红安/陈逵九

为学不读《资治通鉴》，无以立学也。为人不学司马迁，无以立人也。

——清末民初/蕲春/朱义苐

目　　录

第一章　儒学名师

黄冈古代官学，在黄冈教育发展过程中发挥了重要作用。黄冈能成为全国著名的教育之乡，历代教育官员，尤其是一代又一代的儒学名师（指古代官学名师）功不可没。

晚清以前，教育行业基本上实行“官师合一”制度。教育官员既是教育的管理者，又是第一线教师。这一群体，为推动黄冈教育的发展做出了重要贡献。历史上，在黄冈担任教育官员的有很多是学问渊博的学者。如南宋黄州分教毋制机，兼领黄州州学、雪堂书院、河东书院教授，以“教人必明体适用”为教学理念，开启了黄冈求真务实的学风。南宋黄州教授李宗勉，因振兴教化、建设学校功绩卓著，后擢升为宰相。清代黄冈县教谕杨守敬，为湖北著名的地理学家、金石学家、目录版本学家、书法家和藏书家，其弟子广播江淮，名传四方，等等。特别是，明代理学大师耿定向、耿定理、耿定力和顾问、顾阙这两家兄弟，在鄂东南北各自创建了一个理学讲学、研讨中心，学术上各树一帜，将黄冈教育推向了全国。从此，黄冈教育备受关注，铸就了黄冈崇文重教、劝教兴学的官风民俗，并在鄂东大地代代传扬。此后，朝廷选任黄冈教育官员，非名师莫属。因此，科举取士，“吾黄冠楚”。黄冈历代共中文科进士 852 人，举人 3309 人；明、清共中武科进士 89 人。其中，宋代取文科进士 68 人，是唐代的 6.2 倍。明代取文科进士 342 人，为元代的 10.7 倍。清代取文科进士 396 人，其中状元 2 人，探花 2 人，科举成就轰动朝野。这些人中，后来不少人官至高位，或成为著名的思想家、革命家、军事家、文学家、教育家，造福乡梓，名垂青史。

黄冈古代官学发达，教育体系不断完善。据《黄冈市教育志》记载，唐武德四年（621），蕲水县建立兰溪学宫，为鄂东记载的最早学宫。随后，府设府学，州设州学，县设县学，“州县莫不有学，学皆有庙”。至清末，境内先后共建有官学及机构 3 万余家，其中，州学 2 所，府学 1 所，试院 1 所，县学 8 所，社学和义学共计 3 万余所。古代官学，均以孔庙为学址。孔庙，又称文庙、圣庙、儒学、黉学、学宫、夫子庙、先师庙、文宣庙、宣圣庙等，通称“儒学”。府（州）学（相当于今地市直辖重点中学）为应府试、院试、乡试、会试者提供研习场所，其生员一般要求具备秀才资格。县学（相当于今各县第一中学）生员一般分为三类：一为廪生，即入学考试成绩一等者，其中的“寒士”由儒学给予廪膳补助其生活，并优免其丁粮；二为增广生，即入学考试成绩二等者，不能享受廪膳、免除丁粮的优待；三为附生，即廪生、增广生之外被录取的生员。到清末，儒学基本演变为一种主要办理科举考试的机构。

从宋代开始，黄州、蕲州及各属县开始设立地方教育行政机构，朝廷派遣官员管理地方教育。府（州、路、道）教育负责人一般称教授，郡县教育负责人一般称教谕。明、清代，县设“县儒学”，是一县办学水平最高的学校，也是最高教育行政机关。内设教谕 1 人，另设训导、嘱托数人。训导是指辅助教谕的助手，而嘱托则是约聘教员。教授多为进士出身，由朝廷直接任命。训导、教谕和嘱托多为举人、贡生出身，由藩司指派。

第一节　教授

黄州府（州）学

背景链接：黄州府（州）学。历史上，黄州府（州）（今黄冈市）有很多教授，既是黄冈教育的管理者，也是黄州府（州）学的名师。如朱载上、李宗勉、毋制机、姚翼、李沆训等人。特别值得一提的是著名理学大师朱熹，可以说也是黄州府（州）学的客座教授，对黄冈教育的影响非常大。

黄州府（州）学（今黄冈中学）始建于何时，已无考。据《黄州府志》记载，大约建于宋乾道年间（1165—1173）或宋咸平二年（999）以前。初建时位于府治东，所选之地，先有庙，后有学，继有“二程祠”。宋咸平二年（999）闰三月，王禹偁赴黄州任刺史。履任之初，他发现黄州文宣王庙濒临倒塌，遂下令重修，亲自筹集资金，鸠工调度，很快修缮一新。修成之日，王禹偁亲作《黄州重建文宣王庙壁记》以记之。宋乾道年间（1165—1173），黄州太守李訦为纪念北宋著名思想家、理学家、教育家程颐、程颢，于学宫内修建“二程祠”。绍熙三年（1192）九月举行祭祀大典，南宋理学大师、“二程学说”的传承者朱熹特地赶来参加，并作《黄州州学二程先生祠记》志庆。以称赞口吻说：“今太守李府君侯（李訦），乃能原念本始，追诵遗列，立二夫子之祀于学宫，于以风厉。”宋宝祐年间，为扩建河东书院，黄州州学接收其师生，合并一处。其间，曾更名为黄州府学。明洪武二年（1369），改河东书院为黄州府学，迁入黄州城内。清代河东书院另建，黄州府学改为黄州府试院（贡院），俗称黄州考棚，是主持科举初试的专门机构，是组织考试和评阅试卷的场所。同时，也是府试、院试考场所在地，平时则为本府秀才读书备考的处所。光绪三十年（1904），遵旨改制为黄州府中学堂，后随时代变迁，逐步演化为蜚声海内外的黄冈中学。可见，黄州府（州）学一直是黄州府（州）的直辖官办学校，与历史悠久的河东书院分分合合，有着说不清道不尽的渊源。

历史上，黄州府（州）学对黄冈教育产生过重大影响。据统计，黄冈科举共产生文科进士 852 人，举人 3309 人，秀才更是数量庞大。他们大都在黄州州（府）学或黄州府试院参加过考试，部分人还在此研习过。其中，清代科举达到鼎盛，共取文科进士 396 人，举人 1715 人，位居湖北省第一。不少人后来官至高位，或成为著名文学家、语言文字学家、经济学家、教育家、书法家、革命家，名垂青史。如，诗人、状元刘子壮和陈沆，辛亥革命先驱田桐，国民党元老居正，军事家、政治家、佛经翻译家汤芗铭，方志学家王葆心，中华人民共和国代主席董必武，语言文字学家黄侃，哲学家、国学大师熊十力等著名人物。

（注：编者通过考证辨析，认为黄冈中学的前身应上溯至黄州州学。《黄冈市教育志》认定黄冈中学发端于河东书院。黄冈中学校史认定学校发源于黄州府中学堂。）

朱 载 上

名师名片　朱载上——北宋文学家、教育家，著名教授、儒学名师，进士，曾任黄州教授、司农卿。

教育箴言　**求学不访贤，学无以进。**

名师传略　朱载上（生卒年不详），舒州桐城人。曾任黄州教授，官终司农卿。死后，靖康元年（1126）八月十九日，诏赠徽猷阁待制。

朱载上北宋元丰年间（1078—1085）出任黄州教授，是《黄冈市教育志》记载的第一位黄州教授。任职期间，劝教兴学，颇有作为。特别值得提出的是，他促成了黄州雪堂书院的建立。元丰七年（1084）4月，苏轼调离黄州，把东坡的几十亩土地和住所雪堂交给潘大临管理。潘大临在耕作、葺治之余，与陈慥（季常）等人在此以文会友，承继东坡之风。朱载上考虑到名人兴学的便利，以黄州教育行政官员的名义，建议潘大临、陈慥设帐授徒。自此，鄂东第一家书院——雪堂书院由此诞生。书院建立后，朱载上除了在黄州州学任教外，还亲自到雪堂书院兼课，主讲诗文，听众日众。潘大临、陈慥等人在他的指导和影响下，诗歌写作突飞猛进。不久后，潘大临成为江西诗派代表人物。

朱载上在黄州期间，正好苏轼谪居黄州，两人惺惺相惜，相交颇深，在黄州古城留下一段佳话。说的是有一天傍晚，苏轼提着一壶酒和一帮朋友游赤壁，忽然听到前面有一位客人高声吟诵“官闲无一事，蝴蝶飞上阶”的诗句。苏东坡听后，大为惊讶，在这荒僻的小州，居然还能听到这么好的诗句，与朋友一起称赏再三，“以为得幽雅之趣”。于是，忙上前去问是何人所作？客答：系舒州桐城人，现任黄州教授朱载上所作。东坡爱才，随即造访，两人遂结为知己。忽一日，朱载上上门看望苏东坡，门房通报后，苏东坡“移时不出”，弄得朱载上很尴尬，留也不好，走也不是，“如此久云，东坡始出，愧谢久候之意”，边谢边解释说，适才做了些“日课”，故迎接来迟。入座寒暄后，朱载上问：“适来先生所谓日课者何？”答云：“抄《汉书》。”又问：“以先生之才，开卷一览，可终身不忘，何用手抄？”苏东坡答：“不然，某读《汉书》，至此凡三经手抄。初则一段事，抄三字为题。继则两字。今则一字。”朱载上又说：“先生所抄之书可以给我看看吗？”苏东坡即命老兵就书几上取册送至朱载上手上，朱载上望着东坡，不解其意。这时，只见苏东坡说，请试奉题上一字，“朱如其言，东坡应声，辄诵数百言，无一字却讹。凡数挑，皆然”。朱载上由衷地佩服说：“先生真谪仙人也！”后来，他把这段经历告诉后辈，并反复说：“求学不访贤，学无以进。”教导弟子读书学习，不能闭门造车，必须向贤者学习。

朱载上出生于安庆桐城朱氏家族，是宋代一个较有特色的文学家族。朱载上和其子朱翌皆以文名，朱翌三子亦能继其家声。其中朱翌名声显赫，进士出身，为宋代著名词人。

诗歌选录：

其　一

叠扇词

宫纱蜂赶梅，宝扇鸾开翅。
数折聚清风，一捻生秋意。
摇摇云母轻，袅袅琼枝细。
莫解玉连环，怕作巨衣坠。

其　二

咏三月菊词

玉台金盏对炎光，金似去年看，有意庄严端年，不应忘却重阳。
菖蒲九节，金英满把，同泛瑶觞。旧日东篱陶令，北窗正傲羲黄。

李　宗　勉

名师名片　李宗勉——南宋政治家、军事家、教育家、著名教授，儒学名师，进士，曾任黄州教授、左丞相兼枢密使，被世人誉为“公清之相”。

教育箴言　**求谏非难而受谏为难，受谏非难而从谏为难。**

名师传略　李宗勉（？—1241），字强父。浙江富阳（今属浙江省西部）人。南宋开禧元年（1205）进士。历任黄州教授、浙西茶盐司、江西转运司干官、吏部架阁、太学正、国子博士、嘉兴府通判、秘书郎、参知政事、左丞相兼枢密使等职。死后，诏赠少师，谥号文清。

李宗勉

李宗勉从小就有经邦济世、富国强民的宏图大志。嘉定二年（1209）出任黄州教授，也是他出仕为官的重要一站。他怀着满腔热情，投入到工作中去，希望有一番作为。在任期间，劝教兴学，励精图治。由于当时正值南宋朝廷多事之秋、国家民族为难之时。州治为军事，剿匪、筹集军队粮草忙得不可开交，教育得不到应有的重视。李宗勉以其人格魅力，积极筹措资金，不断加大对州学与河东书院的投入。使黄州这个偏僻小州的教育得到很大的发展。一是整饬了黄州州学，使修复后的学宫规模扩大，校容校貌焕然一新。二是提升了河东书院的影响，使该书院跻身全国22所重点书院之列。三是亲自到州学兼职任教，自制讲义，宣讲忠君爱国的思想，提高了黄州军民抗击金兵的积极性。

后来，李宗勉还兼任过帝师。在侍讲时，首先向皇帝建言："均、房、安、蕲、光、化等处兵祸甚烈，然江面可藉以无忧者，犹有襄州，今又告变矣。襄州失则江陵危，江陵危则长江之险不足恃。昔之所虑犹在秋，今之所虑者衹在旦夕。江陵或不守，则事迫势蹙，必有存亡之忧，悔将何及？"拳拳之心，溢于言表！

李宗勉为官遵律守法，老成持重，清正廉明，不结党营私，尤乐闻谠言（正直的言论），吏治卓著。虽身居台辅，而家类贫士，时人誉之为"公清之相"。

毋制机

名师名片 毋制机——南宋著名教育专家，儒学名师，进士，曾任黄州分教兼黄州州学、雪堂书院、河东书院教授，世称"平山先生"。

教育箴言 **教人必明体适用，讲学必至人知其然而知其所以然。**

名师传略 毋制机（1218—1270），名延瑞，字仁淑，号平山。今四川成都人。咸淳进士。历任安化县尉、衡阳县令、黄州分教等职。一生爱国爱民，善政善教，具有很深的儒学造诣，是一位颇有才华令人尊敬的教育专家。

毋制机十分热爱教育工作，以振兴教育为己任，深受百姓的欢迎和尊敬。他担任衡阳县令，善政与善教并行。卸任时，有官员推荐他担任南康县令，他婉言拒绝道："世与道，交相丧，久矣！人物大凋零，愿作一冷官，为国家育英才，可乎？"从此立志振兴教化，传播文明。宋理宗宝祐年间（1253—1258），他出任黄州分教，为了深入实际，加强管理，亲自到黄州州学、河东书院、雪堂书院兼任教授，主持教务，教书育人，精勤不倦。在黄州工作十余年，他对黄州充满了感情，把这里当作了他的第二故乡。他为人师表，学识渊博，教学有方，主张"教人必明体适用，讲学必至人知其然而知其所以然"。讲课时，广征博引，深入浅出，字字玑珠，深受学生的欢迎。很多学生在他的指导下，学业精进，顺利考中秀才和举人。当地的军政首脑对他无不敬重，常常借助他的声望，开展工作，就是黄冈籍在外地任职的文官、武将，也愿意把子弟送回黄州，到州学学习，做他的弟子。江淮湖右莘莘学子，经他指导，有文名者众多，为国家培养了一大批优秀人才。

毋制机自幼好学上进，才华横溢，义薄云天。他 12 岁时，便能通晓“六艺”，诗词歌赋，名传乡里。他宅心仁厚，恢廓有大志，惠义而力仁，少年时，眼见蜀人死于战乱众多，悲痛万分，遂率家人收埋遗骨数以万计。因感受离民流亡饥苦，他劝父亲帑不留钱，廪不留粟，赈济又几万人，以致家财屡空。当地百姓有口皆碑，交口称赞。

毋制机忧国忧民，为官清正，鞠躬尽瘁。他在教学之余，积极参赞地方政务军务。面对元兵的进逼，他虽有破敌妙策，但不为当时宰相所用，以致忧愤成疾，加之繁重的工作和教学任务，使他不幸英年早逝。去世时，家里一点积蓄也没有，连殓葬殡祭等费用，都是上级、同仁和朋友所捐给的。出殡时，他的学生和黄州的官员、百姓数千人纷纷走上街头，自发地为这位忠诚教育事业的好官、好老师戴孝送葬。

墓志铭：

（作者：谢枋，宋末明初著名学者、文学家）

人与天地，并立为三才，形气有小大，人岂小于天地哉！众人与圣人，皆可为尧舜，知觉有先后，众人岂后于圣人哉？古之君子，学足以见天地圣人之大全。意一诚，天下国家与吾心为一；诚一至，天地人物与吾性为一。可言而不可行，为其事而无其功，非儒道也。宋朝喜用儒，能谈理性书者，取穹官如执左券。五帝三王自立之中国，乃灭于儒术盛行之时，岂不大可哀乎！吾读平山先生毋公行实，未尝不流涕太息，安得斯人与之论儒道哉？公，仁人也，少年见蜀人死于乱离，如痛入肌髓，收遗骸露骼，藏之丛冢者以万计。流亡苦寒饥，赖衣食以更生者，又几万人。帑不留钱，廪不留粟，悉倾倒施舍，以活民命，家以此屡空。嗟乎！一少年书生，恻隐满胸怀，真能与天地万物为一体，岂非英雄人哉！其尉安化也，峒氓若同箬。作乱，单车半夜入獻鼯篁竹间，推赤心，晓以祸福，开其生路。凶渠感恩，罗拜至泣下，民社以宁。粜谷万余石为社仓，有凶岁，四境无饿民。邑庠不养士，始辟斋舍，丰廪庖，日以六籍四书讲明。士皆笃文行，令有当为之事而不为者，公皆为之，士民爱戴如父母。其摄令衡阳也，善政与善教并行，百姓得欢心而歌舞之，无以异于安化也。

部使者交荐当除南康令，公辞曰："世与道，交相丧，久矣！人物大凋零，愿作一冷官，为国家育英才，可乎？"分教黄州，兼领雪堂、河南两书院事。程、苏二先生道不同，而其趋一。公为书生明辨，既知其所以异，又知其所以同。教人必明体适用，文武无不能，精粗皆可以为，再行于斯世，功臣贵将子孙，皆愿立讲下，江淮湖右后进生，经公讲画，有文名者尤多。沿江两帅借隆望，以精神一阃卫灵，公岂能知仲尼哉？际可耳。公养耳。后帅辟为干办公事，又辟主管机宜文字，虽不能委心受教，公竭智殚虑，葺罅袖漏，犹能护一面风寒，叛胆敌心有所惮，不犯副阃界。时宰颇知公，除礼部架阁，仍赞军机，任改秩。襄围急，将相皆天夺其鉴，阳援而阴弃。公有策可以解围，可以弭兵，可以使南北百万亿苍生全性命。知时宰必不用，襄必陷，国必亡，天下必大乱。忧愤成疾，竟以庚午闰十月十三日，终于黄州官舍。家无余财，厥子无以终大事，军民悲怜，殓殡葬祭诸费，皆阃帅给之。

公讳廷瑞，字仁叔，家世河中之龙门。后唐同光丙戌，高祖平章毋公昭裔，从孟知祥入蜀，遂家焉。公生于成都，中进士第、兴元府推官讳岩老官其曾祖；登科宰南溪，讳谏者其祖；太学上舍生、讳自诚者其父。生于己卯，享年五十二，娶刘氏，生三男，遇辰、逢辰、应辰，皆以奇才实学，为达官当方面者所知，由进士选举入仕，或辞禄庐墓，或贰郡，或丞邑。止者，得伯夷、柳下惠之仁；仕者，合伊挚之道，皆豪杰士也。逢辰仕建安，条上四十事，说达官为生灵留一发生意，人望翕然。辛未正月十一日，子孙奉公柩葬于兴国军大冶县黄龙山。呜呼！公生而英伟，年十二，记六经，已能通大义，作赋早有声，春秋程文冠一郡，恢廓有大志，惠义而力仁，为布衣已能哀怜锋镝遗黎，葬死者，活生者，皆以万计。吾所谓古之君子，学足以见天地圣人之大全。意一诚，而天下国家与吾心为一；诚一至，而天地万物与吾性为一。此之谓儒道，公其庶几乎！乡三贡始登己未进士第，仕止一掌故，佐边阃。其没也，年方五十二。诸公贵人，苟能用其才，行其道，岂不能转亡为存，易乱为治。天与人不合，世与道相违，惜哉！

吾历览前史，渡江后贤相如张公德远、虞公仲言、赵公景温、游公景仁、谢公德才，皆蜀人也。虽不能用太平如庆历、元祐时，其心真足以合天，其德真足以服人，亦可以为大臣矣。使公不死，其才必大用，用则必无愧于五君子。一贤之寿夭，吾道之行废，与国脉世运相关，岂特其一身之不遇为可恨哉！王晋公、范文正，平生喜种阴德，子孙食其报，人以为天道可，必毋氏之后其大乎！枋得与公仲子相识晚，而相知深，请予铭公墓。乃铭曰：才可以扶国之亡而为兴，道可以挽世之降而为升。天不假孔明、公瑾以年，人已知汉业之必倾。计公平生之阴德，非古之大丈夫则不能。黄河之源不可穷，则奔流万里而入海；松根之茯苓不可劚，则柯叶千寻而长青。匪春种而秋获，信云族而雨盈。志有续而道有传，必长拔巅崖辛苦之苍生，而见其清平。

朱　熹

名师名片　朱熹——南宋著名理学家、思想家、哲学家、教育家、诗人、儒学名师，进士，曾任主簿、知军、提举、焕章阁待制兼侍讲，曾被黄州州学礼聘为理学教授。

教育箴言　**读书无疑者，须教有疑。有疑者，却要无疑，到这里方是长进。**

名师传略　朱熹（1130—1200），字元晦，一字仲晦，号晦庵、晦翁、考亭先生、云谷老人、沧洲病叟、逆翁。祖籍江西省婺源，出生于福建省龙溪县。19 岁

朱　熹

进士及第，历任荆湖南路安抚使、泉州同安主簿、南康（今江西星子县）知军、江南西路茶盐常平提举、浙东常平提举、秘阁修撰、焕章阁待制兼侍讲等职。死后，嘉定二年（1209），诏赐遗表恩泽，谥曰文，寻赠中大夫，特赠宝谟阁直学士。理宗宝庆三年（1227 年），赠太师，追封信国公，改徽国公。朱熹继承和发展了北宋黄州人程颢、程颐的“二程学说”，并完成了理气一元论体系，朱子是孔子、孟子以来最杰出的弘扬儒学的大师，为闽学派代表人物。

一生热爱教育事业，常年奔波于各地，讲学授徒，考察学习，宣扬他的理学思想。他对黄冈这片神奇的土地，情有独钟。多次考察了黄州州学和蕲州州学以及黄冈大大小小有名的书院，留下了他讲学不倦的忙碌身影。乾道九年（1173）夏，朱熹造访蕲州州学，正好赶上学校举行州学教授厅落成典礼，庆典当夜，挥笔立就《州学教授厅记》传世。绍熙三年（1192）九月，朱熹特地赶到黄州州学参加“二程祠”祭祀典礼，他为此兴奋不已，怀着对程颐、程颢二位老师崇敬的心情，撰写了《黄州州学二程先生祠记》。就在这次庆典之后，朱熹被黄州州学礼聘为客座教授，并将他在白鹿洞书院所订的学规和自订的《晓示生员条例》刻于院内，用以治理院务，教化生员。特别值得提出的是，他先后 6 次到黄州州学访问讲学，对州学的规制和教学理念以及教学方法，均进行了充分肯定。同时，他也为黄州州学传经送宝，指导该校教育教学工作，提升办学水平。就在他第三次到黄州州学讲学时，当时的黄州教授邀请他担任《四书》主讲，传授制艺。他欣然应允。在万忙之中讲学两月有余。在教学中，经常深入学生中间，为他们解答疑难问题，诲人不倦。临走时，题诗并赠自画像，在师生中留下了深刻印象。即使他人不在黄冈，对黄冈教育还是念念不忘，无比眷恋。有一年，他客居福建省古田蓝田书院，入夜，月明星稀，他仰望皓月苍穹，突然想起了苏轼、想起了他访问不久的黄州雪堂书院，浮想联翩，欣然命笔，为遥远的雪堂书院题下一副对联：“雪堂养浩凝清气，月窟观空静精神。”以雪堂及雪堂书院为喻，勉励学子要以冰雪凝寒的意志，修身养性，学习苏东坡精神。

朱熹不仅是我国历史上著名的思想家，更是一位卓越的教育家。他的教育思想博大精深，其中最值得关注的，一是论述“小学”和“大学”教育，二是关于

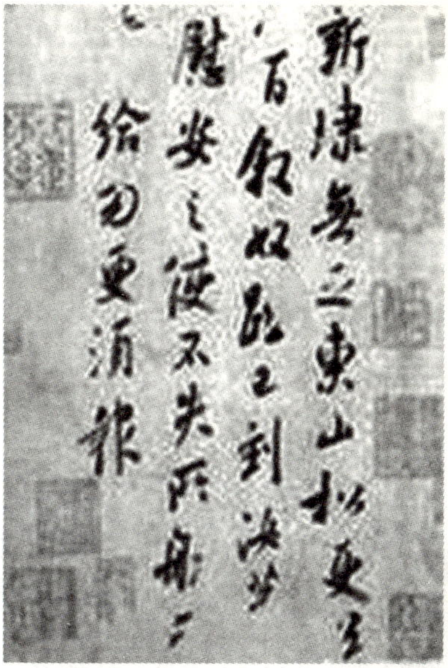

"朱子读书法"。他根据人的生理和心理特征，把一个人的教育分成"小学"和"大学"两个既有区别又有联系的阶段。他认为，8 至 15 岁为小学教育阶段，15 岁以后为大学教育阶段。并根据两个教育阶段的特点，提出了不同的教育任务、内容和方法。小学教育阶段的任务是培养"圣贤坯璞"。鉴于儿童"智识未开"，思维能力薄弱。其教育的内容是"学其事"，主张儿童在日常生活中，通过具体行事，懂得基本的伦理道德规范，养成一定的行为习惯，学习初步的文化知识技能。在教育方法上，他强调先入为主，及早施教；要力求形象、生动，能激发兴趣；以《须知》、《学规》的形式培养儿童道德行为习惯。大学教育阶段任务是在"坯璞"的基础上再"加光饰"，把他们培养成为国家所需要的人才。与重在"教事"的小学教育不同，大学教育内容的重点是"教理"，即重在探究"事物之所以然"。在教育方法上，朱熹一是重视自学，二是提倡不同学术观点之间的相互交流。朱熹关于小学和大学教育的见解，为中国古代教育思想增添了新鲜的内容。朱熹的弟子总结概括了"朱子读书法"有六条，即循序渐进、熟读精思、虚心涵泳、切己体察、着紧用力、居敬持志。其中循序渐进，包括三层意思：一是读书应该按照一定次序，前后不要颠倒。二是"量力所至而谨守之"。三是不可囫囵吞枣，急于求成。熟读精思，即是读书既要熟读成诵，又要精于思考。虚心涵泳中的"虚心"，是指读书时要反复咀嚼，细心玩味。切己体察强调读书必须要见之于自己的实际行动，要身体力行。着紧用力包含两方面的意义：一是读书必须抓紧时间，发奋忘食，反对悠悠然。二是必须精神抖擞，勇猛奋发，反对松松垮垮。居敬持志中的"居敬"，强调读书必须精神专注，注意力高度集中。所谓"持志"，就是要树立远大志向，并以顽强的毅力长期坚守。"朱子读书法"比较集中地反映了我国古代对于读书方法的研究成果。

朱熹从事教育期间，对于经学、史学、文学、佛学、道教以及自然科学，都有所涉猎或有著述，著作广博宏富。他精心编撰了“小学”和“大学”教材，其中《四书集注》成为广大教师最抢手的教学参考书。他还曾整顿了一些县学、州学，又亲手创办了同安县学、武夷精舍、考亭书院。特别是他重建了白鹿洞书院和岳麓书院，并且还亲自制定了学规。为国家培养了一大批知识分子，其中包括不少著名学者，形成了自己的学派。他无论在教育思想或教育实践上，都取得了重大的成就。他倡办文化教育的目的，虽然是为了宣扬维护封建制度的政治伦理思想，传播儒家的道德文化，但也做出了许多有益于后世的贡献，起到了弘扬民族文化，推进学术发展的作用。

为政期间，申敕令，惩奸吏，治绩显赫。任满后，请求辞官，潜心理学研究，四处讲学，宣扬他的“太极”即“天理”和“存天理，灭人欲”的理学思想，并建立起自己的理学思想体系，集理学之大成，成为程（指程颢、程颐）朱学派的创始人。是中国封建时代儒家的主要代表人物之一。他的学术思想，在中国元、明、清三代，一直是封建统治阶级的官方哲学，标志着封建社会意识形态的更趋完备。元朝皇庆二年（1313）复科举，诏定以朱熹《四书集注》试士子，定为科场程式。朱元璋洪武二年（1369），科举以朱熹等“传注为宗”。朱学遂成为巩固封建社会统治秩序的强有力精神支柱。它强化了“三纲五常”，对后期封建社

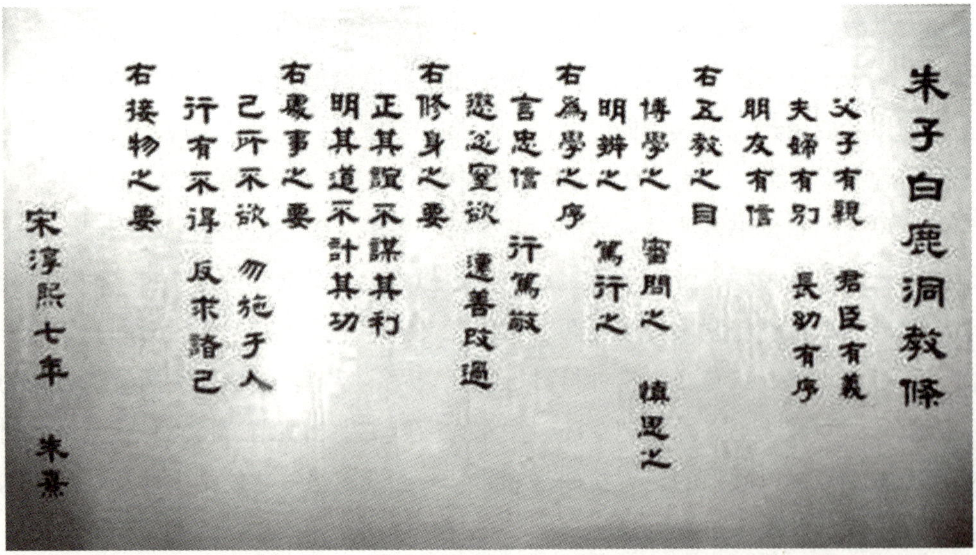

会的变革，起了一定的阻碍作用。他的学术思想在世界文化史上，也有很重要的影响。

著述名录：《四书章句集注》、《四书或问》、《太极图说解》、《通书解》、《西铭解》、《周易本义》、《易学启蒙》、《楚辞集注》等。此外，门人辑有《朱子大全》、《朱子语录》等。

朱子学规：

姚 翼

名师名片 姚翼——明代鄂东著名教育专家、儒学名师、藏书家、书画鉴赏家，贡生，曾任黄州府教授、广济县（今武穴市）知县。

教育箴言 **修身养德为本，体悟辨析求真。**

名师传略 姚翼（1515—？），字翔卿，号孺参，晚号海屋子。归安（今浙江吴兴）人。一说为归德（今河南商丘）人。嘉靖年间贡生，历任新淦县训导，黄州府教授，广济县（今武穴市）知县。

姚翼在担任黄州府教授期间，为设义学、社学，广交士绅，劝捐助教，不辞劳苦。特别是，他对黄州府学和河东书院尤为关注。有一年，府学的学田，因暴雨毁坏标界，与相邻地主发生边界诉讼，官司打到府衙。由于该地主在当地举足轻重，想通过伪证获得更多的利益。他听说后，亲自带人实地考察，丈量田亩，提供确凿证据，保障了府学的合法权益。除此之外，他长期坚持为黄州府学的学生讲课，主讲科举备考。在教学中，他十分注重培养学生独立思考的精神，积极提倡“修身养德为本”的教育理念，大力倡导“体悟辨析求真”，反对空谈和专讲形式的学风。黄州府学在他的支持与监管下，科举成绩逐年而升，受到老百姓的推崇和朝廷表彰。

姚翼爱好收藏，长于典籍研究与书画鉴赏。明代著名散文家、藏书家茅坤是他的姐夫。两人虽为裙带，但惺惺相惜，过从甚密，甄别古玩，辨析典籍，交流学术，学用相长。他通过不懈的收藏，努力搜求版本质量高、流传年代久的精善之本，或稀世罕见的孤本，并对藏书进行校勘、考证、辨伪，乐此不倦。故他精通目录、版本、校雠之学，且在书画鉴赏领域，有丰硕的研究成果。著有《玩画斋藏杂著编》八卷，编有《玩画斋画目录》。姚翼还在担任广济知县时，于县城南建藏书楼数楹，贮藏图书万卷，并把书楼起名为“玩画斋”，古书、画帖充盈四壁，《四库总目》中的书，他大都有收藏，蜚声鄂东内外。

著述名录：著有《玩画斋藏杂著编》八卷，编有《玩画斋画目录》。

李沆训

名师名片　李沆训——清代著名诗人、书法家、儒学名师，贡生，曾任安仁县教谕、黄州府教授。

教育箴言　**修业如放生，心存善念，方能为天地立命继往世之绝学。**

名师传略　李沆训（生卒年不详），字伊卿。湖南沅陵（今湖南省怀化市沅陵县）人。清嘉庆十八年（1813）拔贡，历任安仁县教谕、黄州府教授等职。一生从事教育工作，建树丰伟。

李沆训博学多才，与湖南宁乡黄本骥、新化邓显鹤、湘潭张家榘等四人被誉为当时的“湖南四才子”。他工诗文，其文论言辩，在同辈中无可匹敌，有多篇诗歌传世。他善书法，其书法超隽。道光十七年（1837）酃县（今湖南省炎陵县）知县俞昌会重修炎帝陵庙，他亲笔书写俞昌会撰写的《重修炎帝陵庙文碑》碑文，笔力雄劲，堪称一绝。嘉庆末年，他还曾参与了重修《湖南通志》的有关工作，并担任分司纂辑。

李沆训清道光年间担任黄州府教授，诗、书更趋成熟，深受同僚和教育界的敬重。府学曾专门为他辟一室为讲堂。每逢初一、十五，他必到府学授课，主讲《春秋》，并传授书法技艺。主张“修业如放生，必心存善念”。有学问“方能为天地立命继往世之绝学”。对问津书院盛行的“会课”制度，他特别赞赏，并积极支持。他认为，“会课”不仅能提高教习（教师）研究学问的能力，还能匡扶学术，提高教学技艺。因此，他在府学里积极倡导和参与教习们的会课，鼓励学术争鸣，从而促进了府学办学水平的提升，使得鄂东的科举数量又有大幅度地增长。

著述名录：曾参与重修《湖南通志》。

诗歌选录：

横石滩

巨石横江心，激浪怒喷薄。

上游船来摩肩行，下游船去压头落①。
篙师梢子何剽健②，折入危涛船不见③。
饥鹰掠地忽飞起④，穿过浪花立当面。
入坎出坎争一隙，舍舟登陆苦不便⑤。
舟人见惯亦等闲，拭浪船头色不变。

蕲州州学

背景链接：蕲州州学为蕲州直辖学校。据《黄州志》载：“蕲春物宝著高士，蕲水悠悠出大贤。”这与蕲州州学的教化是分不开的。该校始建于宋庆历四年（1044），初选学址于罗州城，后迁至蕲州麒麟山之阳。至清末600余年未变。该校历来注重延聘名师，开坛设帐，领先鄂东学林，为蕲春后来成为全国著名的教授县积淀了丰厚的教育文化底蕴。

李　宗　思

名师名片　李宗思——南宋著名理学学者、教育专家、儒学名师，进士，曾任蕲州教授、福清知县。

教育箴言　**古人为己之学，乃今人已为之学。**

名师传略　李宗思（生卒年不详），字伯谏。福建建安人。宋孝宗隆兴元年（1163）进士。历任蕲州教授、福清知县等职。

李宗思从小接受儒家教育，十分推崇孔子提出的“仁”的思想，讲求“仁者爱人”。在蕲州任职期间，十分重视封建礼仪教育，专以“古人为己之学”教人，并主张“仁”在内心，“克己复礼”。在教学上提出：“古人为己之学，乃今人已为之学。”他将自己的讲课教案辑为《尊幼仪训》一卷，以孔子提出的“非礼勿视，非礼勿听，非礼勿言，非礼勿动”为基本理念，制定了学生的行为规范。在他的严格要求和积极倡导下，蕲州州学的校风、教风、学风为之一振，教学严肃活泼，学生规矩有礼，人际长幼有序，一时闻名学林。

李宗思十分注重州学的建设和发展，乾道八年（1172），他刚上任不久，见州学尚无教授厅，遂向知州反映，得到支持。他亲自劝捐，募集工料，并现场指挥，历时一年，终于在州学东侧建起教授厅一座。乾道九年（1173）夏，他请知州主持教授厅落成庆典，恰好朱熹造访，在他的邀请下，朱熹欣然命笔作《州学教授厅记》以传后世。自此，蕲州州学名声大振，四方学者、生徒慕名而至。

李宗思在蕲州州学的教育教学实践，吸引了朱熹的注意，被朱熹引为同道好友，经常慕名来访，与其一道研习“二程”之学，往来辨析，相互砥砺，颇有建树。朱熹称赞他说：“伯谏公教深好修，笃志问学。”被后人誉为是一位有真知灼见的理学专家。

著述名录：著有《尊幼仪训》一卷。

附：清朝及以前黄州府教授一览表

姓　名	籍　贯	职　务	任职时间	说　明
朱载上	——	分教	北宋元丰年间	
李宗勉	——	教授	南宋开禧年间	
毋制机	四川成都	分教	宋宝祐年间	
徐训	应天	教授	明	
商鼐	南昌	教授	明	
李泰	巴县	教授	明嘉靖年间	
徐孟	福建	教授	明嘉靖年间	
陶登	贵州	教授	明嘉靖年间	
伦学智	南海	教授	明嘉靖年间	
曹贤	兴化	教授	明嘉靖年间	
夏宗龙	马平	教授	明嘉靖年间	
梁敦	邛州	教授	明隆庆年间	
张荣民	安宁	教授	明隆庆年间	
姚翼	归安	教授	明万历年间	
蒋性	瑞安	教授	明万历年间	
尹逊	——	教授	明万历年间	
米允登	——	教授	明万历年间	
王世宷	——	教授	明万历年间	

续表

姓 名	籍 贯	职 务	任职时间	说 明
朱炳灿	——	教授	明万历年间	
杨士超	——	教授	明万历年间	
费登俊	——	教授	明万历年间	
刘莘	——	教授	明崇祯年间	
黄锳	——	教授	明崇祯年间	
王问仁	——	教授	明崇祯年间	
王汝霖	——	教授	明崇祯年间	
费而隐	——	教授	明崇祯年间	
徐显扬	房县	教授	明崇祯年间	
尚九重	开封	教授	清顺治八年任	
段袗	大冶	教授	清顺治十一年任	
汪节吉	崇阳	教授	清顺治十四年任	
王大猷	郧县	教授	清顺治十五年任	
王大章	郧县	教授	清顺治十七年任	
秦祈文	汉阳	教授	清康熙元年任	
林甲	江陵	教授	清康熙四年任	
彭一卿	嘉禾	教授	清康熙五年任	
李嘉卉	孝感	教授	清康熙己未任	
张家相	沔阳	教授	清康熙己巳任	
胡奉衡	五开卫	教授	清康熙己卯任	
宗琳	监利	教授	清康熙庚寅任	
程大绪	孝感	教授	清康熙己未任	
彭士商	衡山	教授	清雍正癸卯任	
杨禹传	松滋	教授	清乾隆辛酉任	
冷崇	云梦	教授	清乾隆壬戌任	
王宇大	钟祥	教授	清乾隆丙寅任	
曹浦运	制州	教授	清嘉庆庚辰任	
曹浦莲	枝江	教授	清道光	
刘宝书	江夏	教授	清道光丙申任	

续表

姓　名	籍　贯	职　务	任职时间	说　明
李沆训	阮陵	教授	清道光	
王兆春	孝感	教授	清道光甲辰任	
哈廷珍	汉阳	教授	清咸丰乙卯任	
龚鲲飙	宜城	教授	清咸丰辛酉任	
李继章	天门	教授	清同治戊辰任	
贺寿悳（德）	蒲圻	教授	清同治	
陈宝树	——	教授	清光绪癸未任	卓异兼署
亢兆彬	枣阳	教授	清光绪	
陈宝树	——	教授	清光绪甲申任	兼署
万炳阳	黄陂	教授	清光绪	
姚瑞玲	随州	教授	清光绪	

第二节　教谕

黄冈县学

背景链接：黄冈县学（今团风中学）创立于宋庆历五年（1045），建县同时开建。明朝曾重建，清同治七年（1868）再次扩建修缮，与黄州府试院相毗邻，每逢黄州府试，均在其设考棚。至今，主体建筑——黄冈文庙仍保留在黄冈市实验小学内。历史上，黄冈县先后共产生了文科举人1005名，文科进士246名，武科进士32名。位居黄冈各属县之首。

（编者注：黄冈县建县后，行政区划随时代发展而变迁，其疆域析置主要情况为：一部武汉市新洲区，一部黄州区，大部是团风县。因此，团风中学最有理由承继黄冈县学，并认定为其前身。）

杨守敬

名师名片　杨守敬——湖北省著名地理学家、金石学家、目录版本学家、书法家、藏书家、儒学名师，进士，曾任黄冈县教谕、两湖书院教习、湖北勤成学堂总教长、礼部顾问。曾拒任霍山县知县及民国参政院参政。

教育箴言 **问山徐霞客，问水郦道元，问草李时珍，余不及万分之一，尔学其一足矣！**

名师传略 杨守敬（1839—1915），字惺吾，号邻苏。湖北宜都人。11岁学习经商，19岁参加府试，连续五场考试均夺得第一名，24岁便中。从25岁开始，18年间，坚持备考，黄卷青灯，刻苦学习，矢志不渝。可是，七次进京参加会试，七试均名落孙山。于是，专心学问，矢志著述。42岁应召赴日本国任驻日钦使随员。46岁回国就任教谕。61岁担任两湖书院教习，64岁任湖北勤成学堂总教长。光绪二十九年（1903）开经济特科，杨守敬前往应试，名列第一。68岁时被选任霍山县知县，然而他以“年老，不耐簿书”为由，辞去知县之职。次年，被咨举为礼部顾问官，曾参与《湖北通志》纂校。民国3年（1914）袁世凯聘其为顾问，杨虽多次拒绝，但还是被迫迁居北京，任参政院参政。民国4年（1915年1月9日），逝于北京，终年76岁，葬于宜都龙窝。

杨守敬从光绪十年（1884）起，担任黄冈县教谕多年。任职期间，长期在县学兼职任教，教授地理、书法。经常告诫学生：“问山徐霞客，问水郦道元，问草李时珍，余不及万分之一，尔学其一足矣！”鼓励学生努力学习，求真务实，向实践学习。他教学有方，讲课深入浅出，引经据典，运用自如，深得同行的尊敬和学生的爱戴。特别是黄州城的很多学子慕名向他学习书法，让他应接不暇，一时洛阳纸贵，誉满鄂东。

杨守敬热爱祖国的大好山河，从青年时期就爱好地理学，成就十分突出。他十分推崇徐霞客实地勘察的求真务实精神，对我国正史地理志和其他地理著作，他都进行深入研究。他通过研究和实地勘察，撰写、绘制了二十余种历史地理著作和2000多幅历代舆地沿革图。他的《隋书地理志考证》虽然缺佚，却备受世人称道。他与门人熊会贞历时数十年，写成《水经注疏》巨著。在地理学界，被称为清代三大绝学之一。

杨守敬精通金石之学，尤善书法。其书法初学欧阳询，后致力于颜真卿、苏轼书风的研习，自成一家。曾以使馆随员身份赴日本，携古碑帖达万余种，与日本书法家交流研习，因而对日本书坛产生很大影响。被誉为“日本现代书道之父”。光绪十四年（1888），在东坡赤壁一侧建起“邻苏园”藏书阁。光绪十六年（1890），成都杨寿昌出任黄冈县知县，委托杨守敬遴选苏轼书法字帖，请石工刘宝臣手摹上石，刻成碑石126块，于县署西侧建“景苏园”，将苏东坡书法石刻镶嵌于四壁，名《景苏园帖》。今镶嵌于东坡赤壁碑阁四壁。

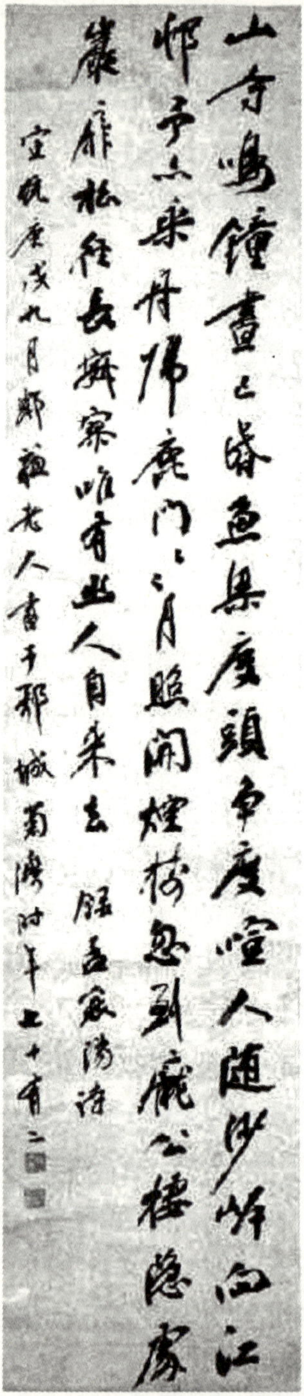

杨守敬学问渊博，一生成就众多。他在教育、教学、地理学、金石学、目录版本学、医学、文学、书法等领域都有很深的造诣，被誉为一代大儒，学林泰斗，后人编有《杨守敬集》传世，以弘扬他的生平业迹。

著作名录：有83种著作传世。其中代表作有《水经注疏》、《隋书地理志考证》、《湖北金石志》、《日本金石志》、《望党金石录》、《学书迩言》、《楷法溯源》、《日本访书志》等；编辑有《寰宇贞石图》、《三续寰宇访碑录》等；编绘有《历代舆地沿革图》、《历代舆地沿革险要图》和《水经注图》等；与人合作编辑有《古逸丛书》等。

诗歌选录：

自　　励

白昼营生夜秉烛，经商习文两不误。

杨氏男儿早自立，事成须下苦功夫。

要慕古人与前贤，前悬梁来锥刺股。

发奋识遍天下字，立志阅尽人间书。

（注：标题由编著者加注。）

黄安县学

背景链接：明嘉靖四十二年（1563），黄安县（今红安县）置县同年建县学，县治设于原麻城县姜家畈，学宫设于县署西南（今红安县武装部处）。

黄安县学（今红安县第一中学）自成立之日起，至清末，为红安县培养了一代又一代优秀人才。先后共产生了文科举人 200 名，文科进士 54 名，武科进士 3 名，为国子监推荐岁贡 500 余名。

（注：岁贡，一般指古代诸侯或属国每年向朝廷进献的礼品，或古代诸侯郡国定期向朝廷推荐人才的制度。这里指的是科举制度中由地方贡入国子监的生员之一种制度。明、清两代，一般每年或两三年，从府、州、县学中选送升入国子监读书，因称岁贡。）

周　天　衢

名师名片　周天衢——明代学者、儒学名师，贡生，黄安县第一任教谕，为著名理学家、户部尚书耿定向所推荐。

教育箴言　**每日早起，指图诵读，持之，烂熟于胸矣。**

名师传略　周天衢（生卒年不详），四川江安人。岁贡。明朝嘉靖四十四年（1565），由户部尚书耿定向推荐担任黄安县建县后第一任教谕。

周天衢到任后，因县学刚刚建成，百废待举。他通过同窗好友介绍，延揽名师 3 人，组建教师队伍，并带领他们到黄冈问津书院学习取经。他还亲自制定生员条规，购置教材，自编讲义，力倡务实学风，使县学很快开学，走上正轨。

周天衢治学严谨，学识渊博，尤通经史，对明经有独到的见解。他讲课，善于旁征博引，以丰富的知识吸引学生。在指导学生科举考试上，十分讲究方式方法，积极倡导“遍读、体悟、笔摩、倡气”的学习过程。他首先要求学生，多读多看一些名人的科考文章，再通过静思，分析与理解其文章结构、说理方法。在此基础上进行仿写。写多了，自然文笔纯熟，提笔方能气惯于腕。在他的努力下，黄安的科考成绩逐年而升，作为新建县黄安，很快在黄州府府试中脱颖而出。

周天衢青年时期读书曾受郦道元的影响，喜爱水利和地理学。考证历代地图，力求精博。在教学之余，常常自绘地图，每天早起，指图诵读。寒来暑往，坚持不懈，直至烂熟于心。他的这种刻苦学习精神和科学的学习方法，在黄安代代相传，铸就了红安人民朴诚永毅、不胜不休的精神特质。

刘 世 大

名师名片 刘世大——清代著名教谕、儒学名师。

教育箴言 **学必酷，人须和，圣人之道也。**

名师传略 刘世大（约1821—1889），字元可。汉阳县北乡巨龙岗（今属东西湖区东山农场）人。清咸丰九年（1859）举人。历任安陆县训导，黄安县（今红安县）、蕲水县（今浠水县）教谕，为人谦恭和顺，学问极博，教学有方，被时人尊称为“元可”先生。

刘世大平生生活节俭，布衣布鞋，十分朴素。他与生员及家长相处，十分融洽，没有一点官架子。他酷爱学习，终日手不释卷，无论寒暑，焚膏继晷，从不间断。他涉猎广泛，经史子集、诗词古文、天文、兵法、历算、中医等领域无所不及，均有所建树，在鄂东儒学界享有很高的威望。

刘世大在黄安任职最久，工作勤勉，深受训导、嘱托和生员的爱戴。每天在学宫与诸生讲学，乐而忘返。主张“学必酷，人须和，圣人之道也”。诸生喜先生学问渊博，平易近人，态度和蔼，无不对他肃然起敬。特别是有人向他请教，他从不居高临下，不懂装懂，必定倾其所学，娓娓道来。即使有不知道的，他也不加掩饰，以诚相待。

著述名录：刘世大著述不少，但都未付印成书，仅有家藏《雅林草堂集》二卷。

麻城县学

背景链接：麻城县学（今麻城市第一中学）创建于天宝元年（742），其学宫（内建有孔庙）原址在今麻城市市委机关院内，后在门前形成一条街，叫儒学街。清中后期，改为亭州试院。光绪二十三年（1897），改制为麻城县高等小学堂。1994年迁建于烈士祠。

凡承平则丕兴，凡动乱则颓废。历史上，麻城县学（儒学）多次受到洪水和战乱的威胁和破坏。几经颓毁，几度修葺重建。其中，明成化九年（1473），洪水进麻城县城，将儒学前的泮池冲击成溪。县城东南从此多了一条新溪河。明正德三年（1508），春夏水涨时，水卷流沙，横冲直撞，东城濠被流沙淤塞。洪水漫溢，“距文庙（即儒学）仅5丈许，吏民惶惶，束装以待。”明朝末年，崇祯十六年（1643）四月六日，麻城县教谕萧颂圣被农民起义领袖张献忠部所杀。同时被杀的还有县丞李体明。那一年，邑民汤志、洪楼先创立里仁、直道二会，率众起义，并于四月六日迎接张献忠率部进麻城县。其中一部驻扎在县学，圣殿、明伦堂一度沦为兵舍，毁坏严重。清咸丰年间，太平军、捻军数次攻克麻城，特别是咸丰八年（1858）3月，陈玉成率兵数万，占据麻城，筑垒58座。士兵为筑堡垒，拆借县学石木，使儒学遭到严重毁坏。光绪年间略有恢复，主要作为生员县试或科考准备研习的场所。现仅存圣庙大成殿。座北朝南向，占地面积240平方米，为重檐歇山顶砖木结构五间殿，面阔18.15米，进深13.5米，正脊距地表高10米；庙内有30根圆台面麻石柱；地面为棱形青砖，末端筑有朝圣的拜台。拜台的石条均有花纹图案。该圣庙（孔庙）保存完好。

尽管麻城县学（儒学）在历史的风雨中颠簸、飘摇，屡遭不幸，但讲学育人生生不息，积淀了深厚的教育文化底蕴。由明迄清，人文蔚起，先后产生了文科、武科举人共计781名，文科、武科进士共计190名，为国子监推荐岁贡300余名。形成了世人瞩目的“麻城科考现象”。

刘 巨 河

名师名片 刘巨河——元代学者、儒学名师，举人，曾任麻城县教谕。

教育箴言 **古人云，子不教，父之过。吾谓祖之过更甚也。**

名师传略 刘巨河（生卒年不详），广东惠州府兴宁县人。元代举人出身。担任麻城县教谕多年，是一位学问渊博、教学有方、平易近人、踏实肯干、功绩突出的儒学名师。

刘巨河在麻城县任教谕期间，极力倡导尊师重教，振兴县学，大办社学。特别是他对社学的建设与教学十分关心，经常走村串户，极力劝导村民和农家子弟入社学，习礼仪，学文化，勤桑农，集政教于一体。对于教化农民，帮助贫家子弟接受教育，发挥了重要作用，深受当地百姓称赞。为麻城耕读文化传统的形成，起到了积极的推动作用。

刘巨河在麻城多年，与麻城的父老乡亲结下了不解之缘，以致爱上了麻城这方热土。他退休后，举家徙居麻城县孝感乡。他在诗书自娱的同时，十分关心下一代的教育。经常对人说："古人云，子不教，父之过。吾谓祖之过更甚也。"因此，他对子孙辈严加教育，悉心指导。因此后辈中及长有成就者居多。其中，长孙刘汉臣官至江南统兵。玄孙刘燕宸，元朝至正时翰林学士，累官兵部尚书。次孙刘汉卿，生子刘统宸，翰林学士，官至户部尚书。明朝洪武十二年（1379），为避红巾军，玄孙刘燕宸率其长子英俊、次子英杰、三子英才，及长房玄孙刘统宸子英豪，由楚入蜀，经夔府山峡、忠州、涪州，落脚重庆府巴县浮图关石峡口，随后转迁江津县高湖里（杜里）桐树坪。洪武十八年（1385），落业江津麻山岗，更名为刘家沟。綦江刘姓中，属刘燕宸的后代最多（共25支）。因此，历史上民间常有"三弟兄入川"的说法。为湖广填四川之说提供了有力的证据。

詹景凤

名师名片 詹景凤——明代著名书画家、鉴藏家、理论家、儒学名师，举人，曾任麻城县教谕、南京吏部司务、四川保宁府教授。

教育箴言 **运腕于澄，运笔于心，胸蕴味象，则下笔如神。**

名师传略 詹景凤（1532—1602），字东图，号白岳山人，又号中岳山人、天隐生、天隐子、大龙客。安徽省休宁县流塘村人。明嘉靖四十六年（1567）举人，但其后春闱屡挫。在他一生的官吏生涯中，始任江西南丰教谕。万历十年（1582），补麻城县教谕。万历十六年（1588），改任南京翰林院孔目。接着，擢升为南京吏部司务。万历二十三年（1595），贬谪四川保宁府教授。万历二十六年（1598），升任广西平乐府通判。

詹景凤喜爱书法，勤学苦练，师法王羲之、王献之父子。其字用笔不凡，端庄可敬，善草书，变化百出，不失古法，论者谓可与祝允明主当代。以其书法入画，写墨竹一竿直上，瘦劲绝伦。山水仿黄公望、倪瓒等名家，萧疏淡远，气韵古逸；特别是他画折枝花卉，惟妙惟肖，形态十分逼真。

詹景凤在麻城任教谕期间，以书画驰名。县学生员，推崇备至。麻城贵胄子弟，无不拜其门下。鸿儒名士、士绅官僚求书、求画，络绎不绝。

詹氏家族数代好古玩，收藏书画、古玩甚丰。詹景凤受家学熏陶，4 岁时便开始模仿堂兄詹景宜的画。从此，他一生爱好书画。在诗、文、书、画、鉴古等方面均有造诣。书法传世作品有《画苑》、《东图玄览》、《詹氏小辨》并《千字文》等帖。

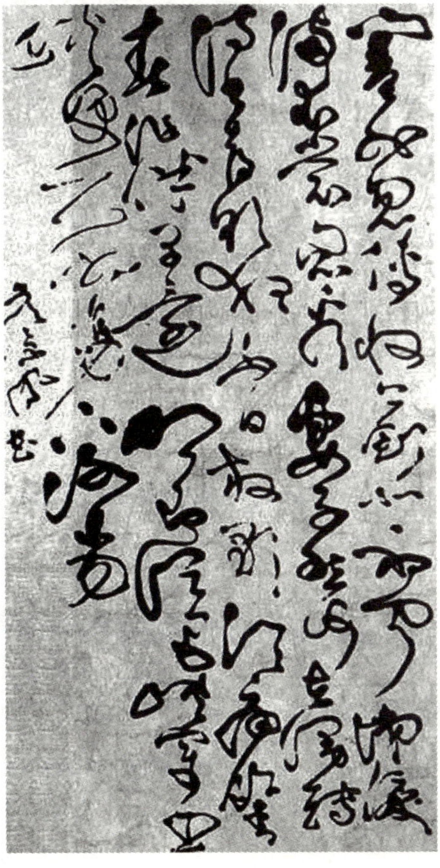

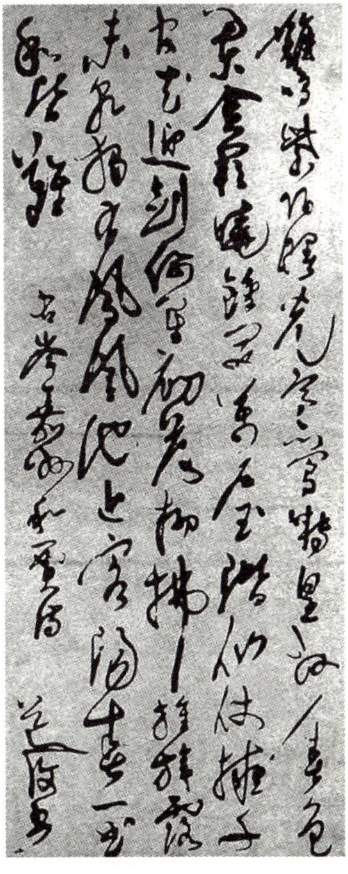

书画成就：传世作品有万历二十六年（1598）作《古木竹石图》扇页，著录于《宋元明清书画家年表》；《山水图》扇页，款署“新安詹景凤画”，现藏安徽省博物馆；万历二十五年（1597）作《墨竹图》轴，以行草书自题云：“万历二十五年十二月之廿五日，予自流塘七十二松中还至北郭，是日早微雨，自予出七十二松归，而忽开霁，亦兴致悠然，偶客有此纸遂为写此行。詹景凤记事。”又题“画竟复系小诗：羡尔有真性，青青长不遗。纵因狂风舞，也似凤来仪。詹景凤又题。”藏上海博物馆。

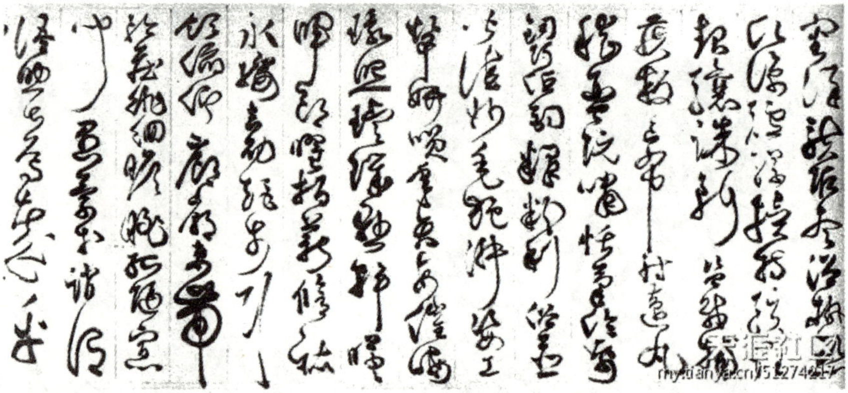

著述名录：著有《西游稿》、《詹氏性理小辩》、《画苑补益》、《书苑补益》、《东图玄览》、《六纬撷华》等。

浠水县学

背景链接：浠水县学（今浠水县第一中学）始名兰溪学宫（今称浠水县儒学），建于唐武德四年（621），是境内有记载的第一所儒学。位于当时的县治东兰溪坳，地处今浠水县清泉镇新华正街。千百年来，从这里走出了文科状元陈沆、武科状元文质及文科进士 112 人、武科进士 12 人、文科举人 393 人、武科举人 25 人。

浠水县儒学主体建筑文庙始建于宋，距今 900 余年。文庙设计采用均衡对称法布局，中轴线上由南向北依次有棂星门、大成殿、崇圣祠。其中，大成殿是文庙主体建筑，是祭祀孔子及其主要弟子的场所，土木结构、结梁式歇山顶、正向三重檐，檐下饰如意斗拱。正面仿木雕卷云纹饰，间有腾飞龙凤，顶部饰双重瓷塔、脊梁上保存有光绪年间重修梁记。殿前有月台。月台前镌龙云御道，取“独占鳌头”之意。殿后墙嵌清康熙年间御制“至圣先师孔子赞”、“颜子赞、曾子赞、孟子赞、子思子赞”石碑。崇圣饲，是孔子先祖的祭殿。面积190平方米，硬山顶、顶脊饰走兽，脊端以龙形大吻装饰。尊经阁，原名书楼，后更名为尊经阁，为二层藏书楼，顶饰瓷塔，脊梁上保存有光绪十三年（1887）重修梁记。棂星门，俗称牌坊，位于大成殿正前方。门楼巍然肃穆，石狮雄踞两边，门正上方书“棂星门”，二边分书“文经”、“武纬”。门额上浮雕二龙戏珠、丹凤朝阳图，气势雄伟。

据浠水县志载：浠水儒学历代屡有修建。元末遭兵毁，明洪武七年（1374）依旧重修。明弘治（1488—1506）年间，知县汪深建造棂星门。明崇祯十六年（1643），农民起义军张献忠部烧毁文庙台。清代顺治、康熙、雍正、乾隆、同治、光绪等时期陆续重建和扩建，建成了以棂星门、大成殿为中轴线，包括棂星门、大成殿、崇圣祠、尊经阁、东庑、西庑等庞大的古建筑群，并保存至今。

兰溪学宫（儒学）遗址为今浠水县博物馆。古建筑面积900平方米，现存棂星门、大成殿、崇圣祠、尊经阁，为鄂东乃至湖北省内留存较完整的古建集体。2000年，重新维修，整旧如旧，重塑了“至圣”孔子及其弟子传人颜子、子思、曾子、孟子等古哲人的塑像，是湖北省保存较好的几座文庙之一，被列为全国古籍重点保护单位，文物收藏累计达5万余件，古籍线装书的收藏册数为湖北省县馆之冠，已成为全国重点县市博物馆。

宋　叔　昭

名师名片　宋叔昭——明代理学学者、儒学名师，贡生，曾任蕲水县（今浠水县）教谕。

教育箴言　**为学之道，不外乎做人而已。**

名师传略　宋叔昭（生卒年不详），福建莆田人。拔贡入仕。明天顺四年（1460），调任蕲水县教谕。

宋叔昭在蕲水县任职期间，潜心治学，以“二程”理学为本，提倡知行并进，躬行实践。试图把佛学引入理学，以佛教的理念研究理学的本源，提出“普度众生”乃人类至大“天理”。人的一切努力，都要围绕“善的回归”。因观点表达深奥晦涩，不合时宜，不中视听，没有得到儒学界学者的认同，遂逐渐放弃。

宋叔昭治学严谨，教学有方。他在认真履行劝教兴学职责的同时，坚持到县学授课，提倡做学问先做人，学以致用。积极主张“为学之道，不外乎做人而已”。在教学实践中，他为了帮助学生理解和记忆《春秋》中的课文，把课教好，经常利用闲暇和节假日时间，孜孜不倦地对《春秋》全文做了注音和注释及点评，使之通俗、全面、易懂，并写成讲案，让学生抄写，受益匪浅。

由于他以身作则，带头示范，管理严格，使蕲水儒学的科举教学质量不断提升，在鄂东一片迅速崛起，入学研习的生员越来越多，一时名声鹊起。时任知县为了旌表他，特地向朝廷上奏：“以近卫民间子弟之俊秀者附入，曰民生，俱无定额。”因而受到了朝廷的通报嘉奖。成为蕲水县最有作为的一位教谕，被蕲水县官绅士农誉为一代儒学名师。

张　辅

名师名片　张辅——明代学者、中朝文化交流者、儒学名师，举人，曾任蕲水县教谕。

教育箴言　**玉不琢，不成器。然玉者分上中下三品，盖下品之玉琢为中乘之器，中品之玉琢为上乘之器，乃师之技也。**

名师传略　张辅（？—1507），字邦佐子。浙江健跳（今浙江三门县）人。明成化二十二年（1486）丙午乡试中礼部乙榜，授蕲水县教谕。

张辅自幼胸怀大志，接受儒家正统教育，勤练“六艺”，博览群书，学识渊博。在蕲水任教谕期间，兢兢业业，勤勉努力。除必要的公务之外，坚持以身作则，勤耕不辍。他有一句名言：“玉不琢，不成器。然玉者分上中下三品，盖下品之玉琢为中乘之器，中品之玉琢为上乘之器，乃师之技也。”经常将此与县学同道互勉。他讲课时，善于旁征博引，条分理析，语言汪洋恣肆，风趣幽默，滔滔不绝，深受生员欢迎。

张辅还有一段与朝鲜友人结成国际友谊的历史佳话。明朝成化二十四（1488）

年闰正月初三，朝鲜弘文馆副校理崔溥因父亲去世回家奔丧，不幸遭风暴。他和其随从 43 人在海上漂流 14 天。在即将“山穷水尽”之际，终又“柳暗花明”，在“大唐国浙江台州府临海县界牛头外洋”（今三门县）登陆脱险。崔溥等人登陆之初，因语言不通，被台州沿海百姓怀疑为倭寇。后经“桃渚所”（今临海市桃渚镇）、“越溪巡检司”（今宁海县越溪乡）等边防官员审核，始知他们确系来自友好邻邦朝鲜，随即受到中国官方的礼遇。张辅听说后，邀请崔溥到家中作客。两人一见，惺惺相惜，相见恨晚。就这样“一面之交”结下了“不解之缘”。临别时，张辅连夜赶写《送朝鲜崔校理序》，送给崔溥这位刚认识即将分别的国际友人。该序以洗练的笔法，阐述了“祸福相倚”、“失之东隅，收之桑榆”的辩证思想，并以此宽慰来自友邦朝鲜的“鲁滨逊”——崔溥。其最可贵之处，他摈弃传统的“夷夏观”，批评了中国明代以前封建君主的“大国沙文主义”。他写道：“隋唐之际，中国之君，逞其好大喜功之心；而为之臣者，复以率由汉晋故事济之。于是兵连祸结，数世无宁日。”进而肯定了明初以来中国的邦交政策：“迨我太祖平定海宇之初，诸臣亦有以郡县高丽为请者。上念其率先臣属，立其君为朝鲜国王。保彼东方，圣子神孙，世守家法。”并希望崔溥回国后，能向其国王转达中国民众期望朝鲜“职贡益修，永藩东土”的良好愿景。通篇序文，辞真意切，见解独特，具有大国风范。很难想像这是出自台州“普通一民”之手。这是中国目前惟一所见有关崔溥的历史文献。海内外古今版本的《漂海录》均未收编，因而弥足珍贵。他还在序中希望：“倘他年入贡，风流云会于黄金台上，当不为生客。”可惜天不佑人，他们自此一别，天各一方，再未相见。但他们的相交，却被载入历史，成为千古佳话。后来，崔溥在明军的一路护送下，自台州走陆路至杭州，由杭州沿京杭大运河行水路至北京，再由北京走陆路至鸭绿江，返回自己的国家。崔溥在中国“旅行”了 4 个半月，行程四千多公里。崔溥回国后，用汉文写出了《漂海录》一书。这部以日记体形式的著作共 5.4 万余字，涉及明朝弘治初年政治、军事、经济、文化、交通以及市井风情等方面的情况，是研究中国明朝海防、政制、司法、运河、城市、地志、民俗的重要文献。

张辅祖籍不详，上辈因带兵有功，得统旗丁五十名，世代守护健跳，因此落籍健跳。在蕲水任职不久，因父丧回健跳守孝，丁忧期间，参与纂修正德《宁海县志》，未完而卒。

著述名录： 写有《送朝鲜崔校理序》，并参修正德《宁海县志》。

萧 璞

名师名片 萧璞——明代《春秋》研究专家、儒学名师，贡生，曾任蕲水县教谕。

教育箴言 **治学一道，修明律己，其兴也勃焉。师惰纲废，其颓也忽焉。**

名师传略 萧璞（生卒年不详），四川大足县人。选贡出身。明嘉靖二十三年（1544），任蕲水县教谕，在当地声誉卓著。

萧璞在蕲水任职期间，深知自己肩上的责任。他认为，治学一道，修明律己，其兴也勃焉。师惰纲废，其颓也忽焉。因此，他十分重视县学建设，注重延揽名师，严明规纪，推荐岁贡，促进制艺。他亲自教授《春秋》一课，每每阐发义蕴精要，切中肯綮，深受同行推崇和学生喜欢。吸引了境内各书院生员到县学研习。尤其是，每逢他讲课，前来听课的秀才、童生、塾师甚至地方官员在教室都坐不下，只好站在窗外听讲。

萧璞饱读诗书，历史知识十分丰富。时任蕲水知县慕其名，礼聘其为县志主修。他带领蕲水学官庠生佘俸、周绍尧、周中、何瑞等人，广罗资料，精心辨析、整理，在嘉靖壬午年（1522）修蕲水旧志的基础上，增补二十余年之事。该志书文简事详，存史价值极高，其志书编次具有地方特色。编目依次为：卷一图考、建置沿革、星野、邑名、城池、疆域、关梁、形胜、山川、名迹、风俗、物产、户口、田赋、徭役、秩官、公署、铺舍、水利惠政；卷二学校、社学、书院、选举、荐举、恩荫、兵防、秩祀、祠庙、名宦、宦迹、乡贤、人物、孝义、贞节、逸士、侨寓、灾祥、方外；卷三文艺上，卷四文艺下。为浠水县留下宝贵的历史遗产。

著述名录： 总纂明嘉靖《蕲水县志》。

叶继雯

名师名片 叶继雯——明代著名印刷专家、儒学名师、藏书家，进士，曾任蕲水县教谕、玉牒馆纂修、礼部铸印局员外郎。

教育箴言　**学者须深悟之，悟而不得，行以循其规。**

名师传略　叶继雯（生卒年不详），字桐封，号云素。汉阳县（今武汉市汉阳区）人。乾隆四十二年（1777）拔贡，授蕲水县教谕。乾隆五十五年（1790）中进士后，历任内阁中书、刑部给事中、玉牒馆纂修、礼部铸印局员外郎等职。

叶继雯担任蕲水县教谕多年，为官一任，造福一方，对蕲水县的教育事业贡献很大。一是主持完成了县学扩建工程。他在保留中国古代学宫建筑风格的前提下，修缮了棂星门、大成殿、崇圣祠、尊经阁、东庑、西庑等教学、祭祀场地，完善了教学、生活设施。在他的设计和努力下，学宫以棂星门、大成殿为中轴线，气势宏伟，古色古香，成为鄂东面积最大、建筑最好的儒学。二是曾将在黄冈工作过的文学家、诗人杜牧和苏东坡文章、诗歌集为一册，供县学诸生研读。他提倡："学者须深悟之，悟而不得，行以循其规。"为了讲好苏东坡在蕲水所写的《西江月》："照野弥弥浅浪，横空隐隐层霄。障泥未解玉骢骄，我欲醉眠芳草。可惜一溪风月，莫教踏碎琼瑶。解鞍欹枕绿杨桥，杜宇一声春晓。"他亲自到绿杨桥体验生活。先找一酒馆把自己喝醉，然后躺在绿杨桥上，体验清晨醉后醒来布谷鸟声声报晓的心情和意境。

叶继雯文笔流畅，才思敏捷。所作之诗，纵横跌宕，气势磅薄。著有《慈林馆诗集》传世。尤其是在他担任内阁中书期间，被大家称为朝廷的大笔杆子，深得大臣阿桂，大学士王杰、刘墉的赏识和倚重。朝廷进奉公文，大多出自他的手笔。

叶继雯博学嗜古，收藏古籍数万卷。据孙星衍《古文考序》记载："章孝廉名宗源，好辑佚书，欲依《隋书经籍志》目为之考证。所辑满十余笈，始欲售之毕督部，会楚中有兵事而止。予时官山东兖沂曹济道，欲购之未果。卒后，遗书遂为中书叶君继雯所得，其波及予者，十之一二。"由此所记，章宗源之遗书最后被他所收藏。本邑状元陈沆曾作《叶云素师移居虎方桥长歌志贺》诗，称其"人言先生一无钱，谁知其富兼京都。不见移家先移书，琳琅压倒双轮车，……八万卷过秀水朱，甲乙丙丁无差殊，屋三十间堂台橱，人与书各分区区"。由此可见，其藏书规模不在秀水朱彝尊之下。是清代著名的藏书家。

著述名录：著有《慈林馆诗集》、《读礼杂记》、《朱子外纪》等。

英山县学

背景链接：英山县学（今英山县第一中学），创立于宋咸淳六年（1270），建县同时建学宫，始名文昌阁。时名学宫，亦称文庙。位于县衙西侧。为首任知县段朝立主修。千百年来，从这里走出了文科进士24人、举人64人。

历史上，英山县学宫（儒学）屡毁屡修。元末毁于兵燹。明洪武初，知县朱陵重建，后相继增修、改建。清乾隆十四年（1749），知县王瓯卜于文昌阁东侧改扩建，建门楼三间，中正殿三楹，东厢房三间 。清乾隆四十年（1775），知县林弼、教谕吴之禄将学宫改建于鸡鸣山麓，文昌阁更名为大成殿。光绪二十二年（1896）被洪水冲毁，知县陆士奎筹款重修。面积228平方米，建有棂星门、祭器库、宰牲堂、泮池、名宦祠、乡贤祠、正殿启圣祠、明伦堂、进德堂等建筑。造型别致，古朴典雅。现仅存文庙，为湖北省文物保护单位。是目前英山县城内唯一的一座古建筑。

蒋 衡

名师名片　蒋衡——清代著名书法家、儒学名师，贡生，曾任英山县教谕、

教育箴言　**临帖须运我意，参昔人之各异，以求其同，如诸名家各临《兰亭》，绝无同者，其异处各由天性，其同处则传自右军，以此求之，思过半矣。**

名师传略　蒋衡（1672—1743），原名振生，字湘帆，一字拙存，号江南拙叟、拙老人、函潭老布衣，江苏金坛人。侨居无锡。曾授国子监学正衔，以恩贡选英山教谕，又举博学鸿词。

蒋衡从小喜爱书法，15岁从杨宾馆学书，试辄不利，乃肆力于古，复博涉晋、唐以来各家名迹，积学既久，名噪大江南北，以小楷冠绝一时。他一生成就众多，曾临摹碑帖300多种，刻成《拙存堂临古帖》28卷。在观碑林时，发现唐代出于众手，书杂又失校核，下定决心重写，历时12年，装帧成三百册，五十函。至乾隆二年（1737）始告成。由江南河道总督高斌于乾隆五年（1740）转呈朝廷，收藏在懋勤殿。为此，乾隆皇帝授他为国子监学正。翌年，谕旨以蒋衡手书为底本，刻石太学，于乾隆五十九年（1794）刻成，定名《乾隆石经》。上面

刻着至初的十三部经典著作，记载了自夏、商、周以来我国古代历史、哲学、诗辞和典章制度，全部刻石189块加“谕旨”造成表文1碑，共190块，80万字。碑文楷书遒劲茂美，其规模之巨，书法之精，令世人惊叹，北京国子监蒋衡石刻像上誉其为中国文化艺术宝库中的稀世珍品。

蒋衡以恩贡选授英山教谕，虽无意正式任职，但他还是来到英山，在儒学讲学数月，教授书法。常对县学生员讲：“临帖须运我意，参昔人之各异，以求其同，如诸名家各临《兰亭》，绝无同者，其异处各由天性，其同处则传自右军，以此求之，思过半矣。又正书用行草意，行草用正书示。学褚求其苍劲处，学欧求其圆润处，以怒张木强为欧，绮靡软弱为褚。”

蒋衡崇尚读万卷书，行万里路。他一生足迹踏遍了半个中国，所到之处，赋诗作书，歌啸不能自已。他曾被年羹尧招至幕下，尊为高级顾问。有一次，他随年羹尧视察学宫，观诸石刻，慨然以楷书写下了《十三经》，被誉为中国楷书精品。在英山任职考察期间，曾游览过东坡赤壁，观看了苏轼大气磅薄的《寒食帖》，十分推崇，敬佩之情，溢于言表。

著述名录：著有《拙存堂诗文集》、《易卦私笺》、《拙存堂题跋》、《书法论》等。

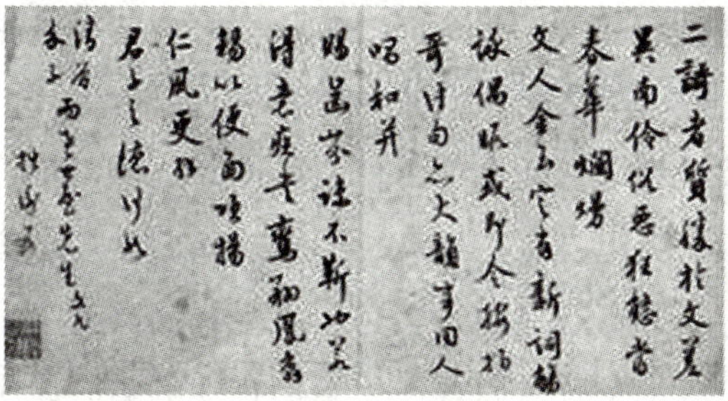

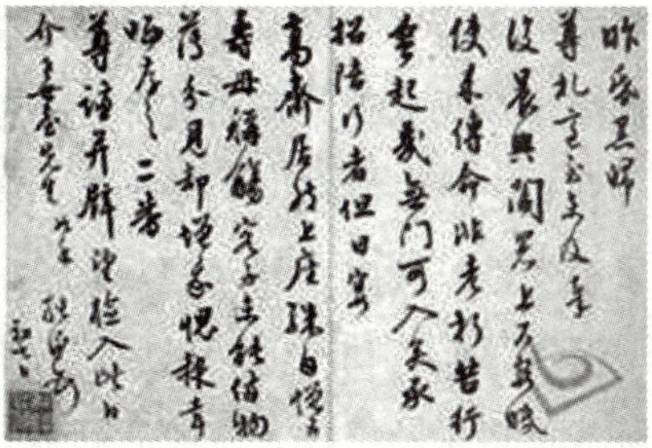

桂 超 万

名师名片 桂超万——清代学者型官员、儒学名师，进士，曾任英山县教谕、扬州知府、苏州知府、福建按察使。

教育箴言 **非治理国家之书不读，非经世济民之事不行，非忠孝之事不言。**

名师传略 桂超万（1784—1863），字丹盟。贵池梅村人。嘉庆十三年（1808）中举，先后担任过颍上县、英山县教谕。道光十二年（1832），时年49岁时中进士。被选授到江苏代理阳湖（今江苏武进）知县。后调任丹阳知县、元和知县。道光十四年（1834）春夏之交，补授荆溪（今江苏宜兴）知县，还未到任，就因父亲去世回家守丧而离职。服丧期满后，历任直隶滦城（今河北滦城）知县、万全（今河北怀安）知县、丰润（今河北丰润）代理知县。道光二十一年（1841）末，被提拔为北运河务关同知。道光二十三年（1843），提拔为江苏扬州知府。道光二十五年（1845），调任苏州知府。道光二十九年（1849）又提拔为福建汀龙漳道从三品道员。同治初年（1862），被命代理福建粮储道道员，不久升任福建正三品按察使。

桂超万家学渊源，勤奋上进，忠良孝悌。他生于世代书香之家。其父亲桂以和，号静斋，是位一生好学且知识渊博的秀才，诰封二品通奉大夫。他去世时，有朋友曾写对联挽颂他："前身是学海神经，耄犹炳烛；教子作儒林循吏，怆甚奔星。"说的是他虽然学识渊博（经学大师），但越老越好学，即使到了耄耋之年，仍然好学不倦；教化儿子做循理守法的好官，其感人精神，比流星还要闪亮。由于父亲的严教勤课，桂超万又聪颖好学，桂超万中举后，仍不满足，边事政，边教学，勤奋读书，潜心学问。虽参加会试屡考失意，但毫不气馁，终于在道光十二年（1832），时年49岁时中了进士。道光十四年（1834）春夏之交，他被补授荆溪（今江苏宜兴）知县，上任途中，因父亲去世，主动离职回家守丧。

桂超万为师勤勉，关爱学生，教学有方。他在英山任教谕期间，经常深入学宫了解实情，解决实际问题。有一年，英山县有些生童，因对一些旧学规不满，采取罢考过激行动。他闻讯后，没有不分青红皂白地去打压童生，而是对不合理的陈规进行果断修改，并建立新规，对生童晓之以理。生童们在他的耐心说服教化下，高高兴兴地参加县学考试。他还亲自讲授“四书”、“五经”。积极主张“非治理国家之书不读，非经世济民之事不行，非忠孝之事不言”。由于他关爱生员，教学有方，被生童们尊称为“知己”的“良师”，深受欢迎。

桂超万心地善良，关爱百姓，锄豪雪冤。他在代理江苏阳湖知县期间，审理了一件被传为美谈的婚姻案件。当时，县内有一个美貌如花的农家姑娘，被一个大地主看上，强令她做自己弱智儿子的媳妇。姑娘不愿，却与附近寺庙内一位也因婚姻失意而离家削发入寺的青年和尚相爱并私通。一天，两人幽会，商量一同出走之事，被地主家奴抓个正着，捆绑送到县衙，要求严惩。桂超万和衙吏分别询问了男女双方，都十分同情姑娘与和尚，有意成全他俩心愿。便将二人分开关入封闭式的监所，并贴上亲笔写的封条。午夜，派心腹胥吏将和尚放出，换送进与姑娘关系甚密的一位尼姑，再贴上亲笔封条。次日升堂审讯，跪在姑娘旁的尼姑大声喊冤，地主一家人吓得目瞪口呆。桂超万一拍惊堂木，呵斥地主道：“男女都分辨不清，真是胡闹！”随即写下判词：“刁刀相像，瓜爪难分，戊戍多少一点，斋齐脚下清明。放人！”姑娘便与年轻和尚一道远走他乡，结为美满夫妻。时任江苏巡抚的林则徐知道后，不但没有责备他，反而更加赏识他心地善良，机警睿智，办事果敢。并调他到丹阳任知县。在丹阳任上，他又为一名妇女雪冤。当地有一个叫赵王氏的妇女，被入室的盗贼奸污。事发后，该妇女碍于情面不敢声张。盗贼以她软弱好欺，又接连几次撬门窗入室将其奸污。邻里误认为该妇人与盗贼通奸。赵王氏因此含冤自杀。桂超万迅速破案，将盗贼抓获。经审问，该犯对奸污之事供认不讳。于是他严惩盗贼，公开为赵王氏雪耻雪冤。同时，他还就如何加强对盗贼的防范，上书苏州知府和江苏巡抚，加强社会治安。道光十三年（1833）秋，他调任元和（今江苏吴县）知县。上任不久，有一福建籍木材商人，控告某家船户，盗卖其由福建托运至苏州的木材。桂超万在查明木材客商与船户双方所呈交的“揽约交单”后，认为该客商实属诬控，将其“责处押追”，即向败诉商人收取欠款，保护了运输者（船户）的债务权利。此事，反映桂超万重视民间商业契约文书的法律效力，并将它作为判案的法定依据。这在当时确属难能可贵。道光二十年（1840），清廷下诏推举贤能官员，直隶总督讷尔经额举荐桂超万“谨慎廉洁，尽心民事”，他因而被提拔为北运河务关同知。

桂超万勤政爱民，振兴民生，官声卓著。道光十七年（1837），桂超万服丧期满后，被任命为直隶滦城（今河北滦城）知县。在滦城任职四年（1837—1841）间，他做了许多被载入史册的业绩。一是抓捕盗贼。当时县内盗贼成患，人民惶恐不安。他组织团练全力抓捕，且不分地域，常常与邻县联合，在交界的地方攻破盗贼的老巢。盗贼横行之风很快平息。二是疏浚河道，治理水患。他带领百姓疏浚境内汶河、金水河和护城河，兼修长堤，挡湖水于堤外，使内水畅其流，境内不再发生水灾。又平整道路，使车马能驰骋，人民往来便捷。三是尽量避免累民。他限定绅户免役的土地不超过三十亩，以免增加百姓负担。四是积极发展种植养殖业。他亲自走村串户，劝导百姓种植树木、饲养牲畜、打井、积粪、种植薯芋以备荒年。五是发展教育事业。他修复书院、设立义塾，教化乡民毋信邪教。由于滦城当时蝗灾严重，邪教组织借此造谣惑众，弄得人心惶惶。他以书院义塾为阵地，讲授经学，传授科学常识，使不少参加异教的人改邪归正。六是倡导续修县志。滦城县自康熙二十二年（1683）以来，有150多年历史，竟未曾修志。他上任不久，即倡导续修县志。该志叙述详明，繁简得宜，卷目齐备，记事中肯，为后人留下了极其珍贵的资料。道光二十三年（1843），桂超万被提拔为江苏扬州知府。由于当时扬州社会上，崇尚浮华奢靡，经济民生，逐渐出现颓势。他赴任后，以身作则，带头克勤克俭，劝导绅民，力戒奢靡恶习，为国为民，节俭钱财。与此同时，他严格执行各项法规，凡是衙蠹、胥吏、营兵、地痞、流氓、讼师等破坏行规、危害百姓的，都将其绳之以法。官司凡是打到府里的，他都能一审即结。使部分绅士、胥吏，很快改变了过去锦衣美食的奢侈作风和吆五喝六、盛气凌人的神态。对此，百姓无不扬眉吐气，街谈巷议“重见包公返扬州”。道光二十五年（1845），桂超万调任苏州知府。其时漕运的积弊非常严重，大户拖欠钱粮，运粮差役收取贿赂，需索日渐增多，社会怨声载道。桂超万提出减少帮费、平均赋户的意见。于是，他通过明察暗访，惩处豪猾之徒，保证了国家钱粮的按期完纳。使长期以来的积弊，得到了有效的改进。除此之外，对于佃户要求减租、聚众殴打田主，漕运水手因漕粮改由海运失去生计而滋生是非等情况，桂超万都能冷静处之，一一调查研究，商讨解决办法。由于对情况了如指掌，处理方法得当，将社会动乱都化解在萌芽状态。因而，他得到上级的赏识，先是命他代理粮储道道员，后于道光二十九年（1849）提拔为福建汀龙漳道道员（省以下，府州以上的高级行政长官即从三品官）。任职期间，他针对该地社会风气和治安状况，作了一首《何苦来》歌，劝解官民和衷共济，以勤补拙，以俭养廉，化解了局部地区械斗，使官民相亲，民风日渐醇正，取得了良好的社会效果。同治初年（1862），福建巡抚徐宗干上疏举荐桂超万，称他敦朴诚实，实心爱民，所任道、府、州、县官，不欺心，不枉法，皆有政绩，民口皆碑。

桂超万保家卫国，不畏强敌，英勇御外。道光二十一年（1841）末，他调任万全（今河北怀安）知县，并代理丰润（今河北丰润）知县。此前，道光二十年（1840）6 月英国在美法两国支持下，发动侵华战争。因广州防务严密，英军转攻厦门，被闽浙总督邓廷桢率军击退，遂趁浙江防务空虚，攻占了定海。接着又派军舰进犯天津大沽。面对英军威逼进犯，桂超万临危不惧，积极训练乡勇，招募擅长打野鸭的猎手组成团练，配合清政府正规军抗击英军。然而，英军船坚炮利，清军节节败退。就在英军肆无忌惮地登岸追击的危急时刻，桂超万率领丰润团练，埋伏在岸边的隐蔽之处，对登岸的英军进行突然袭击，击死击伤英军无数，有效阻止了英军的进攻，得到了亲王僧格林沁的嘉奖。并将丰润团练，作为镇守海口的主力军，而他则被当地民众视为民族英雄。

桂超万的生平事迹被国史馆收录，后又被列入民国时期编修的《清史稿》“循吏传”之中，流芳千秋。

著述名录：著有《惊裕堂文集》四卷、《养浩斋诗稿》十四卷、《宦游记略》六卷。

他人评价：清大学士、闽浙总督左宗棠曾于光绪初年（1875）上疏称赞他说：“道光十七年，臣宗棠会试北上，道出栾城，偶游城市，见知县桂所示谕，劝民耕种，并示以种植木薯，棉芋之宜，以及备荒之策，甚为备。询之居民，皆言令之爱民出于至诚，其洁清自矢，为从前清官所未有，心窃异之。”

汪 绍 堉

名师名片　汪绍堉——清末著名徽州文化学者、儒学名师、儿科专家，贡生，英山县教谕。

教育箴言　**造学问，若不能苦其心志，探其疑虑，辨其善恶，则师道从此而废也。**

名师传略 汪绍堉(生卒年不详),又名时堉,字腕亏。徽州歙县(今安徽省黄山市歙县)人。拔贡致仕,担任英山县教谕10余年,教书育人,桃李成荫,是一位德高望重的儒学名师。

汪绍堉出生于徽州文化的发祥地之一,“中国牌坊大观园”之誉的歙县。其家风醇厚,名贤辈出。汪绍堉自幼在徽州文化和汪氏家族的熏陶下,饱读诗书,学问精进,诗文俱佳,远近闻名。但他却淡泊名利,隐世不出,专好结交曹振、程祖络等名儒饱学之士,谈经论史,以文自娱。后来,经曹振、程祖络等名宦劝进,人到中年才捐得英山县教谕。

汪绍堉在英山任职期间,积极倡导教化,尊师重教,大力劝捐兴学,振兴县学,有效促进了教育事业的发展。他工作十分投入,为人耿直,敢说敢为,管理十分严格。他关爱师生,教学有方,能力强,德艺俱馨。他经常劝诫县学师生:“造学问,若不能苦其心志,探其疑虑,辨其善恶,则师道从此而废也。”因此,县学生员,对他的学识人品,无不肃然起敬,皆循其教。由于他身兼数职,工作繁重,以至积劳成疾,不幸病染沉疴,卒于任上。

汪绍堉一家世代为医,自幼耳濡目染,颇懂医术。他在教学之余,刻苦钻研,对儿科诊疗有深入的研究,传说在英山工作之余,经常悬壶济世,每每对小儿疑难杂症,辨证施治,妙手回春,福泽一方。

罗田县学

背景链接: 罗田县学(今罗田县第一中学),始建于元成宗大德八年(1304)。建学同时,邑人周广修孔庙,建大成殿。位于今罗田县凤山镇胜利街。自宋迄清,这里共产生了文科进士35人、举人163人。

罗田县学建成后,穿越历史烟云,伴随时代风雨洗礼,经历了多次兴衰,经过了12次迁建和重修。现存建筑为清同治九年(1870年)重修模样,仅存文庙主体建筑大成殿,为木质结构,占地面积228平方米,风格古朴,为湖北省文物保护单位。现为罗田县博物馆馆址。

蔡元伟

名师名片 蔡元伟——明代著名学者、儒学名师,举人,曾任罗田县教谕、浙江省考官、杭州府通判、抚州同知、崇仁知县。

教育箴言 **非圣贤书不观，非孝弟（悌）之志不存，非天地古今之运化、英雄豪杰之作用无以入吾思也。**

名师传略 蔡元伟（1506—1574），字伯瞻，号松庄。晋江蔡庄人。嘉靖十年（1531）中举人。嘉靖二十年（1541），授罗田县教谕，后历任浙江省考官、德安知县、杭州府通判、钱塘知县、抚州同知、崇仁知县等职。

蔡元伟为人耿介，家学渊源，文名远播。他是宋代著名书法家蔡襄的第十五世孙，诗书传家，学风醇厚。他自幼聪颖好学，12 岁能文，14 岁应诸生试，成绩优异，少年就颇有文名。嘉靖二十年（1541），他入京师应吏部诠选时，正值同乡户部主事周天佐，因上疏解救御史杨爵，直谏忤旨，被廷杖六十，下诏入狱，不三日致死。京师士大夫慑于明世宗淫威，不敢前去吊唁。蔡元伟无所畏惧，亲临哭祭，当场作祭文《二通七难论》1 篇，挽诗 300 首，言真意切，哀婉动人，充分表现了他的才气和节操。

蔡元伟崇尚程朱学说，注重品德修养，躬行务实，不尚空谈。尤其是他在父丧丁忧期间，十分注重饮食衣服、男女起居、言谈举止等日常生活行为，要求自己非常严格。偶有过失，长跪自罚。为了检点自己平日言行，他每天写日记记载，坚持不懈，辑成《考德录》一册，进行考德与反思。他在该书序言中，谈到编辑该书的初衷说：“不自揣量，非圣贤书不观，非孝弟（悌）之志不存，非天地古今之运化、英雄豪杰之作用无以入吾思也。气拘物蔽，鞭策不前，悠悠作辍，出入是惧，于是有是书之作云。”所谓“考德”，一是自我反省，一是学习心得，以检验自己的品德和气识。蔡元伟历官虽久，然能淡然处之。时遭变故或家难，而笃学养性至老弥笃。崇尚朱熹之言，以为世间事，须臾变灭，皆不足置胸怀，惟有穷理修身为究。因此，他深得理学真谛，同仁且慕且崇。

蔡元伟学问渊博，德才兼备，教学有方，成绩突出。他在罗田担任教谕期间，英山一带士大夫及地方官，争相延请讲学。县学中，经他调教出来的学子，有很多取得了相当的科举成就，被称为贤士的，便有数十人之多。称他是儒学名师，可谓桃李不言，下自成蹊。

蔡元伟为政清明，情系民生，讲究诚信。嘉靖二十二年（1543），蔡元伟被聘为浙江考官，旋升德安知县，在任以爱才节用为本。后迁杭州府通判，委守艮山城门。嘉靖二十六年（1547），倭寇围城烧北关，他将诸城门紧闭，独艮山城门洞开，接纳难民数千，入城避难。接着，他转署钱塘知县。受命总督军饷。时总督赵文华权势熏天，势炎迫人。有劝蔡元伟疏通关节，然蔡元伟置之不理，答曰："死生荣辱，命也，吾肯以货免乎？"因谨慎办事，终未为赵文华所害。尚有，蔡元伟担任抚州同知期间，巡按徐绅委其督办乐安县历年拖欠钱粮。他接受任务后，首先宽限期日，除鞭笞。他以真诚，赢得了百姓理解，逃欠者相继诚信缴纳。有一年，乐安县发生劫库案，他受命侦办，见县狱久坏，雨天囚犯顶盖站立，官府又不及时结案遣发，拥挤不堪，时闹疫病。为此，他改建监狱，放囚回家，命囚犯在新狱建成后归案。新狱落成后，囚者皆如命回狱。此间，他通过缜密侦查，捕获真贼13人，催补库银，为国家挽回了经济损失。对于乱供株连受害者数十家，蔡元伟均为其申报解脱，避免了冤假错案。

著述名录：著有《四书折衷》、《四书论著》、《易经聚正》、《读书日程》等。

彭淦

名师名片　彭淦——清中后著名书法家、诗人、儒学名师，贡生，曾任罗田县教谕。

教育箴言　**书有法，法无定法，有承师者贯以风骨居其上。**

名师传略　彭淦（生卒年不详），字良庵。土家族。湖北省长阳县彭家口人。县学拔贡。曾任罗田县教谕。是一位名播荆楚的诗人、书法家和儒学名师。

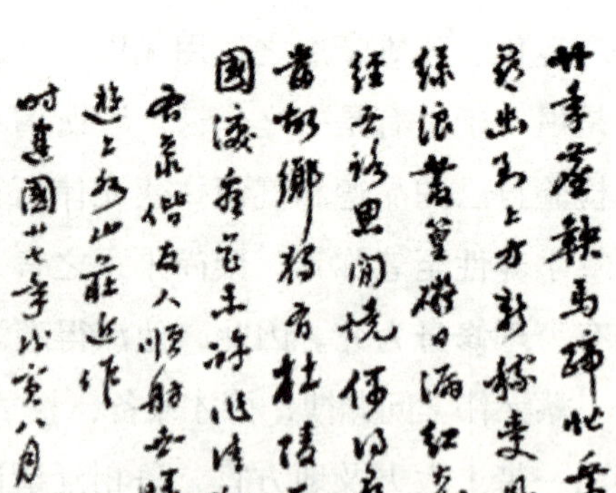

彭淦出生于书香门第。其家族原籍江西吉水，迁寓长阳到雍乾年间为止，历时达三百年之久。太祖名一道，曾祖名上达，皆不仕。而祖父庭芝为县学廪生。其父彭祖贤"自力于学，年十七，补博士弟子员，又三十年，充贡入太学，拣授教谕。暮年，德望并著。"其弟彭澳、彭秋潭，亦时贤，通文史，工诗文，有著作遗世。特别是二弟彭秋潭，在他的影响和指导下，成为清乾隆时代著名的土家诗人，荆楚名宿。蕲春大儒陈诗，通过他结识了彭秋潭，两人相知相敬，成为至交好友。彭秋潭死后，陈诗还为其撰写了墓志铭。

彭淦在罗田县担任教谕期间，兼任县学书法教师。他认为："书有法，法无定法，有承师者贯以风骨居其上。"要求学书者，既要讲究师承，更要学其神韵，贯以风骨。由于他教学得法，学员进步都很快。因此，他的书斋，翰墨飘香，名播一方。当地官员、士绅求字收藏，普通百姓慕名求写对联，商号、店铺老板，求写牌匾者，络绎不绝，一时洛阳纸贵。

彭淦一生成就众多，名垂青史。《长阳县志》称赞他："善诗，古文、词兼工书，翰而有治才。"《中国名人大辞典》（1921 年版）评价他"喜学问，能文章，好切言高论"。

黄梅县学

背景链接：黄梅县学（儒学），始建于元代至元十六年（1279），位于黄梅县城南街马号广场附近，又称儒学，学宫，后迁至北门附近。自唐迄清，黄梅县共产生文科进士 62 人，武科进士 4 人，文科举人 268 人。

黄梅县学（儒学）内的文庙，始建于北宋时期，重修于清同治八年（1869），建有大成殿、崇圣祠、尊经阁、棂星门及东庑西庑两厢房。大成殿后墙正面左嵌"至圣先师孔子赞"石刻碑文，右嵌颜子赞、曾子赞、孟子赞等石刻碑文。崇圣祠呈长方形，尊经楼原名书楼，棂星门俗称"牌坊"。现为黄梅县博物馆，馆藏较为丰富。

张士淑

名师名片　张仕淑——清代鄂东著名楹联文化学者、教育专家、儒学名师，贡生，黄梅县教谕。

教育箴言　**取小人之悦，必使君子受累，谓为信然。**

名师传略　张仕淑（生卒年不详），字耳圣，号蘧庵。蕲州（今蕲春县）人。岁贡。曾任黄梅县教谕多年。一生主要从事教育教学与学宫管理工作，是一位德才兼备、享誉鄂东的儒学之师。

张仕淑在担任黄梅县教谕期间，尊师重道，大力宣扬孔子和“二程”等古圣先贤的教育思想和教学主张。继承他们的遗风，推崇他们的学术，终日在学宫讲学传道，精勤不辍。吸引了江西等地的名儒接踵而至，远近生徒咸集，县学兹此声名大盛。“泽被圣贤”的士子潜心研讨学问、制艺，承前启后，推进了本土学术文化，发展了楹联文化。一时学风兴盛，人文蔚起。因其业绩突出，他的生平事迹被收入《湖北通志》和《黄州府志·文苑》人物录，名垂青史。

张仕淑工作之余，勤奋治学，穷经究史，学问极其渊博。尤其是对鄂东一带的地理沿革，行政变迁，名胜古迹，历史掌故，十分稔熟。还对族谱、姓氏名号研究颇多。撰有《秦馀草》、《云溪杂录》等多部著作传世。曾被蕲州士绅一致推举，参与纂修《蕲州志》，担任分修。他严肃认真，善辨去讹。所成文字，简约通畅，史实翔实。

张仕淑工书法，好交游。黄梅天衢山，景色奇异，但因地处偏僻，藏在深闺无人识。有一次，他与好友陈谦子等，到天衢山石莲峰游玩，见其绝壁悬石适宜题字，便以绳缠腰，自山顶攀援而下，悬题“留云处”三个大字。自此，黄梅天衢山名声大振，成为黄梅又一风景旅游之地。

著述名录：著有《秦馀草》、《云溪杂录》、《万松斋稿》、《宛在草堂近艺》及《云社》、《家社》凡数种，屡经兵火，篇什散佚。仅有《秦馀草》、《云溪杂录》流行于世。

萧 蕴 枢

名师名片　萧蕴枢——清代黄梅县儒学名师、方志专家，举人，曾任黄梅县教谕。

教育箴言　**读书须心口一致，讲义则疏而导之。**

名师传略　萧蕴枢（生卒年不详），清汉阳府孝感县（今孝感市孝昌县）人。举人出身。黄梅县教谕。

萧蕴枢在黄梅任职期间，积极劝教兴学，倡导尊师重教，颇有声誉。为振兴县学，他曾多次到九江、瑞昌等地延揽名师。在教学上，提倡师古法，强调落实。如读书，要求学生高声诵读，他再范读正音，然后督促学生诵读与默写分步或同步进行。要求学生做到心口一致，克服“心口分离”的毛病。他反对学生读“望天书”，提倡疏讲，让学生理解文章的义蕴。一般情况下，他要求学生背诵一百篇，在此基础上进行疏讲。其具体作法是，先抽学生试讲，然后针对学生试讲中的问题或疑难进行重点疏导。他十分注重知识的积累和文章体例的灵活运用。常用“看得活络，无所拘泥，则无不通耳（出自《朱子全书·易·讼》）”这句话，勉励学生勤加练习，做到触类旁通。因此，他在黄梅树立了扎实的学风和务实的教风。为黄梅的科举和教化做出了重要贡献。

教学之余，萧蕴枢还应知县徐昱之请，担任《黄梅县志》总纂。修志期间，兢兢业业，任劳任怨，或为找寻历史资料而四处奔波，或为辑录历史文献而呕心沥血，废寝忘餐，功不可没！历时两年撰成《黄梅县志》九卷，于清顺治十七（1660）年刻本刊印。现北京图书馆有藏。其志体例，分表、志、传三纲，中析条目，颇具伦次。文辞亦严正典雅，皆出诸萧蕴枢手笔。《黄梅志》刻本，实自此志始。为黄梅县留下了珍贵的史料。

广济县学

背景链接：广济县学（今武穴市中学），始建于北宋庆历五年（1045）。学址初选于梅川镇东北。后迁至梅川东南一里。千百年来，从这里走出了文科进士72人，武科进士7人，文科举人232人。

广济县学宫屡毁屡修。元末，曾毁于战乱。明初，广济首任县令胡昇重建，后任知县陈景昌迁至梅川东南一里。以后多次扩建重修。至清顺治十一年（1654），学宫规模宏大，设施齐全。建有大成殿、东庑西庑、戟门、名宦祠、更衣厅、乡贤祠、忠孝祠、尊经阁、棂星门、泮池辕门、节烈祠、礼乐库。大成殿后有崇圣宫，左为明伦堂，右为敬业堂，明伦堂后有东斋、西斋，各有正厢房7间，为讲学及生员读史习经之处。后渐毁，至建国前夕仅存遗址。

文天祯

名师名片 文天祯——南宋学者、慈善家、儒学名师，举人，曾任广济县（今武穴市）教谕。

教育箴言 **自遇安贫，而终于贫矣；自安于庸，而终于庸矣。**

名师传略 文天祯（生卒年不详），字履元，号文川。宋宝祐年间领乡荐，中举。从南宋景定五年（1264）开始，直至其弟文天祥至元十六年（1279）兵败被俘，一直担任广济县教谕。崇文重教，振兴县学，教书育人，为黄梅教育做出了较大的贡献。

文天祯在担任广济县教谕期间，为造福学子，四处奔波，倡捐募资，不辞劳苦，数年间扩建县学六楹。他主持学宫教学和童试，事必躬亲，极为勤勉。尤其是他将每次童试中好的文章派人抄录下来，作为教学范文，精心点评，对在县学备考的秀才和研习生员帮助很大，受到儒学同仁的一致好评，连知县也经常来学宫听他评讲试卷。因此，每逢他的讲课之日，全县的秀才，无不争先恐后，提前到学宫抢占座位。从而促进了全县科举备考质量的提高。

文天祯是民族英雄文天祥的兄长。在风雨飘摇的南宋末年，在元军大举南侵之际，文天祥率领军队与元兵苦战于江西一带，终因众寡悬殊，兵败被俘。文天祥被押解到燕京后，元朝当局看他文武全才，使尽各种办法，软硬兼施，企图用高官厚禄收买他。文天祥虽身陷囹圄，却坚贞不屈，志不可夺，宁死也不出卖自己的灵魂去做侵略者的鹰犬，表现了崇高的民族气节。文天祥死后，文天祯为防止元兵报复，挂冠而去，隐居山林，公仕济日，振兴文献，崇祀乡宦，其德行详载县志，流芳千古。然而他的小弟弟文溪山，当时眼看宋室江山大势已去，便不思振作，甘心媚颜事敌。就在文天祥被俘后的次年5月，他投降元朝，竟在燕京街道骑马招摇过市。文天祯听到这个消息后，暗自伤心，责备弟弟不争气。因此，在族人面前不敢抬头。文天祥听到这个消息后，捶胸顿足，放声痛骂，大骂弟弟文溪山没有骨气。哭毕，提笔写诗一首：“去年别我施出岭，今年汝来亦至燕。兄弟一囚一骑马，同父同母不同天。可怜骨肉相聚散，人间不满五十年。三仁生死各有志，悠悠白日横苍烟。” 可叹兄弟三人虽一母所生，但所走的人生道路，却如此地大相径庭。用他的话说，是人生信仰和道德修为不同所致。

文天祯家学渊源，有乃父之风，嗜书如命，学问非常渊博。在他的影响和带动下，文天祥自小勤奋好学，十分刻苦。只要书卷在手，就废寝忘食，经常通宵苦读。次日天色微明，又站在屋檐下读书学习。文天祥博览群书，文辞出众，22岁便中状元，成为一代名臣、民族英雄，与其良好的家教和他兄长的悉心指导是分不开的。

第三节　帝师

背景链接：帝师，古代职务称呼，一般有三层意思。一是宗教的最高领袖，例如八思巴为忽必烈时期的帝师。二是皇太子的老师或皇帝未登基前的老师，例如方孝孺是建文帝的帝师。三是封建时代皇帝敬赠智博功高德隆之臣，也有称帝师的，如明朝开国谋臣刘基，即被皇帝朱元璋赐称为帝师。

此外，编者认为，侍讲、侍读及崇政殿说书等官员，也应该称之为帝师。因为，他们是为皇帝讲说书史，解释经义，并备顾问的，或为他们授书讲学的。然而，在古代至高无上的皇权下，他们的帝师地位，没有得到相应地承认。如黄冈的程颐、金德嘉、李钧简、曹本荣、汪炼南等五位大学问家。说他们是帝师，亦可以说是当之无愧。

程　颐

名师名片　程颐——宋代哲学家、理学家、政治家、教育家，学派创始人之一，儒学名师，进士，曾任西京国子监教授、秘书省校书郎、崇政殿说书。

教育箴言　**不深思则不能造其学。**

圣人之志，只欲老者安之，朋友信之，少者怀之。

名师传略　程颐（1033—1107），字正叔。汉族。原籍洛阳，生于北宋府县（今属红安县二程镇），人称伊川先生。历任汝州团练推官、西京国子监教授、秘书省校书郎、崇政殿说书等职。一生从事学术和教育活动，曾为宋哲宗皇帝讲说经学，并与其兄共同创立了“天理”学说，成为一代宗师，世人敬称为“二程”，为中国古代理学的发展，做出了重要贡献。

他身为帝师，以教化天下为己任。元祐初年，他与其兄共同创立的“二程之学”思想体系已臻成熟。在学术上，独树一帜，名重学林。因此，他被推荐担任宋哲宗的经学教师。在为哲宗侍讲期间，敢以教化天下为己任，关注社稷苍生。以务实的态度，阐发自己的真知灼见。议论褒贬，无所顾忌，声名日高，从游者日众。他把毕生的心血，货与帝王家。在教学内容上，主张以伦理道德为其根本，提倡“学者须先识仁。仁者蔼然与物同体，义、智、信，皆仁也。”《宋史》称他“学本于诚，以《大学》、《论语》、《孟子》、《中庸》为指南，而达于‘六经’”。在哲学上，他把孔子的“仁”学推到了新的境界。把先秦儒家“仁学”所强调的爱人、博施济众、克己复礼等，进一步发展成为与“万物为一体”的境界，认为前者还只是仁的“用”（表现），后者才是仁的“体”（根本）。这一思想与张载的“民胞物与”的思想殊途同归。

他重视教育，以培养圣人为职业志向。他在长期的教育活动中，树立了育人的丰碑。元丰元年（1078），他任扶沟知县期间，“设庠序，聚邑人子以教之”。元丰五年（1082），北宋著名政治家、书法家文彦博将其鸣皋镇（今河南洛阳伊川县境）的庄园赠给他和其兄程颢，他们兄弟二人于此创建伊皋书院，他本人讲学其中近 20 年。他同程颢一样，主张教育的目的，在于培养圣人。他们认为：“圣人之志，只欲老者安之，朋友信之，少者怀之。”圣人以天地为心，“一切涵容复载，但处之有道”。因此，他在教育实践中，积极倡导教师必须以培养圣人为职业志向。教育要以德育为先，同时加强自我修养。其途径为致知、格物、穷理。“致知则智识当自渐明”，致知乃在穷理，即尽天理。致知的办法是“格物”。“格者，至也”，“格”是内感于物而识其理。“耳目能视听而不能远者，气有限耳，心则无远近也”，因此认识事物的关键乃在“心”。心“与天地合其德，与日月合其明，非在外也”，故致知重“内感”而不重外面事物。在学习方法上，强调求其意，“凡看文字，先须晓其文义，然后可求其意，未有文义不晓而见意者也”。另外，他主张读书要思考，“不深思则不能造其学”。或曰：“学者亦有无思而得其乎？”其教育主张和思想对后世教育影响极大。

他学识渊博，与其兄共同创立了“天理”学说。二程十五六岁时，师从理学创始人周敦颐。宋神宗时，他们建立起了自己的理学体系。二程的学说在某些方面有所不同，但基本内容并无二致。皆以“理”或“道”作为全部学说的基础，认为“理”是先于万物的“天理”，“万物皆只是一个天理”，“万事皆出于理”，“有理则有气”。现行社会秩序为天理所定，遵循它便合天理，否则是逆天理。提出了事物“有对”的朴素辩证法思想。强调人性本善，“性即理也”，由于气禀不同，因而人性有善有恶。所以浊气和恶性，其实都是人欲。人欲蒙蔽了本心，便会损害天理。“无人欲即皆天理”。因此教人“存天理、灭人欲”。要“存天理”，必须先“明天理”。而要“明天理”，便要逐日认识事物之理，积累多了，便能豁然贯通。主张“涵养须用敬，进学在致知”的修养方法。二程宣扬封建伦理道德，提倡在家庭内形成像君臣之间的关系。程颐还反对妇女改嫁，宣称“饿死事极小，失节事极大”，流毒颇深。“二程学说”后来由南宋朱熹等理学家继承发展，成为“程朱”学派。

程颐死后，享受殊荣。宋宁宗十三年（1220），赐谥程颐为“正公”。理宗元年（1241），又追封程颐为“伊川伯”，并“从祀孔子庙庭”。至顺元年（1330），诏加封为程颐为“洛国公”。明代宗景泰六年（1455）诏令两程祠以颜子（即）例修建，规制比于阙里，前后殿庑斋室等房共六十余间，祭文称颂两程“阐明正学，兴起斯文，本诸先哲，淑我后人”。清二十五年（1686），二程进儒为贤，位列孔子及门下、汉唐诸儒之上，次年康熙皇帝又赐给两程祠“学达性天”匾额。后人为敬仰“二程”，常在他们讲学的地方，建祠或建书院以示纪念，意在追踪继轨，以示其思想绵长。如，河南的伊川书院，黄州的河东书院等。值得一提的是，黄州河东书院在其书院内建二程祠，南宋理学家朱熹曾专程赶来参加落成庆典，并作《黄州州学二程先生祠记》志庆。

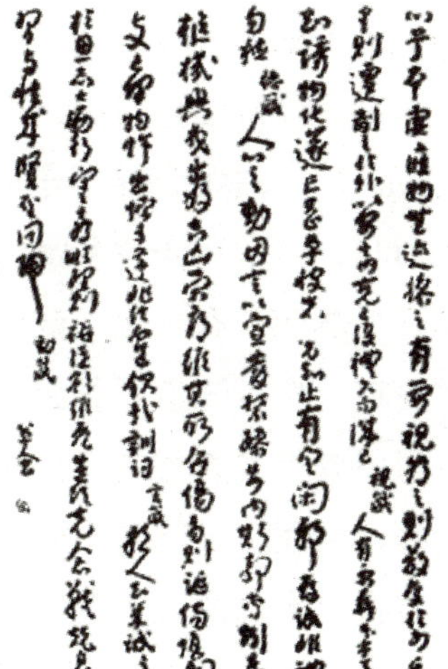

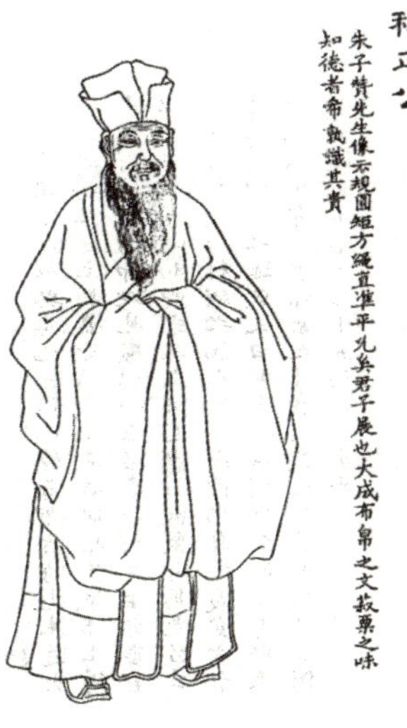

著述名录：主要著有《周易程氏传》，还有《遗书》、《文集》、《经说》、《二程粹言》等。其著作被后人辑录为《河南二程全书》、《程颐文集》。

金 德 嘉

名师名片 金德嘉——清代著名学者、诗人、方志学家，儒学名师，进士，曾任贵州乡试副考官、翰林院庶吉士、翰林院侍读、广济（今武穴市）龙坪江汉书院主讲。

教育箴言 **龙坪数千家富过我穷莫过我；鹏程九万里时让人志不让人。**

名师传略 金德嘉（1630—1707），字会公，号豫斋。广济县龙坪镇人。清顺治十七年（1660）举人。授安陆府教授，任期9年。康熙二十一年（1682）中进士，授翰林院检讨，掌修国史。康熙二十六年（1687）后，历任贵州乡试副考官、翰林院庶吉士、翰林院侍读等职，并奉命纂修明史、《大清一统志》及《礼记解义》和《通鉴讲章》。他的一生，著作等身，被世人誉为一代硕儒。

人穷志高，问鼎会元。金德嘉的父亲在他很小的时候就去世了，因此家道日衰，常常无米为炊。然而，母亲对他十分疼爱，省吃俭用，送他上学。他少年懂事，每天五更起床，点亮菜油灯，看书看到天蒙蒙亮，就跑到学堂去。别人放学回家了，他还在学堂里埋头读书，要到家家点灯才回家。一年除夕，他对母亲说：“儿想，过年鱼肉可不吃，大门春联不可少。”于是，他提笔写了一副春联：“龙坪数千家富过我穷莫过我；鹏程九万里时让人志不让人”。由于他勤奋好学，毅力过人，于清顺治十七年（1660），31岁时经乡试中举人。康熙二十一年（1682）会试考中第一名贡士，是黄冈历史上的第一位会元。当时，广济县士绅为庆祝他荣登榜首，在县城梅川北门建了一个会元门，以激励后来学子向他学习。

追求平淡，急流勇退。金德嘉担任太子太师时，经常用先哲名贤的著述和思想，启迪太子熟悉社稷典章制度，深受皇帝佳许。然而，有一次，他给皇太子洗脸，因指甲太长，不小心把太子眼角划了一道血痕。皇帝知道了，命人修他的指甲。修指甲的太监不解皇帝本意，竟把太师的指甲修得光秃秃的，指头皮肉都修了，血淋淋的。过了些时日，皇帝设宴宴请太师，席间，金德嘉手痛，不自然，帝问何故？金德嘉如实上奏，皇帝即命人杀了修指甲太监的人头谢罪。金德嘉吓出一身冷汗，心想：这点小事就要杀头，我若久居朝中，难免没有失误，真是伴君如伴虎啊！于是在59岁时，告疾归乡，在龙坪江汉书院讲学，或闭门著述，过平淡的日子。康熙四十六年（1707）病逝于家乡广济县龙坪，终年67岁。

名师风范，才华横溢。金德嘉诗文俱佳，其文章宗法韩愈、欧阳修，气势充沛，奇譬巧喻，思想深刻，清新活泼，形象鲜明，具有多样性的艺术特色。在诗歌上，他与湖北学林名士刘子壮、熊伯龙齐名。其诗力追唐风，想象奇特，气势宏伟，追求散文化的语言风格。他在参与编修《大清一统志》、《礼记解义》和《通鉴讲章》等书籍时，夜以继日，勤勉不倦，贡献了自己的聪明才智。特别是在编修《大清一统志》期间，怀着对家乡的热爱和眷恋，在考订湖广各府县的史料时，尤为精细，为历来湖北方志学界所称道。

著述名录：著有《居业斋文集》20卷，《续纂元、明臣言行录》及别集10卷。其中部分诗歌作品被清《国朝诗人征略》选录。

诗歌选录：

春　兴

老至伤春兴转饶，春寒连日雨萧萧。
空囊恨我曾金注，广宴从谁更玉箫。
忽见邻家新种竹，传呼稚子各移蕉。
年来泽畔成何事，憔悴行吟续楚骚。

秋　兴

四壁萧萧三径存，盆花彻草湿云根。
谈空偶共缁衣坐，访旧频过黄叶村。
薄俗人中防虎豹，荒年席上减鸡豚。
采芝遁世惭商皓，骚雅犹从屈宋论。

楚江渔父词四首

其　一

青林湖畔野人家，不种桃花种藕花。风随到，日初斜，坐石滩头餐绛霞。

其　二

鼓柁垂纶烟雨间，笔床砚匣水潺潺。左叔静，右叔闲，寒江春老碧桃间。

其　三

烹鲜酌酒也开颜，晒却鱼龟放白鹇。阳城洞，钓童山，朝发扁舟薄暮还。

其　四

十里湖山烂漫花，轻舟一叶载琵琶。清明酒，谷雨茶，潇洒风流属钓家。

对　酒

细雨湿江皋，疏林风怒号。
开门词客至，命酒仆夫劳。
身隐耽鲈脍，厨荒剩蟹螯。
当筵孙解笑，万事敕儿曹。

曹本荣

名师名片 曹本荣——清代著名学者、理学家、历史学家，儒学名师，进士，曾任日讲官、秘书院侍讲、左春坊左庶子兼侍读、顺天乡试正考官、经筵讲官、翰林院侍读学士、国史院侍读学士。时称“文靖先生”。

教育箴言 **修辞立其诚，以实言为实行，精神更无走作，不至业而始修，直图所以居业者。**

名师传略 曹本荣（1621—1664），字本欣，号厚庵。清朝黄州府黄冈县（今团风县）人。清顺治六年（1649）进士，选为翰林院庶吉士。顺治八年（1651），授秘书院编修。顺治十年（1653），升为右赞善兼国子司业。顺治十一年（1654）转任中允。顺治十二年（1655），选为日讲官。顺治十三年（1656），升秘书院侍讲、左春坊左庶子兼侍读。顺治十四年（1657）八月，充顺天乡试正考官；九月，充经筵讲官；十一月，以失察同考官作弊，部议革职。顺治十八年（1661），迁翰林院侍读学士，改国史院侍读学士。康熙二年（1663），请假归籍。康熙三年（1664），卒于扬州。

一代硕儒，著作等身。曹本荣十分推崇王阳明的致知之说，终日精研，不知疲倦，成就斐然。其学术成就可与程、朱、薛、陆、王五大硕儒并列于世。他认为做学问，应该是：“修辞立其诚，以实言为实行，精神更无走作，不至业而始修，直图所以居业者。”故顺治皇帝令他与清朝第一位状元、一代名相傅以渐共同编撰《易经通注》。他果然不负圣望，成九卷刊行于世。他在编撰《易经通注》之余，网罗择编了上述五大硕儒的语录，并以自己的见解周张精义，受到学界推崇，被收入《四库全书》。他还曾奉命纂修《历代通鉴》，学贯今古，誉满学林，被世人尊称为“文靖先生”。

讲经读史，镕铸众说。顺治十二年（1655），顺治皇帝为加强自身修养和提升行政能力，在全国鸿儒博学者中，甄拔日讲官，曹本荣因其学问渊博脱颖而出，被选拔为日讲官。他在担任日讲官和侍读学士期间，以程、朱之学，进于世祖顺治。日侍讲幄，辩论经义，镕铸众说，词理简明，为说经之圭臬，深孚圣望。他曾上圣学疏千言，劝导顺治：“皇上得二帝三王之统，则当以二帝三王之学为学。诚宜开张圣听，修德勤学。举四书、五经及通鉴中有裨身心要务治平大道者，内则深宫燕闲，朝夕讨论，外则经筵进讲，敷对周详。君德既修，祈天永命，必基于此。”希望皇帝学从王阳明致良知之说，广施仁政。顺治看后，一一嘉纳。为了提高皇帝的决策水平，他还编写了《奏议稽询》一书，让皇帝以史为鉴，中兴大统。该书文以体分，各体前俱引文体明辨一条，大概因该书内容博杂，所分子目，冗琐特甚，舛误尤多。但总的来说，瑕不掩瑜，为皇帝行政提供了许多有益的经验和借鉴。

布袍蔬食，清节自励。曹本荣辞官告归之时，宦橐萧然。即使是在革职和患病期间，也只有门生计东在身边照顾。他为官力从简朴廉洁，从不张扬跋扈、结党营私、攀龙附凤。平日工作之余，以穷理尽性之学为己任，埋首学问之间。卒之日，容城地方官十分痛惜和仰慕，举荐其子曹宜溥参加博学鸿儒科考试，具卷上乘，被授为检讨之职。

著述名录：著有《五大儒语要》和《周张精义》、《古文辑略》、《奏议、稽询》44 卷等；曾与大学士傅以渐共同编纂《易经通注》。

诗歌选录：

杂　咏

卢橘新传罢汉中，尚衣闻道减花绒。

诸州节使休蠲助，圣主清心在合宫。

汪炼南

名师名片 汪炼南——清代著名学者、程朱理学专家，儒学名师，进士，曾任顺天学政、侍读学士。

教育箴言 **知不足不为羞，可羞者知不足而不求。**

名师传略 汪炼南（生卒年不详），字冶夫。清朝黄州府黄冈县（今团风县）人。顺治九年（1652）壬辰科中进士，被任命为翰林庶吉士，授编修。顺治十八年（1661），任顺天学正。康熙三年（1664），晋升为侍读学士。

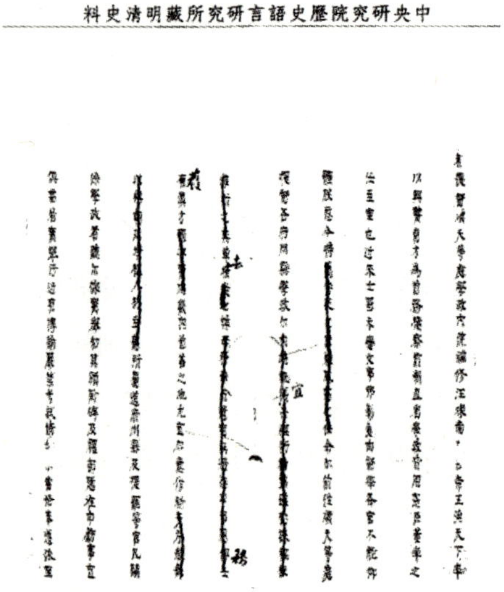

敕谕汪炼南提督顺天学政档案

汪炼南自幼勤奋好学，志向远大。特别是在黄冈问津书院深造期间，他常常以“知不足不为羞，可羞者知不足而不求”自励，学习极为刻苦，日夜苦读，手不释卷，深受主讲器重。他十分推崇程朱学说，造诣颇深。他十分认同程颐的观点，把“天理”作为最高的、唯一的认知本体。他反复钻研“二程”关于“天理”派生出“气”的论断。提出“气”乃天地万物之始。理不离气，气则是理。理为气本，理先气后。“理”可以通过“气”化生万物，既可腐朽，亦可神奇，混沌之初，善恶一体，气理澄清，善恶分明。将理与气的关系更加具体化和哲学化，被学者公认为程朱理学专家。

汪炼南担任少年皇帝康熙侍读学士期间，顾命大臣操握权柄，结党营私，日益骄横，竟发展到不顾皇帝的意旨的地步。他作为汉族官员，不顾个人安危，借为康熙读经讲史的机会，积极建言献策。他建议康熙皇帝，学习并接受儒家经典，研究中原历朝历代的统治经验，吸取经验教训。康熙在他的影响下，积极倡导理学，提出“朕以为孔孟之后，有裨斯文者，朱子之功最为宏钜”。这些，为康熙日后行政决策，缓和民族矛盾，成就一番帝业，打下了良好的基础。

著述名录：著有《桃潭合钞》等。

李钧简

名师名片　李钧简——清著名学者、书法家、诗人、《周易》学专家、儒学名师，进士，曾任内阁学士、江西学政、侍读、顺天府尹、光禄寺卿。

教育箴言　**问业如捕鱼，有难易也。结网临渊，则难者亦易矣;临渊结网，则易者亦难矣。**

名师传略　李钧简（1728—1823），字秉和，号小松。清朝黄州府黄冈县周铺（今属武汉市新洲区）人。60 岁中举，乾隆五十四年（1789）进士。嘉庆元年（1796）任宫廷内阁学士。嘉庆六年（1801）任江西学政。后出任督仓场，继任侍读、顺天府尹、光禄寺卿，终以编修辞官。在经学研究、训诂学、教育和水利建设等领域颇有成绩。

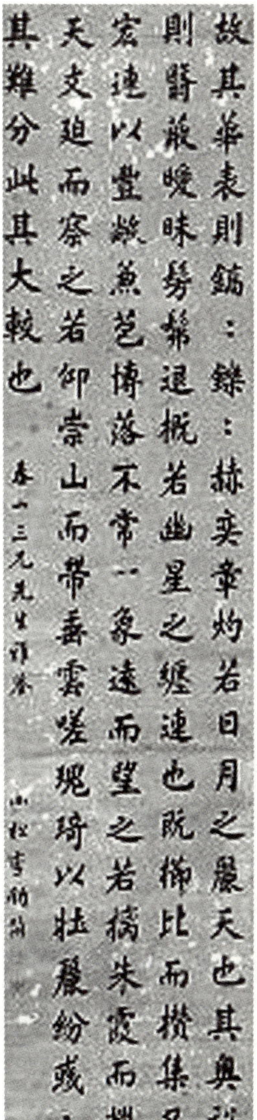

博古通今，大器晚成。李钧简 60 岁中举，连捷翰林，步入官场，可谓大器晚成。他擅长书法、楹联、诗歌，尤其是经学造诣极深。嘉庆四年（1799），他以一首全韵九言诗惊冠百官，皇帝亲赐蟒袍以示嘉奖。他担任皇帝侍读期间，主要讲经学，解《周易》。每每阐发义蕴，旁征博引，融会贯通，字字精到。嘉庆皇帝十分欣赏他的才学，多次在朝堂当着文武百官的面称赞他。他还用一生的心血编著了《周易引经通释》一书，为时人所推崇，被收入《四库全书》。该书以群经之言解《易》，影响极广。其中《周易引经通释》多次刻版重印。著名版本有：清嘉庆十九年（1814）重印版；清光绪八年（1882）重印版，该版行 20 字白口四周双边单鱼尾，钤“国子监南学书光绪九年二月查过准部齐全”印，序后有墨笔题记，版心题鹤阴书屋，版存于北京湖广会馆。

为生民立命，恩泽天下考生。李钧简任江西学政期间，经岁科两考，发现土籍、客籍童生考试为争夺录取名额，在民间常常引起纠纷。于是，他向皇帝提出恢复和改善“合考分取”的考试制度，实行“加额合考”，为当时推进科举考试公平起到了积极作用。当时，土籍、客籍童生考试因为名额的争夺而经常发生的弊案与纠纷，不仅江西有，其他各省也时有发生。它反映了当时教育公平和社会矛盾的一个侧面。为此，嘉庆九年（1804）六月十八日，李钧简根据他在江西任学政三年的经验教训，上奏皇帝，提出整改意见。他认为，乾隆二十八年（1763）以来实行的合考有着“潜化愚顽之习，渐消畛域之见”的深远意义，而且“棚籍（客籍）民人，远者百余年，近者数十年，田产庐墓与著籍之例久符”，土棚学额之争，是土籍捏告虚词挑起的党同伐异之举，解决之道，惟有复雍正九年（1731）定例，“合考分取”。裁去用以区别土籍、棚籍的三单，加额合考。嘉庆帝采纳了他的建议，于嘉庆九年（1804）九月颁布上谕指出，李钧简“所奏亦不为无见”，要求江西巡抚秦承恩与新任学政按照李钧简所奏“再行悉心筹酌”，使土籍、客籍考生均各称便。秦承恩与新任学政于嘉庆十年（1805）正月，决定采用李钧简的“加额合考”的政策，宣布：“土籍童生县额取进十二名，拨府八名，共取进二十名。棚籍童生县额取进四名，拨府一名，共取进五名”。次年，考试“极为安静”。“合考加额”政策既体现了考试的公正性和可行性，又扩大了全国考生录取的机会。

创建湖广会馆，聚天下贤人。嘉庆十二年（1807），李钧简任职顺天府尹，与体仁阁大学士刘全之共同集资，在北京西城区虎坊桥修建了湖广会馆。除了联谊在北京工作的同乡之外，还为诸多进京考取功名的家乡考生提供住宿，被家乡人称之为试馆。据统计，历史上通过湖广会馆成功考取功名的两湖人士，多达100多人。清末著名将领左宗棠就曾用“江山万里横天下，杞梓千章贡上都”来赞誉湖广会馆的人才多为朝廷所用，以及在京城无人能及的重要地位。其间，湖广会馆还接待过四大徽班进京。李钧简去世后，道光十年（1830），在会馆内部建造了京城数一数二的大戏楼。很多京剧大师，如“同光十三绝”、谭鑫培、梅兰芳，都曾在此登台献艺。

著述名录：著有《周易引经通释》10卷、《融斋目录》等。

诗歌选录：

送赵修撰出使琉球

封袭恩流海国春，儒臣万里捧丝纶。
扶桑东望经三岛，折柳南来傍七闽。
纸到鸡林原有价，槎回牛渚岂无津。
琉球此日争先睹，天子元年第一人。

古风·寄彭秋潭大令

白云西望鹤南飞，江汉题襟旧纻衣。
每忆故人为吏去，深知词客似君稀。
石颜峭处平开径，花气和时静庵扉。
汉代循良多辅相，莫教容易赋山薇。

对联选载：

其一：题新洲仓埠三山戏台联

文场即是戏场，定要居人间一甲；
仙境无非乐境，何须求海外三山。

其二：题新洲关庙、武庙联

张为弟，刘为兄，弟兄们同胆同肝，异姓联成亲骨肉；
魏之仇，吴之恨，仇恨里有仁有义，单刀劈就汉江山。

（编者注：上联反映关羽与刘备、张飞结为异姓兄弟的情景，三人于桃园中备下乌牛白马祭礼等物，焚香拜祭结为生死之盟。下联反映了关羽华容道义释曹操的事件。）

后人评价：

著名哲学家、国学大师熊十力致钟泰云信说：李钧简先生，年六十中举，连捷翰林，官至仓场总督。吾侪少时，曾闻老辈谈其行运迟，而运到便一气呵成，殊可异。所闻只此而已。其书鄂中尚可访，但确不多，吾并未之见。曾见其点翰林之策问，有谈《易》之长文，似无甚透悟处，只引古书而已，所用亦皆为易见者。吾有一学生，曾见其书。据云，引余经以释《易》辞，与来书所说大概相同。夫以诸经释《易》，必观其会通，最举大义。天德正道，悉窥本原，疏其条贯，足成统系，为一家之学，方有价值可尊。若只随顺经文，杂引余经文句以相释，而不必能创通大义。斯不足言学，不足与论《易》也。吾觉自汉以来，儒生习于细碎，经师固不足道，理学诸师亦不免拘促身心修养之辞，而难语于神化之微与经纶之盛也。李公或难例外。必欲向之求胜义，或不必能慰所愿也。

第二章　书院名师

书院是中国古代独特的文化教育机构。自古以来，黄冈之所以生徒麟萃，名人辈出，教育昌盛，与书院教育密切相关。历史上，黄冈有很多书院在全国久负盛名。尤以河东书院、问津书院和麟山书院为代表。其以规模之大、规制之全，名师主理而驰名江淮。其中，问津书院被誉为中国最古老的大学，与历史上蜚声海内外的岳麓书院、东林书院、白鹿洞书院齐名。河东书院是南宋时期全国 22 所著名书院之一，宋理宗在位时，为表彰其办学业绩，曾亲自题写院名。黄冈先后建有书院 76 座，数量逐代而增，其中宋代 4 座，元代 6 座，明代 39 座，清代 40 座。以清朝为例，从全省来看，黄冈书院数占全省的 23%，中进士人数占全省 26%。从黄州府内部看，黄冈县书院数占全府的 37.5%，中进士人数占全府 35.9%。可见书院教育与人才培养正相关。因此，书院是黄冈古代教育的生力军，其教育教学与学术活动，为黄冈教育作出了重要贡献。

黄冈书院的发展，折射了中国书院教育功能的变迁。黄冈自北宋建立书院后，其功能随着社会的变革而不断变化。北宋创办的雪堂书院，主要为士人把酒题诗、研究著述、讲学会友、讨论时政、修身养性、隐居藏修之地。南宋创办的河东书院，将其演变为儒学名士教授生徒、个人研修或讲学著述的处所。明、清时期创办的书院，除教授生徒外，还集学术研讨、藏书、刻书为一体。书院的山长、主讲，多由退休、辞官的名儒硕学官员兼任，如郭庆、耿定向、冯梦龙、靖道谟等，或由地方官绅延聘品学兼优者充任。如清代蕲春麟山书院有资料可查的山长、主讲有 8 人。其中：进士出身的知州兼任者 2 人，进士出身的翰林院编修 1 人，举人出身的 4 人，贡士出身的 1 人。都是受人敬重、饱读诗书的儒学名师。

黄冈书院盛行，名师辈出，有其深刻的社会基础。自北宋到明朝中叶，程颢、程颐、朱熹、王阳明等人的理论和教学实践，对黄冈书院的教学活动和学术发展有着巨大的影响。朱熹、王阳明都曾多次到黄冈讲学传道。尤其是朱熹，足迹踏遍了黄冈的大大小小书院。还有程颢、程颐更是集理学之大成,被黄冈学林称之为家乡人,引以为自豪。在明代王阳明的心学占据学界主流的时期,黄冈产生了耿定向、耿定理、耿定力三兄弟和顾问、顾阙两兄弟以及李贽、郭庆、肖继忠等一大批思想家、理学大师和书院名师。他们主持的书院,在鄂东形成了“四大中心”,即三个学术研讨中心和一个科举制艺中心。三个学术研讨中心分别是:耿定向主持的天台书院,顾问主持的阳明书院,李贽讲学的芝佛书院。科举制艺中心以问津书院为代表,名师设帐,科考成绩名冠荆楚。这四个中心的出现,有力地推动了黄冈书院的繁荣与发展,因而也产生了一大批书院名师,为鄂东地区培养了一批又一批优秀人才。除此之外,黄冈书院的盛行,还因为心学极重用心体悟,书院修行特别适合辩难其间、用心参悟。再加上,黄冈人追求书香,知识改变命运的理念深入骨髓。特别是明清时代,科举炽盛,读书致仕是学子们唯一的出路。八股取士,要想高中,少不了名师指点,同门切磋,都需要个安静的地方。而书院多建于山林僻静之处,远离尘世的喧嚣,青灯黄卷,散发着书香。因此,书院成了莘莘学子最佳的备考场所。

第一节　府(州)书院

黄州河东书院

背景链接:黄州河东书院始建于南宋淳祐六年(1246),至清末改为黄州府中学堂,历时700余年。

河东书院历史悠久,盛名远播。据《续文献通考》记载,河东书院是南宋全国22所著名书院之一。宋理宗皇帝在位时,为褒奖该书院,曾亲自为其题写了院名匾额,悬挂于正堂大门之上。后来虽几经变迁,但在鄂东的学林地位却一直举足轻重。宋末曾改为县学，明代改为府学。清初，移建于黄州府城清淮门内（今黄冈市考棚街小学处），并恢复河东书院之名。清雍正年间，改称为黄中书院。乾隆九年（1744），又复河东书院旧名。光绪十六年（1890），改名为经古书院。光绪三十年（1904），遵旨改办为黄州府中学堂。

该书院自创办以来，管理严格，学风淳朴，积淀了丰厚的文化底蕴。明朝时期，曾将朱熹为白鹿洞书院所订的学规和自订的《晓示生员条例》刻于院内，用以治理院务，教化生员。在教育宗旨上，借鉴朱熹为白鹿洞书院所立的“五教”方针；在教育内容上，以“为学、修身、处理、接物”为治学修身要目；在教育思想上，强调实施人伦纲常之道。晚清时期，在办学思想上，积极贯彻“中学为体，西学为用”的教育思想；在教学内容上，注重西方格致等实学；在学风上，则从单纯的修身养性、笺注训诂转向务实，注重时事政治和经世致用之学。在教学上，倡导“留意于培养根本，勿专课以文艺，勿动之以利禄，仿胡安定教学之法，分经义与治事，岁月渐渍，以考其成，不患无体用赅备之学出，应当世之求”。

该书院主要招收本府各属县秀才，为鄂东培养了一大批优秀的科制人才。自南宋至清末，共产生进士 218 名，举人 457 名，秀才以万计。其中，清初刘子壮考中秀才后，曾在此研习，文名远播。顺治六年（1649）进士及第，作万言殿试策，主张民族和睦、省刑薄赋，受到顺治皇帝赞赏，被钦定为殿试之魁（状元），授国史院编修。罗田王葆心曾在此读书，深得教益，后成为一代著名学者、方志学家。

河东书院一直是鄂东科举教育中心。据明朝弘治年间《黄州府志》卷四记载：“河东书院，宋天圣中，二程先生生于本府黄陂县，为时大儒。宝祐中，覃怀李节来守黄州，请建书院于河东，即今之府学是也。”可见河东书院自宋明以来，一直是黄州最为重要的官办书院，后来成为了黄州府学的所在地。历朝历代，名师辈出。其中著名者，应首推靖道谟、周锡恩、姚晋圻、余晋芳、张锦珩、宋治咸等人。

靖道谟

名师名片 靖道谟——清中后期著名方志学家、书院名师、慈善家，进士，曾任翰林院庶吉士、云南姚州知州及河东书院、问津书院、白鹿书院、江汉书院讲习。

教育箴言 **教育要以敦品实行为务。**

名师传略 靖道谟（1676—1760），字诚合，号果园。黄冈县慕义乡（今属武汉新洲刘集）人。清康熙五十七年（1718）举人，康熙六十年（1721）进士。中举前，曾在家乡私塾教书多年。进士及第后，曾任翰林院庶吉士、云南姚州知州。为官不及 10 年，便托病请归，专职从事教书育人，历任河东书院、问津书院、白鹿书院、江汉书院等著名书院讲习。为湖北培养了一大批优秀人才。乾隆二十五年（1760）于家中寿终正寝，终年 84 岁。

敦品务实，德高望重。靖道谟在河东书院担任教习时间最长。他在任教期间，以“敦品实行为务”作为终生教育理念，积极倡导忠孝节廉，天道酬勤，学以致用。在长期的教学实践中，积累了一整套教育教学经验，教学有方，德艺双馨。著有《中庸注释》、《书院讲义》等教学著作传世。其中，所编著的《书院讲义》，是将自己毕生的教学体会和心得，以案例和注释的形式加以呈现，博古通今，熔诸子百家于一炉。特别是在探讨义理方面，每每有自己独到的见解，通过旁注经典，达到心由念生，深入浅出，深受同行推崇和学生欢迎。

为官一任，造福一方。靖道谟雍正元年（1723）调任云南姚州知州，任职期间，政风清明，致力于革除陈规陋习，清理积案，奖励耕桑，排解民怨，深受百姓欢迎。他十分重视地方文化建设，每到一地，必先了解当地风土人情，熟悉当地人文历史，继而关注地方志建设。他为官期间，曾主持编修了《云南通志》、《贵州通志》、《下荆南道志》、《黄州府志》等地方志。这些志书，都倾注了他的心血，体现了他的编纂风格和特色，分类科学，领属得当，义理严明，语言简洁，史料丰富，在方志学领域颇具影响力，为后人所称道。

居家孝友，扶危济困。靖道谟辞官后，在家乡讲学、养病期间，为人低调，崇尚粗茶淡饭，生活简单，专心讲学著书。他虽处庙堂之远，既忧其君，更悲悯于民，具有高尚的道德情操。在家乡，或施教于人，或济于穷苦，或铺路修堤，或开仓赈灾，或修建渡口。为民服务，见义勇为，他的事迹，于其家乡新洲刘集一带代代相传。特别值得一提的是，他仿效朱子“社仓法”，储谷备荒，捐资购置了义田 600 余亩。每逢饥荒之时，开仓赈灾，救人无数。他带头捐资修筑了举水钟坪咀大堤，为当地防汛抗旱做出了重要贡献。是他积极倡导并捐资修复了刘集妙埠潭渡口，并且不收来往行人的任何费用，成为远近闻名的义渡，造福一方。

著述名录：著有《中庸注释》、《书院讲义》、《诗钞》等。

张　锦　珩

名师名片　张锦珩——清中后期江淮地区著名教育家、书院主讲，进士，曾任吏部郎中、南道御史、南安知府及河东书院、鹭洲书院、墨池书院教习。

教育箴言　**要想写好文章，首先要熟悉古往今来的各种文体，然后司其法，悟其道，谋其局。**

名师传略　张锦珩（生卒年不详），字如亭。黄安（今红安县）人。清嘉庆四年（1799）进士。历任吏部郎中、南道御史、南安知府，后因病辞官返回故里。因学识渊博，被礼聘为鹭洲、墨池、河东等书院主讲。德艺双馨，闻名乡里。

张锦珩自幼聪颖好学，博闻强记。少年时期，才思敏捷，出口成章。儒家经典倒背如流，“对课”成绩非常优秀。青年时期，专攻“八股文”。文章特色鲜明，体例严谨，语言瑰丽，引经据典，挥洒自如。在童试和府试中脱颖而出，被同学们誉为“山疙瘩”的才子。

张锦珩辞官后，长期从事书院教习工作，其中在河东书院任教时间最长。在教学实践中，形成了自己的教学特色，并且擅长教授“八股文”写作。他认为，“八股文”是一种综合性极强的文体，可以说是集古代文章学之大成。要想写好“八股文”，首先要熟悉和了解四六、诗词骚赋等古往今来的各种文体，再“司其法，悟其道，谋其局”。他经常谆谆告诫弟子：时至今日，“八股文”已逐渐失去了它原本的内涵特质，沦为一堆专讲形式、没有内容的华丽辞藻。他痛心地指出，在科考制艺的指挥棒下，“八股文”就像一匹套上了缰绳的骏马，受到主人的蛮横约束，观点不能随意发挥，叙述事件就像回答问题，说道理就像写策论，引证资料还要像写赋那样要有典故，连“代圣贤立言”也要模仿古人语气写，并且，还要讲究对仗、平仄，像写律诗那样严格。如此种种，对文章的立意和阐发都毫无意义！因此，他主张作“八股文”，既要用心性体悟，又不能不拘泥于古法。既要讲究起承转合，但必须要有新意，有实际的内容和自己的认识和观点。因此，他讲“八股文”写作，既重文体，更重立意，师古而不拘古。特别是，他点评学生作品，语言犀利，鞭辟入里，教法清新活泼，取得了十分骄人的科举业绩，其门生中举达30人以上。一时间，黄州府士子以投其门下为荣，名噪乡里，深得学生欢迎。

宋治咸

名师名片 宋治咸——清中后期江淮著名诗人、书院教习，进士，曾任浙江台州府仙居县知县及鹭洲书院、中江书院、聚奎书院、河东书院等书院主讲。

教育箴言 **善诱，善导，方为师也。**

名师传略 宋治咸（生卒年不详），字小阮。黄冈县（今团风县）人。清嘉庆六年（1801）进士。嘉庆八年（1803）补浙江台州府仙居县知县，嘉庆十二年（1807）因故辞官，后专职从事书院教育，历任鹭洲书院、中江书院、聚奎书院、河东书院教习。因教学风格严实，教学成绩突出，人品俱佳，誉满江淮。

宋治咸出生于书香门第，官宦世家，家学渊源，从小得到了良好的教育。他自幼天资聪颖，3岁开始识字，5岁进私塾，能解文说字，13岁时开始写作诗歌、词赋，被邻里叔伯们称为“神童”。一路读书进学，十分顺利，首次春闱便中进士。然而，他仅仅做了4年知县，就无意官场，选择从事教育工作，专事讲学著述。他犹其擅长古赋写作，对仗工整，寓意丰瞻，用典贴切自然，深得同道推崇和膜拜。

宋治咸勤奋治学，学术严谨，教书育人，诲人不倦。因其学问渊博，常常被多家书院争相聘请。因此，他经历了鹭洲书院、中江书院、聚奎书院、河东书院等多家著名书院的锻造和洗礼，教学相长，德才兼备，成为江淮地区著名的书院教习。特别是，他在河东书院任教习期间，十分欣赏冯梦龙的“学贵有疑”的观点，把“善诱，善导，方为师也”作为教学工作的座右铭，为学生答疑解惑乐此不疲，精勤不倦。因其教学有方，科举成绩非常突出。黄州知府为表彰他的教学业绩，曾将他的事迹专门上奏朝廷，因而受到了礼部的传令嘉奖。

宋治咸的父亲宋鳌，是乾隆二十二年（1757）丁丑科三甲进士。一门父子双进士，在黄冈传为美谈。

著述名录：著有《几复堂诗古文集》。

雷以诚

名师名片 雷以诚——清代著名经济学家、书法家、教育专家、书院名师，进士，曾任刑部主事、江西道监察使、刑部给事中、陕西按察使、陕西布政使、刑部右侍郎、太常侍读学士、黄州河东书院主讲、汉口江汉书院山长。

教育箴言 **敦品力学，文行交修。**

名师传略 雷以诚（1794—1884），字春霆，号鹤皋、藿郊。湖北咸宁人，进士及第。历任刑部主事、江西道监察使、刑部给事中、陕西按察使、陕西布政使、刑部右侍郎、太常侍读学士、河东书院主讲、汉口江汉书院山长等职。其间，曾三迁奉天府府丞、文宗咸丰九年（1859），被清廷授予光禄寺卿。

雷以诚 6 岁读私塾，颖悟异常，过目不忘。熟读儒家经典，兵书战策，承袭祖上易学家风，精勤研讨，颇有造诣。嘉庆二十四年（1819）中秀才，道光元年（1820）中举人。道光三年（1823）进士，被同道赞为“通今博古，品学端方”。特别是，他被撤职返乡后，专门从事教育工作，教书育人，诲人不倦。正如他在《离京留别诸同寅》诗中所写的那样：“教子读书还课士，依然寒素旧家风。”表达了他在逆境中，从事教书育人的人生志向和秉承“寒素旧家风”的精神操守。

雷以诚在担任黄州河东书院主讲期间，以“敦品力学，文行交修”为教学宗旨，在教学理念上，提倡学贵明体，身体力行，参悟并重。在教学内容上，主张兼收并蓄，不囿于一家学说，做到取各家之长，并能经世致用。在教学上，积极倡导“留意于培养根本，勿专课以文艺，勿动之以利禄，仿胡安定教学之法，分经义与治事，岁月渐渍，以考其成，不患无体用赅备之学出，应当世之求”。他主讲《易经》时，引经据典，旁征博引，挥洒自如，深受同行推崇和学生敬爱。教学之余，他致力于程朱理学研究，并深得其精髓，撰写了《大学圣经贯珠解》

《经传杂记》等著作，具有独到的学术见解。在主持江汉书院期间，同治十二年（1873）秋闱，该书院中肄业诸生举拔者40人，宾兴者18人，优选者4人，可谓盛极一时。为湖北教育做出了重要贡献。

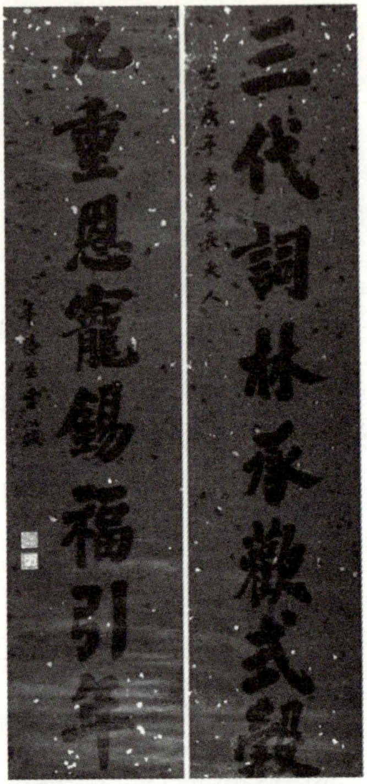

雷以诚素工文辞，并善书法。著有《雨香书屋诗抄》。他的字师法王羲之、颜真卿，并兼有二家之长，丰腴雄浑，气势恢宏，骨力遒劲，端庄秀美。

雷以诚不仅有文治武功，还是一位破案能手。他懂经济，懂军事，懂刑法，为官清正，秉公办事，刚正不阿，为民伸冤。但仕途坎坷，命运多舛。道光十九年（1839）秋，他作为刑部主事，随同刑部侍郎黄树齐，赴河北丰润县，勘察在任知县许翰无法侦破的人命案。通过明察暗访，抽丝剥茧，终于查明案情。于是，他向皇帝秉公进谏，有理有据，处理得宜，被擢升为江西道监察使，并署刑部给事中。道光二十三年（1843），台湾将军达洪阿与台湾道姚莹，率军民多次击退入侵的英军。然而，他们却遭到一些人诬陷，不但无功，反而有过，被朝廷传旨革职。雷以诚闻讯后，力主正义，连向皇帝上了三道奏折，陈述实情，说明真相，终于上达天听，使达洪阿和姚莹二人免受冤罪。在清廷镇压太平天国军队过程中，他于咸丰四年（1854），以军功和创收“厘捐”筹集军费之策得到皇帝的赏赐，获三品顶戴。咸丰六年（1856）2月，太平军连克镇江、扬州、浦口，大破江北大营，清廷

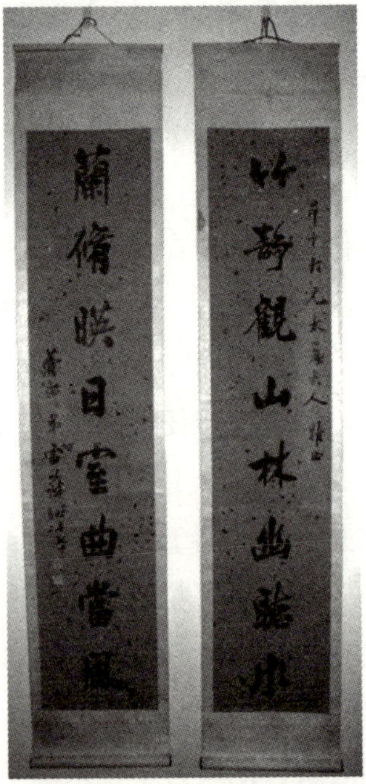

统帅托明阿诿过于钦差大臣陈金绶和他救援不力。以致陈金绶气愤而亡，他被发配到新疆伊犁戍边充军。咸丰八年（1858），他被朝廷重新起用，授陕西按察使，赏四品顶戴，后迁布政使。咸丰九年（1859）授光禄寺卿，署刑部右侍郎。同治元年（1862），因破获库银失窃案，替户部尚书陈孚恩辩冤，有人指责他袒护陈孚恩，遭到诽谤，被皇帝撤职，返回家乡。光绪五年（1879），参加鹿鸣宴，辩明冤屈，恢复原衔。光绪八年（1882），因德高望重，被皇帝赏赐头品顶戴。光绪十年（1884）病逝，享年 91 岁。

著述名录：著有《大学圣经贯珠解》、《经传杂记》、《雨香书屋诗抄》等书。

诗歌选录：

离京留别诸同寅

其　一

縻禄蹉跎四十年，何当去国尚情牵。
非嗟计拙图温饱，为怅时艰乏斡旋。
丹诏亲书来万里，卿班晋秩已三迁。
冲寒冒雪趋行在，瞻仰癯尧泪黯然。

其　二

升沉夷险九年中，学道渐无面壁功。
未到如来先解脱，已将尘世等虚空。
溪边时对清波绿，江畔遥看晓日红。
教子读书还课士，依然寒素旧家风。

书法选录：

上页下：竹静观山林幽听水；兰修映日室曲当风。

上页上：三代词林承欢式谷；九重恩宠锡福引年。

周锡恩

名师名片　周锡恩——晚清湖北著名文学家、思想家、教育家、书法家、书院名师，进士，曾任翰林院编修、乡试副主考、黄州经古书院山长，罗田义川书院教习。

教育箴言　**今日之学，必择前人所未有，后世所不可无者为之。**

名师传略　周锡恩（1852—1900），字伯晋，别号是园。罗田古羊山人，晚年迁居罗田石源河。幼年家贫，天资聪颖，未成年时便中秀才，到私塾教书养家糊口。24岁左右，师从张之洞，在武昌书院学习，被选为湖北省优等贡生，名列第一。为晚清“四大名臣”之一代表人物张之洞的得意门生。光绪九年（1883）31岁中进士，授翰林院编修，并进入光绪皇帝的秘书班子。后历任陕西乡试副主考、浙江省副主考、黄州经古书院山长、翰林院在籍编修。光绪十九年（1893）后，在家乡创办义川书院，并自任山长。他才华横溢，文思敏捷，才情奔放，精通小学、易理、骈文、诗、古文，曾被皇帝的老师翁同龢誉为通才，与湖南才子张百熙有“北周南张”之称。

倡导新学，呕心沥血。他为了实现强国夙愿，毅然放弃皇帝的秘书不当，请假离开北京，回湖北帮助老师张之洞，开展洋务运动。在安排职务的时候，他自选“掌教黄州经古书院”，出任黄州经古书院山长，为张之洞在湖北开启的洋务运动培养人才。在执掌黄州经古书院期间，他于鄂东首次开设义理、考据、经济、词章四门课程，主张“今日之学，必择前人所未有，后世所不可无者为之”。他出的考试试题很多在四书五经里找不到。例如，显微镜、千里镜、气球、蚊子船等，他出的时务论文，例如《拿破仑、汉武帝合论》、《唐律与西律比较》、《倡论中国宜改用金本位策》等，类似于今天的硕士、博士论文。为陈腐的、学究式的书院带来生机勃勃的春天。在他的努力下，几年间，黄州经古书院为洋务运动培养了大批商务买办、工程技术人才，受到恩师张之洞的高度赞扬。在义川书院任教期间，积极推行县学教师俸给制度，以减轻学生经济负担。受到全县师生的欢迎和尊敬。著名弟子有王葆心，后来成为我国著名的教育家、方志学家。

倡导革新，振兴国运。周锡恩在翰林院供职期间，痛感国力衰微、民生凋敝，积极为振兴国运鼓与呼。他曾多次大声疾呼，要“整治朝纲，振兴国运”。他在《变法通议》的奏章中，提出了“运会易而气机更，气机更而治化因，古今之人莫之能违化”的见解。他以为，“学有千年不变之道，政无百年不变之法”。面对反对派的陈旧观点，他用大量的事实揭示了“燧人氏变茹饮而火化，有巢氏变橧窟而栋宇，神农氏变舟楫而衣裳而书契，三代变尧舜之文章而尚忠，汤变忠而尚质，文武周公变质而尚文”的万古如一的“变”的历史法则。他还切中时弊地指出：“仰思我君我祖之所以兴者，难道以革前代之弊乎?”他的这些见解和主张，对后来的康、梁变法思想，发生了不可低估的影响。

胸怀大志，命运多舛。周锡恩出生于太平天国攻陷武昌之时，战乱时期，人民陷于水深火热之中。清王朝国力积弱，风雨飘摇，开始走向衰败。然而，他在父母的影响下，饱读诗书，热爱祖国，胸怀大志，一腔热血，忧国忧民，怀抱强烈的富国强民梦想。光绪十四年（1888），朝中许多大臣主张将津沽、津浦两条铁路交外国人修建，他力排众议，指出借外债修铁路是下策，交外国人修是下下策。主张筹资自修，并提出实施方案，光绪皇帝称赞他“留心时务”。但是，他性格耿直，疾恶如仇，刚正廉明，也正因为如此，他一生命运坎坷多舛。光绪十九年（1893），浙江乡试，他被朝廷任命为副主考。在赴任途中，因举报“贿考”，不幸被反诬蒙冤，是以告假还乡，在罗天县城附近老塔山创办义川书院，并自任山长。其间，他利用自己的影响，筹集资金，修桥补路，办学赈灾，造福乡梓。史书记载，1896年罗田大旱，周锡恩利用自己在北京的人脉资源，向朝廷申请赈银2000两，米5000担，自己家中积蓄除留下“十日之粮”外，全数捐出，一并救济灾民。为防止地方官员从中克扣、贪污，他亲自下乡查点灾民人数，造具名册，点名发放。为此，遭到地方贪官忌恨，抓住他娶同族女子为妾的把柄，大做文章，多次联名向朝廷告状。清光绪二十六年（1900），朝廷以“在籍编修周锡恩，专事浮夸，不顾行检”的罪名将其革职，并送交罗田地方官“严加管束”。周锡恩遭此打击，深感报国无门，因此悲愤交加，忧郁成疾，同年病故于家中，年仅48岁。

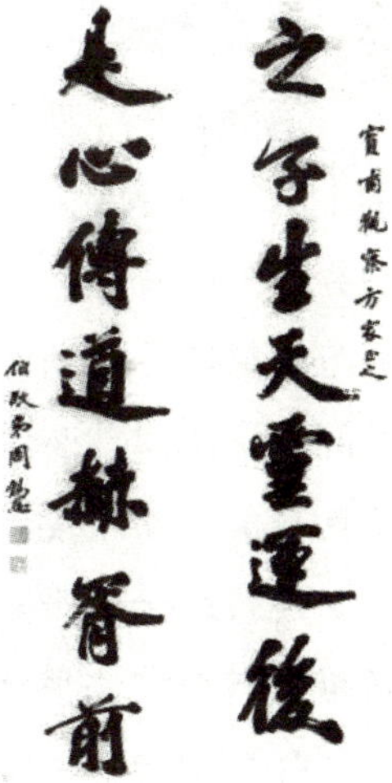

著述名录：撰有《变法通议》、《传鲁堂集》等。

书法选录：

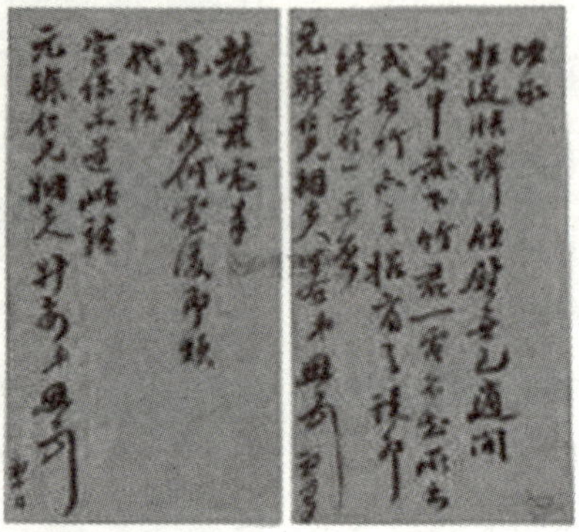

姚　晋　圻

名师名片　姚晋圻——晚清湖北教育家、史学家、法学家、书法家、书院名师，进士，曾任翰林院庶吉士、刑部主事、两湖书院史学教习、黄州经古书院院长、勤成学堂监督、湖北学务处参议、罗田师范传习所监督、黄冈师范学堂监督、湖北存古学堂教务长兼史学总教习、湖北教育会会长、法学会会长。

教育箴言　**才能须应万变，学业岂拘五经。**

名师传略　姚晋圻（1857—1916），字彦长，号东安。罗田大河岸人。清光绪十八年（1892）进士，历任翰林院庶吉士、刑部主事、两湖书院史学教习、黄州经古书院院长、勤成学堂监督、湖北学务处参议、罗田师范传习所监督、黄冈师范学堂监督、湖北存古学堂教务长兼史学总教习、湖北通志局帮总纂、礼事馆顾问官、法律馆谘议官、湖北教育会会长、法学会会长、咨议局议员。民国元年（1911）任湖北教育司司长。1916年病故。

姚晋圻治学严谨，学问渊博，教学有方，成就卓著，是湖北晚清时期有突出贡献的教育家。张之洞创办武昌两湖书院时，五次派人上门聘请，方担任史学教习。任教期间，长期担任史学教习。讲课深入浅出，善于举一反三，深受同行推崇和学生喜爱。同时，他对音韵学、词章、考据、训诂等均有造诣，在农林、曲艺、数学方面亦有研究，并擅长中医。他去世后，著名教育家、方志学家王葆心为纪念他，精心收集其遗稿，辑为《东安遗书》及《罗田两太史骈文钞》（另一太史为周锡恩），并撰写《姚东安先生六十岁行状》出版发行，在学界引起广泛关注。

姚晋圻崇尚科学，思想先进，积极推行教育改革，是荆楚著名的教育改革家。在清末民初教育复古与反复古的激烈斗争中，他积极鼓吹教育内容必须向科学演变，提出“才能须应万变，学业岂拘五经”，并通过增加自然、地理、数学、经济、商贸等新课程身体力行。在他的倡导下，荆楚学风为之一振。他在日常教学中，还经常向学生介绍西欧及日本的科学、民主思想，并亲自选派优秀学生出国留学。为荆楚培养了大量的科技、教育人才。因此，他在湖北教育界声名显赫。

姚晋圻素怀大志，忠贞爱国，从变法强国到教育救国，付出了毕生的努力。面对清朝政府的腐败无能，他不顾个人安危，积极参加“戊戌变法”，立志振兴中华。变法失败后，愤然辞官，回归故里，专心从事教育，著述立说，以培养楚才为己任，为黄冈乃至湖北的教育事业做出了重大贡献。

著述名录：著作有《三家书义发微》、《春秋备疏》、《经论》、《礼经杂记》、《汉志矿地记》、《九宫随释》、《小学教育法》等20余种。曾参与纂修《湖北通志》。

他人评价：姚晋圻去世后，民国大总统黎元洪以其“学术精通，道德纯备”，明令国史馆为其立传。

余　晋　芳

名师名片　余晋芳——晚清湖北著名教育家、银行家、书院教习，进士，曾任翰林院庶吉士、户部主事、黄州河东书院主讲、麻城县中心小学校长，县劝业所所长。

教育箴言　**学无疑，师之惰。**

名师传略　余晋芳（1861—1938），字子青，号春晖老人。麻城县白果人。

光绪十四年（1888）举人，光绪二十年（1894）进士。历任翰林院庶吉士、户部主事（兼广东司行走、贵州司帮稿）、黄州河东书院主讲、贵州司主稿（兼银库值班、例馆协修、北档房帮办）、云南清理财政监理官（兼云南造币厂总办、云南大清银行监督、云南矿务局会办）、云南军政府咨议、麻城县官立小学堂堂长，麻城县劝业所所长等职。1938 年，因病去世。

余晋芳勤奋治学，诲人不倦，为推动黄冈清末教育维新和事业发展做出了重要贡献。光绪二十三年（1897）春，余晋芳丁忧回家期间，被聘为黄州河东书院主讲，任教5年，以“学无疑，师之惰”为座右铭，在教学中，以激发学生质疑为课堂教学第一要务，让学生在质疑中探寻文章义理，增长知识和能力。因其学识渊博，教学务实，教风清新，深受同行推崇，黄州府八属学子纷纷投其门下。在他晚年时，麻城知县为了借助他的声望，推动新式学堂建设，礼聘他为县劝业所所长，他十分乐意地接受了任务。为振兴家乡教育，他不顾年老多病，奔走呼吁，积极投身到教育维新浪潮，大力推动书院改制、新式学堂的建设。在他的努力下，麻城通过倡捐，创建了第一所新式小学堂。他亲自担任小学堂堂长。为麻城建立近现代教育体系立下了汗马功劳。

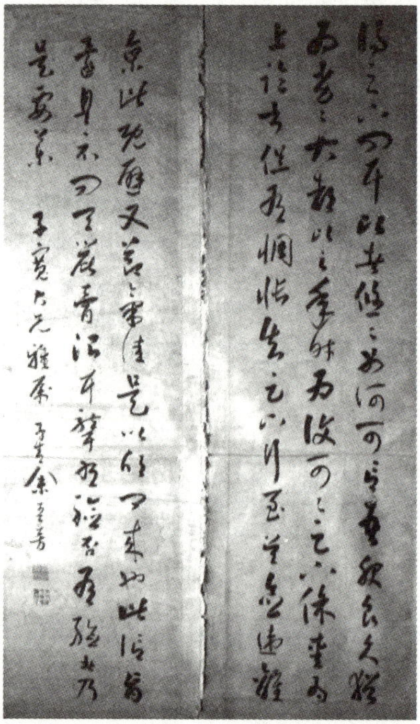

余晋芳学识渊博，在文学、历史、经济、医学等领域均有成就。著有《春晖堂文略》、《筛吟馆诗存》、《医学初阶》等著作传世。特别是，1934 年他退休回家后，以 73 岁年迈之躯，参与编修《麻城县志》，并担任总纂。他不顾老眼昏花，带病审定了全部书稿，并担任例言、序言及疆域等章节的撰写和全书校勘工作。经一冬一春，废寝忘食，成书 16 本，32 卷，于 1935 年秋出版。为麻城市留下了一笔宝贵的历史遗产。

著述名录：著有《春晖堂文略》、《篩吟馆诗存》、《医学初阶》等。

黄州雪堂书院

背景链接：雪堂书院建于北宋元丰七年（1084）之后。因设于苏东坡所建雪堂而得名。名师首推潘大临、张仁熙。

元丰七年（1084）4 月，苏轼调离黄州，把东坡的几十亩土地和住所雪堂交给潘大临管理。潘大临在耕作、葺治之余，与陈慥（季常）等人在此以文会友，把酒吟诗，使雪堂成为黄州名人雅士的集会之所。不久，潘大临、陈慥在黄州父老乡亲的要求下，将雪堂改为书院，设帐授徒。至南宋，雪堂书院与黄州河东书院齐名，名噪江淮，受到官府和士人的重视。毋制机分教黄州时，兼领雪堂书院教授，主张“教人以明体适用”，为雪堂书院奠定了教学理念。

宋乾道六年（1170），陆游到黄州旅游，造访雪堂书院，赞其建筑“颇雄”。朱熹曾为雪堂书院题写对联：“雪堂养浩凝清气；月窟观空静精神。”以雪堂及雪堂书院为喻，勉励学子要以冰雪凝寒的意志，修身养性，学习苏东坡精神。

潘　大　临

名师名片　潘大临——宋代著名诗人，鄂东书院名师，雪堂书院创始人之一，首任山长。曾师从苏东坡学习诗词歌赋、书法。

教育箴言　**知不如思，思不如行，行并于思，乾坤乃定。**

名师传略　潘大临（约 1057—1106），字邠老，一字君孚。黄冈县（今黄州区）人。一生隐士不出，以文会友，教书育人为乐。客死蕲州，卒年不及五十。

潘大临出生于书香门第。原籍河南荥阳，祖辈迁居。祖父潘革，终生“隐德不仕”。父亲潘鲠，宋神宗元丰二年（1079）中进士，授蕲水县尉，后任江西瑞昌知县。叔父潘丙、潘原均进士及第。弟弟潘大观，也是江西诗派著名诗人。

潘大临善诗文，工书法。他幼承庭训，聪慧过人，20岁便中秀才，后屡试不第，遂隐居黄州柯山，常以诗酒自娱。元丰三年（1080），苏轼贬谪黄州，其父潘鲠为了让儿子学业有成，命其拜苏轼为师，习诗学书。苏轼深爱其才，并建立了深厚的师生情谊。在苏轼的悉心指导下，潘大临深得诗、书精髓，从此在鄂东名声大振。后来，在黄庭坚的影响下，成为江西诗派的重要代表人物之一。他的诗意境阔大，笔力雄健，结构严谨，对仗精工，诗句凝炼。其作品原有《柯山集》二卷，已佚。现在尚存的作品只有二十多首诗和那句脍炙人口的“满城风雨近重阳”。并从此句中演化成了后来的“满城风雨”这个成语。黄庭坚称他“早得诗律于东坡，盖天下奇才也”。陆游赞说他“诗妙绝世”。可见，人们对他的诗歌评价很高。

潘大临应为黄冈书院名师第一人。据《黄冈市教育志》记载：北宋元丰七年（1084）4月，苏东坡调离黄州，临别时，将东坡的几十亩土地和雪堂交与本地名士潘大临管理。潘大临在耕治之余，把雪堂作为呼朋引类、讲经读史、纵酒论诗的地方，颇有东坡遗风，一时名声大振，使逐渐冷落的雪堂，重现了昔日东坡在此讲学会友的热闹景象。后来，在黄州士绅的建议下，潘大临将雪堂修缮一新，与好友陈慥一起设帐授徒，建立书院。由此，鄂东第一座书院——雪堂书院诞生了，从而开创了鄂东书院教育的先河。

潘大临主持雪堂书院期间，不屑制艺之道，崇尚讲学自由。在教学上，提倡“知不如思，思不如行，行并于思，乾坤乃定”，使学生深受教益。他为人豪爽，喜交文友。认识的人都说他“为人风度恬适，殊有尘外之韵”。崇宁元年（1102），张耒因“元祐党人”罪，谪居黄州，潘大临不避嫌疑，常与其饮酒赋诗，同游黄州山水。潘大临还经常与黄庭坚、秦观、临川名士谢无逸等切磋诗文，相交甚欢。每逢这些名人到来，潘大临都邀请他们为雪堂书院的学生讲学。这些人的讲学内容都是平生的感悟，不拘一格，深受学生欢迎。

著述名录：著有《柯山集》二卷，已佚。《两宋名贤小集》中存有《潘邠老小集》一卷。《张右史文集》卷五一存有《潘大临文集序》。还有，文渊阁影印本《四库全书》收潘大临诗，以《两宋名贤小集》为底本，另从《诗话总龟》、《苕溪渔隐丛话》等书中辑得集外之诗，附于卷末。

代表诗作：

江间作四首

其　一

白鸟没飞烟，微风逆上船。江从樊口转，山自武昌连。

日月悬终古，乾坤别逝川。罗浮南斗外，黔府若何边？

其　三

西山连虎穴，赤壁隐龙宫。形胜三分国，波流万世功。

沙明拳宿鹭，天阔退飞鸿。最美鱼竿客，归船雨打篷。

张仁熙

名师名片　张仁熙——清初著名田园诗人、湖北地方志专家、雪堂书院名师。被清代著名诗人王士祯誉为“楚栋之杰”。

教育箴言　**对诗歌而言，时弊虽深，慎勿相救。公安救历下，至於佻；竟陵救公安，陷於孱。**

名师传略　张仁熙（1608—1691），字表人，一作长人，号藕斋。广济梅川藕湾人。明末为避战乱，随全家迁往蕲州。入清后，不入仕途，隐居山中，闭门谢客，寄情诗文。后因文名远播，被礼聘为黄州雪堂书院诗歌教授。

张仁熙出生于诗人家庭。其父亲张楚伟，号雪巅，明天启四年（1624 年）举人，擅长诗文，著有《雪巅集录》。少年时期，在父亲熏陶下，11 岁时，他便能吟诗作对，在同龄儿童中脱颖而出。青年时期，创作诗歌模仿明代“七子”，名播乡里。中年后，师法陶渊明七言与杜甫七律，不拘一格，辛辣隽永。常与顾景星、刘醇骥、胡承诺、吴骥等文学家、诗人一起共同研讨诗文，酬唱奉和。其诗歌多反映民生疾苦，针砭时弊，为底层劳苦大众鼓与呼。在荆楚大地引起强烈反响，被清代著名诗人王士祯誉为“楚栋之杰”。

张仁熙成名后，被黄州知府宋仲通礼聘为黄州雪堂诗歌教授。任教期间，组织“五经社”，评诗讲诗，听者云集；教诗作诗，德艺双馨，形成了自己独有的教学风格。他论诗，谓时弊虽深，慎勿相救。公安救历下，至於佻；竟陵救公安，陷於孱。在其撰写的《与王昊庐论文书》中说：“归太仆①之文秀善而衷於宋氏之理，秀善则易柔，衷於宋氏则理信而诎於气。”又道：“琅琊②、历下③，与毗陵④、归安⑤，两家角立，毗陵、归安之流，几欲驾琅琊、历下而上之。然徒以其秀善婉媚，沓迤千里，白苇平畴者，又安能服琅琊诸君子，制作诸大篇哉？观其持论，可知其生平宗旨矣。”不难看出张仁熙的文化素养和独到的学术见解。

著述名录：著有《藕湾全集》29卷、《雪堂墨品》1卷、《日庵野录》、《雨湖庄论别录》、《草窗秘录》等，均收入《清史列传》传世。此外，清康熙十二年（1673）和二十三年（1684），曾两次参与纂修《湖广通志》。

注释

①归太仆:为明苏州府昆山人,曾任南京太仆寺丞,工诗文。

②琅玡:指王世贞、王世懋兄弟。王世贞(1526—1590),字元美,号凤洲,又号弇州山人,汉族,太仓(今江苏太仓)人,文学家、史学家。“后七子”领袖之一。官刑部主事,累官刑部尚书,移疾归,卒赠。好为古诗文,始于主文盟,攀龙死,独主文坛二十年。有《弇山堂别集》、《嘉靖以来首辅传》、《觚不觚录》、《弇州山人四部稿》等。

王世懋(1536—1588),字敬美,别号麟州,时称少美,汉族,江苏太仓人。嘉靖进士,累官至太常少卿,是明代文学家、史学家之弟,好学善诗文,著述颇富,而才气名声亚于其兄。

③历下:指李攀龙(1514—1570),明代诗人。字于鳞,号沧溟。历城(今山东济南)人。少孤家贫,但刻苦好学。嘉靖进士,初授刑部主事。历任郎中、陕西提学副使等职,官至河南按察使。是“后七子”领袖之一。

④毗陵:指明代学者、藏书家。因其为江苏常州武进人,故称。

⑤归安:指明代散文家、藏书家茅坤(1512—1601),字顺甫,号鹿门,归安(今浙江吴兴)人,传世者《茅鹿门集》。

黄冈问津书院

背景链接：问津书院是孕育元、明、清三朝鄂东文人的摇篮，被称为中国最古老的“大学”。在历史上与岳麓、东林、白鹿洞等书院齐名，被载入《中国书院志》。从元初至清末，名师设帐，生徒云集，闻名遐迩。其中名师主要有龙仁夫、朱熹、吴良吉、王升、彭好古、彭尊古、黄奇士、黄彦士、肖继忠等人。

该书院始名龙仁夫书院，创办于宋末元初，位于黄冈县北九十里伍重乡孔子河畔（今隶属武汉市新洲区）。明万历四十三年（1615），萧继忠任山长，书院正式更名为问津书院。明代南昌大儒朱试曾说：“澹祠、问津，彼此相望，大张正学，俾江楚俨然邹鲁，诚确论也。”康熙六年（1667），康熙皇帝为安陆孔庙书“万世师表”牌匾，移赠问津书院。嘉庆五年（1800），仁宗皇帝亲书“圣集大成”，刻成牌匾悬于大成殿上，可见昔日声望之隆。

明清两朝是问津书院的鼎盛时期，也是泰州学派学术活动的重要聚居地，其中以耿定理、耿定向、萧继忠和焦竑为学派领袖，对整个黄冈地区的儒学发展影响深远。问津书院最有特色的教学活动是会讲（亦称会课），从明代隆庆年间起，郭庆、吴良吉师生同台会讲，开楚黄书院讲学活动新风。此后，先后有数百名硕学鸿儒在此登坛授业，讲学布道。著名思想家、理学家王阳明曾多次来此讲学，并题诗留念。著名学者如孟珙、王陞、郭庆、吴良吉、耿定向、彭好古、彭遵古、黄奇士、黄彦士等，都在问津书院参加过“会讲”。这些名师讲学，一般首讲宗旨，次授经济，再传制艺。在明、清两朝中叶，书院讲学活动达到巅峰。到此研习，听名师讲学的生员达两千人以上。其影响曾风动海内，名噪一时。清顺治年间左侍郎王封溎称：“问津与岳麓、濂溪，皆在楚服鼎峙而三。”可见问津书院在学林的地位。问津书院学风纯正，条规严明，管理严格，质量上乘。该书院课业极严，做到日有会，月有课，每季肆业会考一次，造就大批人才。据统计，自宋至清，问津书院共产生进士 387 名。其中新洲万氏家族，自康熙二十九年至光绪三十一年（1690—1905），共中进士 11 人，举人 39 人，贡生 35 人，秀才约 205 人，其中翰林 4 人，均出自问津书院。清康熙湖广提学使蒋永修在《问津书院碑序》中曾写道："惟楚有材，雄长天下，独黄为之冠……"明清两朝，楚黄在全国能一逞科考之盛，与问津书院的人才培养是分不开的。如黄冈县进士洪良品、卢璲采、卢英僩、王会厘、张鸣珂、王丕厘等、曹本荣、汪炼南、李钧简，均为问津学子。其中曹本荣、汪炼南、李钧简三人学问超群，成为一代帝师。一所书院培养三位帝师，在全国也不多见。

问津书院为湖北省文物保护单位，可溯源至。公元前164年至前122年，孔子山附近曾掘出一块石碑，上刻"子路问津处"五个秦隶大字。为记此事，淮南王刘安，命人在发掘地建造一亭，将石碑立于亭内。同时，在孔子山傍孔子河滨修建孔子庙，设私学，是为龙仁夫书院前身。因此，问津书院又被称为中国最古老的大学。书院门匾由清末民初著名书法家、曾任孙中山总统府秘书的张翼轸题写。

问津书院曾编有《问津书院志》传世。该院于清末停办，现存旧址，坐北朝南，依山傍水。书院前有清溪环绕，后有碧嶂环抱；左方是纵横起伏的高山，右边是村田相间的原野。周围有孔子山、孔子河、颜子港、长沮冲、桀溺畈、回车埠、孔叹桥、问津碑、讲经台、晒书场、墨池、砚石等胜迹，古韵犹存。

龙 仁 夫

名师名片 龙仁夫——宋末元初著名教育家、文学家、诗人，问津书院创始人，书院名师，曾任宋湖广儒学提举、元翰林学士、双溪书院山长、书院山长、广西教授、陕西儒学副提举、行省贡举。

教育箴言 **博究经史，以道自任。**

名师传略 龙仁夫（1253—1335），字麟洲，号观复。原籍江西庐陵。历任宋末湖广儒学提举，元朝翰林学士、双溪书院山长、湖广省武昌县书院山长、广西省儒学教授、陕西省儒学副提举、龙仁夫书院首任山长。曾举江浙行省儒学副提举，未赴任。主持过贡举。逝后葬于阳逻华山。

名士气节，高尚情操。龙仁夫生于南宋末期战乱之中，从小随叔侄一家过着流离颠沛的生活。他热爱读书，在逃亡的路上，仍然手不释卷，本想通过科举考试，以求仕进，报效国家。然而宋朝灭亡了，科举废了，他的愿望变得十分渺茫。即便如此，他依然坚持刻苦学习，在江西泰和一带既教馆又读书，教学相长，学问精进。元至正二十三年（1286）忽必烈统一中国后，求贤若渴，为笼络汉族文人，颁令侍御史程钜夫带着诏书到江南访求人才。龙仁夫吏部初试，相府二试，殿廷三试，文章都中首选，录为翰林学士。在翰林院期间，一天，他和元朝新贵，权势熏天的吕文焕（降元原宋襄阳守将）及其子弟一起，在琵琶亭饮酒赋诗。酒酣之际，他为了讽刺这些人，即席赋诗一首："老大蛾眉负老天，忍将遗憾付哀弦。江心正好看明月，又抱琵琶过别船。"子弟们听后，羞愧得都掩面拭泪，酒也不喝了。吕文焕对此十分恼怒，记恨在心，便找理由把他贬出京城。至元三十年（1293），调龙仁夫任双溪山长。从此，他潜心研究学问，与教育结下了不解之缘。大德五年（1301），调任湖广省武昌县崇阳书院山长。至大四年（1311），任广西梧州路儒学教授。元延祐年间（1314—1320），朝廷以蒙古字学新一代之制，龙仁夫因进《古韵辩证》一书，深得上级赏识，调任陕西等处儒学副提举。元泰定四年（1327）冬，朝廷任命龙仁夫为主考官，主持行省贡举。

一代名儒，精心育人。元泰定五年（1328）冬，朝廷又任命龙仁夫为主考官，但他坚辞不受。从陕西回到永新老家，纂谱牒，撰实录，然后和儿子一起徙居黄冈。在黄冈县城北九十里伍重乡（原属黄冈地区新洲县，今隶属武汉市新洲区旧街镇黄林乡）孔子山筑室讲学，创办龙仁夫书院，自任山长。他亲自授课，勤勉不倦。还与吴应澍、董敬中、吴草庐等名儒硕学来往设坛会讲。会讲，即老师聚于一起，开展教研，其目的是明道修身，提高业务能力，争论学术是非。这种形式，后来形成问津书院的教学教研特色。黄冈的讲学之风也由此发端，因而兴一方教化，为日后问津书院问鼎全国书院打下了坚实的基础。

学识渊博，诗文尤佳。他博览群书，经传子史，律历阴阳，无不精究，尤其对周易的研究，更有独到的见解。著有《周易集传》八卷。《提要》中对此书评价颇高。诗文与同郡刘岳申、齐名。他的诗文主要收集在《读书台集》。《皇元风雅·前集》卷二选其诗六首，以《陈平章席上题琵琶亭》最有名。元朝著名诗人丁鹤年评价他的诗说："绝句诗至晚唐，尤为精致，宋人不得其门而入，元人惟龙麟洲、范清江、虞青城得其三昧。"龙仁夫文章"尤奇逸流丽"，所作散见于元代文献中。同期大儒刘岳申曾高度评价他："文章望古人以切切，意气陋余子之滔滔。鲸吞众口之杂沓，蝉蜕一时之老饕。"龙仁夫因长期担任儒学界官员，结识了不少名士，这些名士因景仰龙仁夫的人格和学问，大都称自己为“龙门”。从此，一代大儒，声名远播。

著述名录：撰有《周易集传》八卷。《徵略》录其诗作。

他人评价：在翰林院，龙仁夫才华横溢，有“清华才子”美誉。元代文学家程钜夫（雪楼）曾送其匾，额云：“翰苑菁华”。明国子监志书记其为：“仁夫为天下道学之宗。”

代表诗作：

题琵琶亭

老大蛾眉负老天，忍将遗憾付哀弦。
江心正好看明月，又抱琵琶过别船。

净社归来倒石床，醒馀肝胆卧松篁。
行人只赏陶公醉，谁识慈掠述酒章。

柳　贯

夜行溪谷间，梅花迎路，香影离离可爱。

瞑投村径绕羊肠，离立江梅似雁行。冷蕊微开初白乐，繁枝乱插更凄凉。
苍烟挂树多疑梦，淡月窥林稍觉香。正为先生行役苦，故留皴玉荐奚囊。

郭　庆

名师名片　郭庆——明朝诗人、黄冈著名书院名师，举人，曾任东昌府清平县知县、问津书院山长，著名思想家、教育家、文学家、书法家、哲学家和军事家王阳明（守仁）弟子。

教育箴言　**卯时课读，子时自省，学也忽焉。**

名师传略　郭庆（生卒年不详），约明成化年间（1465—1487）人，字善甫、一坡。黄冈县（今武汉市新洲区）凤皇镇郭岗村郭新寨人。明正德二年（1507）中举。正德六年（1511）任东昌府清平县知县。隆庆元年（1567）任龙仁夫书院（问津书院）山长。教书育人，成绩显著。去世后，其生平事迹被收入

《黄州府志》儒林传，族人为了纪念他，建祠以祀之。

隆庆元年（1567），龙仁夫书院（问津书院）山长一职暂缺，黄州知府孙光祖了解到郭庆的人品学问和在学林的地位，便觉得他是山长的最佳人选。于是，派黄州府教育部门的官员带着厚礼和聘书到郭家。郭庆本想以年事已高为由拒绝，孙光祖早有准备，事先写好一封书信给使者。郭庆看后，大为感动。原来，孙光祖在信中述说了龙仁夫书院对黄州府如何重要，一方百姓对他都寄予了厚望。然而要想选一位德才兼备、德高望重的山长又如何如何难，以致日夜焦虑，食不甘味。拳拳之心，溢于言表。郭庆只好答应了。他上任后，首先提议重修问津书院和孔庙，得到了知府孙光祖的赞同和大力支持。动工时，他以年迈之躯，亲临施工现场，并派人到山东曲阜孔庙塑请孔夫子圣像。竣工后，他亲自主持了盛大的祭祀仪式。一方面凝聚了人心，提振了师生信心；另一方面，扩大了书院的影响。

在教学上，他不仅延聘了一大批名师，还亲自执教，甚至与曾是自己的学生吴良吉同台讲学，创立了问津书院延续几百年的会课之风。每逢会课之日，书院的全体师生和周围数县的老师都慕名赶来听讲。听众常常不下数百人。不仅教授厅内座无虚席，连窗户外也站满了人。他还多次礼请王阳明、耿定向、湛若水等大师到龙仁夫书院（问津书院）讲学，使师生受益的同时，也扩大了书院的学术影响。在他的努力下，教学质量不断提高，科举数量不断增加，学术影响不断扩大。龙仁夫书院（问津书院）在他的执掌下，很快在江淮众多的书院中脱颖而出。

郭庆一生“卯时课读，子时自省”。勤奋好学，治学严谨，学识渊博。曾师从著名理学大师王阳明，从学三载，闻鸡起舞，非常刻苦，进步很快，深得老师王阳明的喜爱，被王阳明称为最勤奋、最有成就的弟子。学成返家时，王阳明专门撰写《送郭善甫归学》以记之。之后，王阳明曾多次到郭庆家中访问。《王阳明全集》还收录了《与郭善甫书》等文章。可见师生情谊之深。在学术上，他极力宣扬和传授王阳明创立的“陆王心学”，继邹守益之后，进一步继承和发扬了“姚江学派”在理学界的地位。

郭庆为官期间，清廉勤政，秉公执法，深受民众爱戴。去官后，清平县官民为其建生祠祀之。郭庆关爱学生，提携后进。据说，有一天他忽然听路人说，他的老师王阳明在江浙一带讲学，于是心中一动，突然有了引荐自己的学生吴良吉拜王阳明为师的想法，便邀约吴良吉一同前往越中老师的家。吴良吉高兴地与他结伴而行，一路上或徒步或乘舟，跋山涉水，风餐露宿。一路切磋，辩论不已。郭庆退休闲居之时，乐善好施，潜心读书、讲学、著述，常与朋友们诗歌唱和，生活十分有规律。郭庆一生为人诚实，不务虚名。他追随王阳明，一同游学最久。王阳明念其笃实，人品学问俱佳，聘请他为自己的儿子的馆师。郭庆悉心教导，使王阳明的儿子深得教益。这件事在文人、学者眼中，是一件很了不起的事。但他从不对人提起，连《明儒学案》都未曾记载。对此，著名学者熊十力曾评论说："盖先生不务声誉故也。"

他人评价：郭庆深得老师王阳明的喜爱，王阳明曾多次到家中访问。有一次访问，正好是春节前，与郭庆研讨一番学问后，当场题赠一副对联：泉石不知尊爵贵；乾坤何碍野人居。被郭庆的父亲挂在门楼。

郭庆逝世后，其故里成为明、清两朝文人、学者朝圣礼拜之地。清末，著名学者万选斋访问其故里后，作有《郭善甫故里》一诗，云：清心访道谊精芦，能下方为善读书。千载清平留惠阊，岐南尚识野人居。

明万历户部尚书、大学者耿定向撰《郭善甫先生里表》曰："岐南十里许，有一坡郭公，仕为山东清平令，盖敦悃笃行人也。为举人时从文成王先生游最久，文成念其笃实，尝延为馆师，其所提训者甚悉，具录文成集中……"

20世纪初，著名学者熊十力撰《问津学会启》一文曰："黄冈郭氏，善甫先生为阳明高弟，阳明尝延为其子师，而《明儒学案》不载，盖先生不务声誉故也。"

吴良吉

名师名片 吴良吉——明代鄂东大儒、问津书院著名主讲，王阳明弟子。

教育箴言 **揣摩圣贤，退省怀惭。**

名师传略 吴良吉（生卒年不详），字仲修，号石梁。黄冈县（今团风县）人。长期担任问津书院主讲。死后谥太子少保。

吴良吉青年时期曾师从黄冈大儒郭庆，深得教益。后得郭庆推荐，担任问津书院教习。有一次，吴良吉在郭庆的带领下，往越中谒见著名思想家、心学大师王阳明。经过短短几天的接触，王阳明称其为"妙慧"，谈吐间被王阳明引为"可类知己”。吴良吉深深为王学的博大精深所吸引，对王阳明崇拜至极。在郭庆的引荐下，转拜王阳明为师，专攻王学，力倡王学，厚积薄发，著有《退省录》、《退问集》、《钢鉴读要》等理学学术著作传世，著作等身，闻名楚黄。

吴良吉在问津书院任教期间，多次与老师郭庆同台会讲，推动了问津书院延续数百年的会讲活动。还与在此讲学的黄安人耿定向不辞胼胝，互相吸引，研讨理学，昼夜不息，学问精进。他备课十分认真，反复揣摩圣贤之言，讲课善于设问，深入浅出，字字珠玑，深得学生喜爱。

吴良吉十分注重子女的教育和培养，其子吴家钦，字仲修，因其家学渊源，学问极博，成为定惠书院的著名教习。族人送联曰：书香传递，族人景仰。

著述名录：著有《退省录》、《退问集》、《钢鉴读要》等。

补录：黄冈郭孝廉庆，挈其徒吴良吉往越中谒阳明先生。将抵越郭，一夕呼吴生语曰：“吾夜来自省，胞中尚有俗念。如许如此夹杂心，安能领受先生教邪？”心痛自责不已，徐质吴生曰：“子时自省如何？”吴对曰：“此来一志惟求教。”“益，更何俗念？”昕夕争论不合。既至郭，趣吴以前论辩语往质正。先生时燕居楼上飡饘，聆吴生语已，不答。第目摄而指示之曰：“子视此盂中，下便能盛此饘，此几下便能载此盂，此楼下便能载此几，地又下便能载此楼。人贵能下，下乃大。”语已，更目摄吴生者再，竟无他语。吴生退就舍，郭问先生何言，吴生哽咽不能应，第潸然涕数行下云。先生之炉锤人，也不在言论辩析，而在神情衡宇间。即于吴生可类知己。

王　升

名师名片　王升——明代鄂东哲学家、理学家、问津书院著名教习，举人，著名学者、哲学家湛若水弟子。

教育箴言　**心与物、理与气、心与理、心与性、知与行、理与欲、虚与实，非但合而为一，亦和而为一。**

名师传略　王升（生卒年不详），字进吾。黄冈县（今团风县）人。明万历七年（1579）举人。历任肥城教谕、问津书院教习。

王升主讲问津书院期间，治学严谨，诲人不倦，恪守师道，言传身教，为人师表。他积极倡导老师湛若水的教学理念，以孝道事母，以忠恕之道事君。无阿谀奉承之言，无取巧钻营之私。提倡师道尊严，关心爱护自己的学生。他讲课的风格与他人迥异。每次讲学之前，要学生先习礼，明学规，再静坐，待学生聚精会神后，才开始授课。课间常常闭目自诵，时而喃喃自语，时而慷慨激昂。尤其是讲解圣贤之言，引经据典，挥洒自如，深受学生欢迎。

王升一生敏而好学，儒学造诣极深。他对老师湛若水“随处体认天理”的理学主张十分推崇。十分赞同湛若水把程朱理学和陆王心学调和在一起。在王升看来，心与物、理与气、心与理、心与性、知与行、理与欲、虚与实都是合一而不可分割的。他认为，天地之间只是一气，只是一理。为了弘扬湛若水“合一论”的学问宗旨，他在教学之余，开办正宗会馆，宣扬其理学观点。他经常与山长萧继忠、黄安天台书院名师耿定向三兄弟相互砥砺，开展学术争鸣。在辨析中，极大地提升了理学理论水平，在鄂东独树一帜。

王升为问津书院的发展做出了杰出的贡献。万历三十四年（1606），王升协助山长萧继忠筹集资金，将问津书院的孔庙修缮一新。万历四十三年（1615），遵郡守王世德之命，加入问津书院领导团队，与萧继忠、黄武皋、彭熙阳、王升合力主其事，使该院的科举数量不断攀升，在全国脱颖而出，成为中国的四大著名书院之一。

萧 继 忠

名师名片 萧继忠——明代鄂东著名教育专家、书院名师，曾任白鹿书院教习、问津书院教习、山长。

教育箴言 **修德问业，明体达用。**

名师传略 萧继忠（1578—1642年），字康侯。黄冈县（今武汉市新洲区）三店人。弱冠补诸生，旋举副榜（科举考试中的一种附加榜示。即于录取正卷外，另取若干名之意）。历任白鹿书院教习、问津书院教习、山长。

拜师求学，学益纯笃。他信奉读万卷书，不如行万里路。他曾师从耿定向，勤学苦练。经常历游燕都、金陵、江右等地，遍访名儒。经常出入邹元标、高景逸、冯少墟等大儒门第，与万历状元焦弱侯、给事中罗匡湖为友。曾到京都首善书院讲学，并在白鹿书院教书数载。

教学有方，成绩斐然。明万历年间，萧继忠游学归来，被礼聘为问津书院教习，因成绩突出，旋升为山长。由于他学识渊博，德高望重，名儒硕学纷纷前来设帐讲学，极大地提高了问津书院在学林的地位。特别是，他经常邀请其师耿定向和其弟定力、定理以及彭好古、彭遵古等名师到问津书院讲学，座下门徒常至数百人。为鄂东培养秀才、举人、进士共计数百人。他废寝忘食，殚精竭智，为把问津书院打造成鄂东制艺中心做出了重要贡献。也正因为如此，龙仁夫书院在政府的重视下，湖广巡抚熊尚文亲自命名并题写“问津书院”匾额。自此，龙仁夫书院正式更名为问津书院。

主理书院，发展迅猛。明万历四十四年（1616）至崇祯十五年（1642），萧继忠担任问津书院山长30余年。在他的努力下，问津书院可与当时闻名天下的庐山白鹿洞、京都首善、江西鹅湖、无锡东林等书院相媲美，一时冠甲海内。这些成绩的取得，可以说是倾注了他全部的心血。因为，当时王阳明的理学影响日渐式微，他受命于问津书院低落、萧条时期，学校门可罗雀。正如他给友人信中所言：“问津一脉在，仆几成孤注……”他在任时，加强管理，修缮孔庙，迁扩书院，购置学田，极大地改善了书院的办学条件，令海内学者无不折服。学生发展以千计。据《问津书院志》记载：万历三十四年（1606），他同衡山宁咸，鄂东大儒王升等人一起筹集资金，修缮了孔子山庙。万历四十三年（1615），萧继忠遵从耿定向师命，迁建问津书院，得到了黄州郡守王世德的大力支持。王世德亲自捐俸，并报巡抚、提学寻求支援。迁建之时，萧继忠亲自鸠工调度，身先士卒。竣工后，他与黄武皋、彭好古、王升合力主其事，为复兴书院，重振会讲之风。他将讲学活动制度化，提出“修德问业，月会岁要”。在内容和时间上规定：“每月十六日俱会于斯，上奉先师之灵，下资朋友之益，共出一月所学，互相咨证。盖会不欲数，数则徒资口耳；会不欲疏，疏则或至遗忘。”在饮食方面也做出了规定：“会所供具，唯以四味八肴为率。”后来他把讲会的内容进行了扩充，从讲论王阳明的理学演变为明体达用之学。除了讲论之外，还开展包括静默、分享、规过等身体力行的操练。并坚持二十年不间断。他以“明体达用”为标准，提倡百家争鸣，倡导民主学风，博采众家之长，其学术思想更开阔。他还亲自制定问津书院学规六则，即德行、宗旨、经济、制举、识义、规劝。萧氏学规以圣贤之道总领，以和谐修身之道辅正，二者不偏不菲，其用心良苦可见一斑。因此，问津书院的教学质量不断提高，科举数量不断攀升，一时名噪大江南北。当时的江西大儒朱试写信称赞他说：“海内同志无不关心，蚓邃彻如老丈者乎？澹祠与问津书院相望，彼此主持正学，俾江楚俨然邹鲁，所赖于老丈宏毅之者，不少手教宛如面命，契阔之怀小纾……”明万历四十八年（1620年），受河南名儒盛二泉的邀请，于河南商城建“问津分院”，他多次前往视导并亲自讲课。问津分院不仅在他手上复兴，还有较大的发展。

性情耿介，疾恶如仇。他曾因为伯父鸣冤而被诬入狱，受尽酷刑，险些丧命。明熹宗天启年间，政治极度腐败，太监大权独揽，自称“九千九百岁”。对东林党人实行血腥镇压，并拆毁全国书院，许多东林人物被迫害致死。东林党祸也无一例外地波及到了问津书院。萧继忠与东林党魁杨涟、左光斗等好友来往密切，特别是以高攀龙、顾宪成、邹元标为代表等一批曾在问津书院讲学的东林学者，魏忠贤更是欲除之而后快。天启七年（1627），魏党受命捕杀萧继忠和其同事刘承烈。缇骑（锦衣卫校尉）闯进问津书院大门，萧、刘二人闻讯，正襟危坐，泰然自若，连家人也不告诉，欲从容赴义。幸好在押解途中闻魏忠贤自杀伏诛，才得以获释还乡。

著述名录：著有《易学问答》、《康侯语录》等书行世，其中《易学问答》由邹元标作序。清《黄州府志》有传。

诗歌选录：

别南皋先生将归问津学舍

旅客思归日，深山又岁除。
年华新景物，生事旧诗书。
南国云千里，西江水一渠。
挽舟天外去，四海一蘧庐。

（注:邹元标,字南皋。明代著名大臣、学者。）

彭　好　古

名师名片　彭好古——明代著名学者、道教炼丹养生专家、问津书院名师，进士，曾任知县、御史、佥事，明朝麻城“彭氏三杰”之首。

教育箴言　**道之大，惟有天地而已矣。**

名师传略　彭好古（生卒年不详），名伯籛，号熙阳，又号一壑居士。湖北黄安（今红安县）人。万历十四年（1586）进士，历任歙县知县、御史、佥事、问津书院教习等职。

彭好古家境贫寒，自幼胸怀大志，激昂青云。入仕后，刚直不挠，吏治精勤，深受百姓欢迎。政务之余，精研道教炼丹养生之术，成就显著。他的著作和道教书籍纂注，均有独到的见解和心得，可称得上是珍贵的秘籍。著名道教学者仇兆鳌赞道：“《悟真篇》注家，谈及外事者，惟彭好古而已。”

彭好古担任问津书院主讲期间，精心备课，废寝忘食，经常与肖继忠、刘承烈等名师相互切磋，不辞胼胝。由于他学问精博，预设细密，在讲堂上阐发义蕴，往往条分缕析，鞭辟入里，深受学生的欢迎和同行的推崇。在他的影响下，其三弟彭遵古罢官后，终身为师，闻名乡里。

彭好古自幼学习刻苦，诸史经典倒背如流，并有乃父之风，与其二弟彭信古（号龙阳）、三弟彭遵古（号旦阳）相互砥砺，经常充当弟弟们的老师。万历十四年（1586）），与其三弟彭遵古同时参加会试，兄弟同时榜中进士，在麻城传为美谈。兄弟三人中有文有武，好古、遵古以文取胜，信古则有武功，中武进士，合称麻城“三阳”，人称麻城“彭氏三杰”。

著述名录：著有《龙虎上经玄解》、《古文参同契玄解》和《悟真篇批注》等。此外，他还是道教炼丹养生类著作之集大成者，共收书五十六种六十三卷。其中纂注《道言内外秘诀全书》在同类书中比较著名，其外篇中的《石函记》、《铜符铁券》、《还金术》、《地元真诀》、《答论神丹书》等成就最高。关于修炼地元灵丹、天元神丹、白雪神符等养生丹药的论述，作为条目被《中国古籍善本总目子部》收录，详见该书 1145 页。

著作节录：彭好古关于《古文参同契三相类》[上篇]“法象”的注解。该书由东汉人叔通淳于真人撰写。

原文：

莫大乎天地兮，玄沟数万里。
河鼓临星纪兮，人民皆惊骇。
晷影妄前却兮，九年被凶咎。
皇上览视之兮，王者退自改。
关键有低昂兮，害气遂奔走。
江淮之枯竭兮，水流注于海。

彭好古注解：

道之大，无可得而形容。

必欲形容此道，惟有天地而已矣。

天地，法象之至大者也，喻乾坤二釜。

天河，名玄沟。自尾箕之间，至柳星之分，界断天盘。

不知其几万里，喻二釜界限。

河鼓，天河边之三星，其位在斗牛之间，或临星纪丑位，以近北斗，主有兵威，是故人民惊骇。

兵为金，喻鼎内金气。

晷影，喻火候。

前，即进；却，即退。

妄前却，喻火符进退失节。

九年，喻九转人身。

有三一上一天帝为泥丸；太一君中一曰皇为绛宫；天子下一元王为丹田元阳君。

鼎器，象人而造，其中亦然，曰皇上、曰王者，喻中宫土德。

言鼎器法天象地，玄沟便同数万里。鼎内真金，为火所沩，迸出真气，斩关出路，万象皆生风，雷可惊可骇。既得此药，须得火候温养，如进火退符，刻漏参差。九转之间，飜却河车，而凶咎随至矣。所赖中宫土德，止遏金水，烁火自消。改弦易辙，使关键低昂，各得其宜。然后水不至于为害，而金液滋生也。

彭 遵 古

名师名片 彭遵古——明代著名学者、问津书院名师，进士，曾任教授、光禄少卿，明代麻城“彭氏三杰”之首彭好古的同胞亲弟。

教育箴言 **敦品励志，达用厉行。**

名师传略 彭遵古（生卒年不详），号旦阳，湖北黄安（今红安县）人。万历十四年（1586）进士，历任教授、光禄少卿等职。因故罢官，后终身为师。

彭遵古性格耿直，刚正不阿。他刚入仕途，恰好碰上南畿督学御史房寰连上疏诋毁都御史海瑞。他闻讯后拍案而起，便与东林党魁顾允成、诸寿贤联名向皇帝进疏弹劾房寰连。痛骂房寰连妒贤丑正，大肆贪污，像他这种人，在海瑞面前只能“宜愧且死”。并说他们自孩提时读书起，就仰慕海瑞的人品学问。房寰连造谣污蔑海瑞，真是不知人间羞耻。不料被皇帝责为“越权妄奏”，因此被罢免官职，遣送回家，还要求鞔省悔过，从而断送了一代贤臣。

彭遵古德艺双馨，桃李满园。他被皇帝撤职后，返回家乡，在其兄彭好古的推荐和影响下，长期从事教育工作，讲学著述，名重学林，被多家著名书院礼聘为主讲，其中担任问津书院主讲时间最长。任教期间，积极参加书院会课，虚心向兄长彭好古以及萧继忠、刘承烈等名师学习讲学艺术，积极践行自己提出的“敦品励志，达用厉行”的教学主张。他关爱学生，身体力行，以身作则，为人师表，诲人不倦，教学有方，为黄冈培养出了一大批秀才、举人，深受学林尊重和学生敬爱。

黄 奇 士

名师名片 黄奇士——明代书院名师，举人，曾任寿州学正及问津书院、甘露书院教习。

教育箴言 **今日之学问，为异日之经济。**

名师传略 黄奇士（1571—1626），字守拙，号武滨，湖北黄陂人。明万历二十三年（1595），24岁中举，历任寿州学正、问津书院、甘露书院教习。

黄奇士学识渊博、风趣幽默，深受学生喜欢。52岁前辗转在黄冈问津书院、甘露书院等地，边读书，边讲学。在问津书院讲学期间，“每入讲席，光风霁月，掩映满座”，极受欢迎。在教学上，他反对寻章摘句、拘文牵义的腐儒陋习。他认为，“师为阐明良知之学”。切磋学问，辩难其间。“今日之学问，为异日之经济”。在教育理念上，他注重培养学生“格物、致知、修身、齐家、治国、平天下”的使命感和责任感。在教学内容上，做到儒家经典与经济相为表里，使学生在提高应试能力的前提下，学会一门或多门生存技能。以致他讲课，往往“郡乡绅士彬彬咸集，莫不虚往实归”。

黄奇士热爱教育，为官一任，造福一方。他52岁出任寿州学正，对这个职务极为看重，以极大的热情投入到这项工作中。黄奇士一到寿州，首先想到的是，要创办一所书院。天启年间，社会矛盾日趋严重，党争激烈，阉宦恣意妄为。在这种社会背景下，黄奇士以巨大的勇气，在寿州积极倡建循理书院。书院建成后，黄奇士亲自撰写院铭：“修德讲学，圣训昭然，立之书院，果育英贤。若有不类，改为蘧传，侵利毁正，学脉遂湮。天之所厌，神弗庇焉。请视斯铭，以永万年。”揭示了他继承中华传统的拳拳爱国之心，对书院教育期望以及人生的志向。

黄彦士

名师名片 黄彦士——明代鄂东书院名师，进士，曾任问津书院教习、广西道御史、中州巡抚。

教育箴言 **师为万世表，学至精诚开。**

名师传略 黄彦士（生卒年不详），进士出身。曾任黄冈问津书院教习多年，后出仕为官，历任广西道御史、中州巡抚等职。

黄彦士教学成绩卓越，名噪鄂东。青年时期，他与堂弟黄奇士一起，在黄冈问津书院、甘露书院等书院，边读书，边讲学。在教育教学上，以“师为万世表，学至精诚开”为座右铭，勤奋治学，废寝忘食，学业成绩与教学艺术与日俱增。虽然年轻，讲学资历浅，但他教学认真，教法灵活，尤其善长教授《春秋》，四方学子慕名纷纷投其门下。

黄彦士学问渊博，才华横溢。万历四十四年（1616），他时任中州巡抚，问津书院山长托人请他为《问津书院志》作序。他慨然应命，总括历史，寻渊溯源，要言简约，大气磅礴，使之得以名垂青史。

黄彦士爱才、识才，常有伯乐之举。据《熹宗实录》记载：“广西道御史黄彦士，请尊命养德，而荐邹元标、冯从吾、涂宗浚、周汝登诸人，皆始终学问，道德粹然者，使得备凝丞师保之列。”他果然慧眼识珠，这些人后来都成了一代学派宗师或贤臣巨吏。其中，邹元标官至刑部右侍郎，成为我国古代历史上的一位宁折不弯的著名大臣和学者。冯从吾成为明代著名思想家、教育家、“关学”

的重要传人之一。

黄勉之

名师名片　黄勉之——鄂东名师，问津书院最后一任山长（校长）。

教育箴言　**白水盟心牢记取，何妨权现宰官身。**

名师传略　黄勉之（1878—1953），名泽芬，考名时敏，笔名讷斋，自号黄山赘人。黄冈县（今武汉市新洲区）旧街黄林墅人。历任乡村塾师、新学堂教习、校长、问津书院山长（校长）、咸宁县教育科科长等职。

从旧文人到新式学堂先生。黄勉之出生于清朝末期，在动荡的岁月里，从小随伯父黄锦丛读八股文，兼习古代散文。他天资聪慧，读书过目成诵。年龄稍长，因痛恨清朝政府腐败无能，坚决抵制八股文，便拜在问津书院名师王霭庭先生门下，学习天文历算，接受科学思想，从学两年，学业大进。戊戌变法后，清廷废除八股文，以古文策论取士。清光绪二十九年（1903），黄冈县最后一期科举考试，黄勉之赴黄州应试，当时考生约三千，最后录取四十八名生员。发榜时，名列第一，为案首，名噪乡里。清廷废科举、兴学校后，黄勉之以优异成绩考入黄冈县师范学堂，又以甲等成绩毕业，被政府派到黄冈县新洲高等小学堂执教。任国文教习。两年后，因父亲逝世，丁忧三年，在家以开设药店、授徒为生计。

从乡村塾师到问津书院山长。民国后，教育革新，当地族学和教馆的教师奇缺，因黄勉之在丁忧期间悬壶济世，学问人品深受乡邻敬重，纷纷慕名聘其执教。1912年，新洲旧街附近王姓在双楼大祠堂设立族学，礼聘他主持教学。1914年，被聘为杨家湾杨氏祠堂坐馆。1915年，在黄冈徐家岗设馆授徒。1916年，在黄冈县东乡朝阳庵设馆授徒。当时黄冈冈西许多读书人都是他的弟子，一时声名鹊起。1917年初，鄂东名流傅晓榛、王霭庭等人发起黄冈“问津学会”，他积极响应，请亲戚加挚友熊十力撰《问津学会启》，可惜学会因故未成，后被江西督军方本仁（黄冈戴家湾人，与黄勉之同籍）礼聘为家塾教师。两年后，因遭母丧，离开方家以事孝道。1919年，当地士绅为恢复清末民初毁于战乱的问津书院，鉴于他的影响力，请他主持书院教学。在他的努力下，从学者纷纷投其门下，书院不得不分设若干班授课，使得古老的问津书院在民国初期兴盛一时。

热爱教育，品格高尚。1923年，方本仁授北京政府粹威将军，捐资将家乡荒废多年的白石书院改建为楚黄学校，礼聘黄勉之为校长。黄勉之努力工作，夜以继日，选聘教师，布设课程，自编教材，使学校很快得到恢复和发展。方本仁将军对此赞赏有加。次年，方本仁督办江西军务，特聘他到南昌督署任秘书。然而，他热爱教育，离不开学生，婉言谢绝了方将军好意，选择到驻赣陆军官佐子弟学校任国文教员。1928年，同乡贺有年任咸宁县长，特聘他为咸宁县教育科长。他同样婉言谢绝，并赠诗一首，其中有两句说："白水盟心牢记取，何妨权现宰官身。"勉励贺有年做一位清正廉洁的县长。1946年，他以六十七岁高龄，与他的学生、民主同盟会员黄乃真一道创办了一所私立小学——端本小学，并亲任校长，直到新中国成立。新中国成立后，黄勉之在家乡重操医业，闲暇之时，喜吟哦，攻书法，常以词章、书法自娱。其书法尤为著名，社会贤达以求其墨宝为荣事。他与著名哲学家熊十力常常书信往来，诗词唱和，熊十力撰写的《诗经示要》一书也是最先赠给他，谦恭地请其斧正。1952年冬，时任中华人民共和国地质部部长的李四光，为了照顾他晚年的生活，安排他当北京文史馆馆员，并且不须履职，还可以领到工资。他认为不劳而获，以为不可，当即回信婉言谢绝，乡邻听后，对他更加敬重。

著述名录：其所著诗文，大多散失，虽经其子黄省齐多方抄录，然存者寥寥，署名《讷斋诗稿》，与黄省齐的《过庭诗草》合为一册，署名为《黄氏乔梓诗草》，刊行于世。

他人评价：1953年，黄勉之去世前弥留之际，时任湖北省政府参事室副主任的贺有年，在悲痛之余，为其画像一幅，并题字："其神穆穆，其貌恂恂，汪洋千顷，和煦三春，望之俨然，即之也温，清辉永照，雅范长存。"

第二节　县书院

黄冈白石书院

背景链接：黄冈白石书院名师首推辛亥革命烈士何自新。该书院创办于清乾隆元年（1736），位于黄冈县还和乡（今团风县马曹庙镇百福寺），光绪二十四年（1898）停办。1923年，北京政府粹威将军方本仁（今团风县镇戴家湾人），捐资将其改建为楚黄学校，现传承为团风县马曹庙镇百福寺小学，是马曹庙镇的一所中心学校。

何　自　新

名师名片　何自新——湖北省著名辛亥革命活动家、书院名师，秀才，曾任武昌文华书院讲习、武昌科学补习所文牍、湖北日知会文书干事、黄冈县白石书院讲习。死后被追认为辛亥革命烈士。

教育箴言　**国弱无科学，强国必先强科学。**

名师传略　何自新（1881—1910），一名见田，字季达，别号醉侠。黄冈县百福寺何家上塆人。历任武昌文华书院讲习、武昌科学补习所文牍、湖北日知会文书干事、黄冈县白石书院讲习。

以教育为阵地，积极鼓吹共和。何自新少年丧父，幼承母训，颖悟过人。十余岁，补博士弟子生员（秀才）。早年曾师从蕲水（今浠水县）大儒何焜阁，与我国著名哲学家熊十力和湖北著名辛亥革命志士王汉系同门弟子。他勤奋好学，读书颖悟，每有独到的见解。15岁进白石书院读书。读书期间，因成绩突出，被书院山长和同学们推举为学长，边读书边教书，教学相长。此时，在他眼里，清朝政府积贫积弱，腐败无能，如一叶小舟在风雨中飘摇。为此，他忧国忧民，为了实现富国强民的远大理想，他不知疲倦地学习，却严重损害了身体健康。他常带病学习、上课，在教《四书》、《五经》的同时，暗中关注时政。对学弟们注重科学思想启迪，积极鼓吹共和，宣讲革命道理，为后来黄冈县辛亥革命运动的发展，奠定了广泛的思想基础。

献身革命，不幸英年早逝。清光绪二十六年（1900），何自新邀约同乡熊十力、蕲水县王汉等人共赴武汉，寻求革命道路。何自新品学兼优，远近闻名，被武昌文华书院聘为教习，因而结识了刘静庵、张难先等10余位辛亥革命志士，从此加入了辛亥革命的滚滚洪流，为推翻满清专制统治，创建民主共和，鞠躬尽瘁，死而后已。特别是，在武昌文华书院教书期间，他积极鼓动革命，身先士卒，赴汤蹈火，受进步学生的尊重和爱戴。光绪三十年（1904）七月，他与刘静庵、张难先等人秘密成立了武昌科学补习所，并任文牍。该组织为武汉地区第一个辛亥革命团体。同年九月，他与刘静庵、张难先等人密议，乘慈禧太后十月寿期举行起义。不料事泄，革命志士遭到清朝政府疯狂逮捕。在白色恐怖下，何自新坚守革命道义，主动变卖家产和妻子的首饰，积极为赴日本避难同志筹措旅费。同时，他不顾个人安危，西上荆湘、巴蜀，沿途联络革命同志，继续从事革命活动。光绪三十一年（1905）春，他返回汉口，放下行李，立即联系刘静庵，密商湖北革命方略：一曰以武昌为根据，二曰提倡民气，三曰运动军队，四曰组织机关。在他们的组织和号召下，汇集了一大批革命志士，声势大震。同年夏，他参与组织了武昌正卫街高家巷日知会。日知会成立后，他任文书干事，负责起草组织章程、活动计划及宣传资料。他认为，国弱无科学，强国必先强科学。在鼓吹共和、革命的基础上，积极宣传科学知识，成为湖北辛亥革命的骨干分子。光绪三十二年（1906）冬，日知会遭到清廷破坏，刘静庵等人被捕下狱，何自新立即赶回黄冈报讯，后逃往江西，流亡两年之久，不幸积劳成疾，不得已返回黄冈。于宣统二年（1910）病逝，年仅 29 岁。民国元年（1912），在熊十力、詹大悲、胡瑛等人的力举下，被追认为辛亥革命烈士，副总统黎元洪曾亲自到武昌烈士祠主持祭拜，悼念他和其他革命烈士。

著述名录：著有《读诗札记》、《读史札记》、《孔子真相》、《孟子真相》、《咏史》、《人治篇》和《梦游天国记》等 30 余篇。

黄安天台书院

背景链接：天台书院是明中后期湖北理学学术研讨中心之一。在这里，“天台三耿”在教书育人之余，潜心理学，学术独树一帜，四方学者纷至沓来。其中著名思想家、文学家李贽在“三耿”兄弟的影响下，辞官到麻城讲学著述，由此推动了当时波及全国的理学讲学运动。

该书院创办于明万历（1573—1620）年间，创办人为耿定向。他于万历年间辞官还乡，自隐深山，在黄安县（今红安县）北部天台

山筑居而住。不久，他根据家乡父老的建议和要求，设立天台书院，教授生徒，讲学著述。后来，其弟定理、定力也相继担任天台书院主讲，讲学不倦。

耿定向死后，黄安县为了继承和发展天台书院，知县胡尚质亲自役工调度，扩建堂舍三楹，挂“天台先生”画像于正殿，并购置讲堂、书舍若干，扩大了书院规模，使之成为黄安最大的书院。书院建筑特色鲜明，保存完好。

耿　定　向

名师名片　耿定向——明代中后期著名思想家、理学家、书院名师，进士，曾任南京督学御史、大理寺右丞、右佥都御史、户部尚书，天台书院山长。与耿定理和耿定力为同胞三兄弟，同门三进士，世人尊称“天台先生”，史书合称“天台三耿”。

教育箴言　**学有三关：一是心即道；二是事即心，三是慎术。**

名师传略　耿定向（1524—1596），字在伦，号楚侗。黄安（今红安）人。明嘉靖三十五年（1556）进士，历任行人（正八品），南京督学御史（正七品）、大理寺右丞（正五品），横州判官（从七品）、衡州推官（正七品）、右佥都御史（正三品）、户部尚书（正二品）。万历年间，辞官还乡创设天台书院，并自任山长。卒赠太子少保，谥恭简。

高居庙堂，造福乡梓。嘉靖年间，耿定向的家乡位于麻城、黄冈和黄陂三县交界，百姓屡屡遭受邻省和外县的盗匪流寇的侵扰和伤害，而当地政府却对此鞭长莫及。抚臣张雨根据当地官员的要求奏请朝廷：“割麻城太平、仙居二乡，黄冈中和乡，黄陂滠源乡，建县于姜家畈。”嘉靖四十一年（1562），耿定向积极响应，拿起笔来，饱蘸浓浓的乡情，向皇帝进《两台疏》，力陈在家乡建立县制的好处，终于得到了皇帝的批准，并奉旨钦定县名。他根据巡抚张雨在奏疏中“建县于姜家畈，黄民始安”一语，定县名为黄安，立即得到大家的认同。

为官清正，品格高尚。耿定向初到京城为官，时值严嵩父子窃据朝政，吏部尚书吴鹏与其沆瀣一气。耿定向不畏权势，上书弹劾吴鹏六项罪名，其中揭发吴鹏的女婿学士董份借担任会试主考官之便，徇私舞弊，录取了吴鹏的儿子吴绍。由于严嵩包庇掩盖，此事不了了之。嘉靖末年，耿定向出按甘肃，举荐弹劾不存私心，执法严谨，廉洁自律，深得民心。后来因故调离工作岗位，“去任时行笥一肩，有以石金馈者，留境上而去。”说的是他离任时，仅仅在肩上背了一个竹箱而已，连别人送他的礼物“石金”也留在当地了。隆庆元年（1567），他为营救海瑞，毅然上疏，被贬横州判官。万历年间，因为政绩突出，升迁到都察院右副都御史，后升任户部尚书。

热爱教育，办学有方。他擢任南京督学御史时，联络当地读书人和开明士绅，修建崇正书院，并亲任主讲，以致文脉昌盛，成为今天南京著名旅游景点。担任户部尚书后，他为了专职从事教育事业，九次上书辞官，于明万历年间才遂其愿。在家乡开办天台书院，被人尊称为“天台先生”，使其书院成为黄安书院之首，成为明中后期湖北的又一个理学中心。

教学有方，桃李芬芳。在他的悉心教导下，学生中中状元1人，中进士4人。状元为焦竑。进士分别为瞿九思、周思敬、耿定理、耿定力。特别是焦竑，后来成为明代晚期著名思想家、藏书家、古音学家、文献考据学家，曾作有《天台书院记》，以崇敬的心情叙述道：“天台先生，崛起楚之黄安，推明孔颜周陆之学，与乡人肆习之，从游者履恒满户外。”让人想到当年先生讲学的盛况。

潜心理学，独树一帜。他是王阳明学说的重要传人之一，被黄宗羲《明儒学案》划归为泰州学派。其学术宗旨可以归纳为：以不容已为宗，并说学有三关，一是心即道，二是事即心，三是慎术。他在教书育人之余，喜欢结交四方学者，以文会友，提倡学术争鸣。李贽曾在他家长住，日夜辨析，切磋学术。但二人观点迥异，“往来论辩，未有休时”。耿定向的学术理念以王阳明（守仁）的学说为基础，因此，他与王学左派学者来往密切。如，王畿（龙溪）、罗汝芳（近溪）、王襞（东崖）、何心隐（梁汝元）、李材（见罗）及王廷臣、顾问、顾阙、吴心学、周柳塘（思久）等人。其间，他还曾到庐山白鹿洞书院、黄冈问津书院讲学。他与这些硕学鸿儒一道，共同推动了当时闻名全国的讲学运动。

关心经济，规范操守。耿定向作为户部尚书，对商人的操守也有独到的见解。他提出儒商定义应是“扶义乐善，仁心为质，儒之行也。贾而有是，不亦儒乎”。意思是说：儒商是指诚而仁心，好儒重文，关心亲友和乡里，热心社会公益事业，具有儒者风度，能做到儒行与贾业的统一和良性互动。这个界定，对今天的社会主义市场经济社会仍然有着积极的现实意义。

著述名录：著有《耿子庸言》、《天台文集》等。万历十二年（1584）纂修建县后第一部县志《黄安初乘》，2卷13篇。其门人编有《耿天台文集》20卷。

著名学生：焦竑、王德儒、祝无功、潘雪龙、李士龙、瞿九思、周思敬、耿定理、耿定力等人。其中焦竑在万历十七年（1589）会试中，名列第一，中状元。

耿　定　理

名师名片　耿定理——明代中后期著名思想家、理学家、书院名师，进士，曾任南京崇政书院及黄冈问津书院、黄安天台书院主讲。

教育箴言　**为学者，成于自信，废于自是。**

名师传略　耿定理（1534—1577），字子庸，别号楚倥，黄安（今红安）人，生员出身，耿定向的弟弟，排行老二。一生隐居不仕，专职从事讲学著述。历任南京崇正书院、黄冈问津书院、黄安天台书院主讲，教书育人，德艺双馨，成绩显著，是黄冈著名的、全国知名的书院名师。

耿定理勤奋好学，专心致志，理论功底十分深厚。他早年曾师从黄陂名师方湛一。然而时间一长，觉得其师有些故弄玄虚，崇尚空谈，学不到真东西，“故去之”。后来，追随兄长耿定向学习，研究理学，“一切平实之旨于太湖，复能收视返听，得黑漆无人无门之旨于心隐，乃始充然自足，深信而不复疑也”。成为泰州学派的学术中坚。著名思想家、文学家李贽与之探讨学术时，深为其学问的广博所倾倒，称赞他说：“楚倥为学‘不烦言说，当机指点’。”隆庆六年（1572），李贽记载道：“岁壬申，楚倥游白下，余时懵然无知，而好谈说。先生默默无言，但问余曰：‘学贵自信，故曰吾斯之未能信。又怕自是，故又曰自以为是，不可与人尧、舜之道。试看自信与自是有何分别？’余时骤应之曰：‘自以为是，故不可与人尧、舜之道。’”从李贽的言谈中我们可以看出，耿定理做学问的精神是何其可贵，知识的精深广博确实令人佩服。

耿定理治学严谨，教学有方，为鄂东培养了一大批优秀人才。他长期担任南京崇正书院、黄冈问津书院、黄安天台书院主讲，还曾到庐山白鹿洞书院交流讲学，是远近闻名的书院名师。特别是，他在天台书院担任主讲期间，协助其兄耿定向管理书院（相当于执行校长），工作有声有色，使一个穷乡僻壤的小书院成为鄂东的著名书院，与他的勤奋和努力是分不开的。在教学上，他积极宣扬泰州学派的理学主张，提出“学贵自信，学废自是”的教学理念，把名师会课（教学研究）的经验和方法，融入到讲学中去，常常取得了事半功倍的效果，多次受到兄长耿定向的赞扬。

耿定理“有德不耀”，“有才无官”，“始终以学道为事”，超然于尘俗之上。他不求名利，不参加科考，慎独慎行，以教书育人、做学问为己任。尤其对鱼肉百姓的贪官污吏和社会上的不正之风深恶痛绝，觉得“唯世人莫可告语者，故遂终身不谈”。只是与其兄弟耿定向、耿定力“讲论于家庭之间而已”，相互为师，互相砥砺，以为乐事。

耿定理为人厚道，和而不同，周而不比。他追求自我心性的自得与完善。据李贽在《耿楚倥先生传》中记载：“丁丑入滇，道经团风，遂舍舟登岸，直抵黄安见楚倥，并睹天台，便有弃官留住之意。”万历九年（1581）春，耿定理仗义邀请辞官的李贽到黄安，李贽便携妻子女儿到黄安天台书院讲学论道，住耿定理家中。当李贽与其兄耿定向在学术上因观点不同而发生分歧时，他虽然也对李贽的观点不是都赞同，然而他不以血缘论亲疏，与兄长耿定向越来越疏远，反而与李贽越走越近，最后成为挚友，生死之交。李贽曾深情地赞许耿定理的为人之道，说他，“虽学道，人亦不见其有学道之处，故终日口不论道，然目击而道斯存也”。

耿定理热爱家乡，造福乡梓，深受乡里百姓敬重。他逢年过节，或饥荒之年，接济学生无数。特别是，黄安建县，他上下奔走，四处游说，出力最多。

耿 定 力

名师名片 耿定力——明代后期著名思想家、理学家、书院名师，进士，曾任工部主事、成都知府、福建督学、南京兵部侍郎、天台书院山长。

教育箴言 **洒扫应对，便是形而上者；日用平常，只要默而识之。**

名师传略 耿定力（1541—？），字叔台，一字子健。黄安（今红安）人。隆庆五年（1571）进士，耿定向三弟。历任工部主事、成都知府、福建督学、南京兵部侍郎。辞官后，居黄安讲学会友，著述立说，成为一代名师。去世后，皇帝赠其尚书头衔，以褒奖他一生的业绩。

勤奋好学，严谨治学，具有扎实的文史哲理论功底。耿定力自幼饱读诗书，在同龄儿童中出类拔萃。青少年时期，在兄长耿定向、耿定理的带领和影响下，寒窗苦读，学用相长，才华横溢。成年后，特别喜欢并擅长古赋和铭文的写作，描形写影，措辞工巧，名状形容，巧夺天工，文风，大气磅礴，对偶、声律俱佳。终于以优异的成绩考中进士。

为官一任，移风易俗，造福一方，具有浓厚的百姓情怀。耿定力为官心系民生，常常用机制和机智解决执政过程中的困难。万历年间，他担任右佥都御史，受命管理江防事物。为了厉行清正之风，曾多次向皇帝上书，揭露税收官吏横征暴敛、贪赃枉法等问题，并申述宦官干预政事的危害。因政绩突出，擢升为南京兵部侍郎。特别是在此前的任上，针对官府收购木材存在漏洞的问题，提出“采木收木法”，用制度杜绝了官吏对老百姓的欺压和盘剥。他还改变了当地“人死不发丧，只戴白帽”的不良风俗。

教书育人，呕心沥血，桃李满园。耿定力辞官后，追随兄长耿定向、耿定理，长期担任天台书院主讲。可谓兄弟同心，其利断金。天台书院在三位“天台先生”的相继主持下，一时声名大振，吸引了无数学子前来就学。红安之所以人才辈出，与天台书院的贡献是分不开的。在教学上，他提倡多记多识，做学问要有一个平常心，不能一日曝十日寒。他在虞山书院题写的对联“洒扫应对，便是形而上者；日用平常，只要默而识之”，揭示了他的读书观。他在做官和任教期间，曾随其兄耿定向一同到过南京崇正书院、白鹿洞书院、黄冈问津书院等著名书院交流讲学，受到儒学界的一致好评。

著作名录：著有《胡时中义田记》等。

作品选录：

西田马公墓志铭

赫赫马公，科第传芳，传帝耳目，声振岩廊，乘驷吴越，纪法斯煌。秉钺秦蜀，华夷顒望，公曰归于，三径就荒，帝不拂公，安居召将，公竟弗待，中外尽伤，太岳苍苍，济水洋洋，瘗玉平原，风气久藏，后人考德，视此铭章。

（赐进士第兵部侍郎麻城耿定力撰）

（编者按：铭文中的西田马公，系指明中宪大夫四川按察司副使马文建，字体干，别号西田，山东兖州府巨野县人。进士出身。）

黄安洞龙书院

背景链接：黄安洞龙书院创办于明代，大约公元1527年至1602年，位于黄安县（今红安县）城南似马山麓。明代著名思想家、文学家李贽受天台书院山长耿定理的邀请，来黄安进行学术研讨，曾在洞龙书院讲学4年，并寓居于此，书院由此名声大振。该书院名师首推吴心学、李贽二人。

洞龙书院由似马山下向上攀登约百余米。书院前侧是一片摩崖石，明代进士、著名书画家周思久曾在上面题有“天马行空”四个大字，苍劲挺拔。石壁下边，有一条横裂的石缝，如同鬼斧神工，劈然而开，约有七八米深。“缝中正午方见日光”，李贽当年命名为“一线天”。“一线天”巨大的石壁两旁，有数面小石壁并立。左边的石壁上有耿定向的题字：“驾风鞭霆”字大如斗，古朴沧桑。右边的石壁上刻有“枕石栖云”，旁边署名的一行小字因岩石风化模糊不清，天长日久，不知何人所题。“枕石栖云”四个大字下有一巨石，宛若雄狮，翘首昂然，虎视眈眈，似要跃山过涧。巨石上刻有一个大大的“狮”字，大篆书体，笔力劲拔，充满艺术的魅力。山巅，有一平矿之地，则是有名的“云台”。台上石头奇形怪状，柱而立者叫“系马桩”，平而坦者叫“仙人床”，方而正者叫“上马石”。民间传说，曾有仙人于云台上踏着上马石，驾乘一匹骏马腾空而去，风起云涌，云卷云飞。神奇的故事，在当地村民中代代相传，不绝于口。

吴　心　学

名师名片　吴心学——明代黄安著名学者、书法家、书院名师，举人，洞龙书院创办人、首任山长。

教育箴言　**静思悟道，方能知行合一。**

名师传略　吴心学（生卒年不详），字少虞。黄安（今红安县）人。曾有短暂的为官经历。辞官后，长期从事教育工作，教书育人，桃李满园，被当地百姓尊称为“洞龙先生”。

吴心学自幼熟读儒家经史，崇拜王阳明心学，故改名为“心学”。一生倡导心性体悟，对王阳明的“致良知”、“知行合一”等学术观点，膜拜有加，身体力行，颇有建树。

吴心学因故辞官之后，回到家乡，毅然放弃安逸生活，投身教育，在黄安县似马山锄石为室，创办洞龙书院，并于门前巨石上刻“似马山中出洞龙”一行大字，表明心志。他在洞龙书院掌教、讲学二十三载，课士成林，为当地培养了大量优秀人才。

吴心学做学问，提倡讲学会友，静思悟道。自云：“隐似马山中，凿山开径，倚石为壁，引木为巢，于绝顶两岩石间面壁静坐久之。”他是继明代黄安县耿氏三兄弟之后又一著名的理学大师。

吴心学为官时间虽短，但清廉之名广为流传。据说，他辞官返乡时，两袖清风，除随身带的简单行李外，几乎没有贵重物品。渡江时，因船只负荷太轻，经不住风高急浪，为了防止意外，遂命船家用一石磙压船，老百姓知道后，无不交口相赞。

诗歌选录：

登接笋峰

危峰遥望倚云霄，却笑仙人不可招。

一夜天风三万里，玉城送我任逍遥。

萃英书院

背景链接：黄安萃英创办于清乾隆初年，位于当时的县衙西北边学宫旁，由知县段绍扆倡建。该书院名师首推清嘉庆年间山长卢镜亭。

卢 镜 亭

名师名片 卢镜亭——清代黄安著名田园诗人、学者，书院名师，贡生，曾任河南雪香书院、东周书院、襄台书院教习及黄安萃英书院山长。

教育箴言 **为学者，贵有惑，解惑不独有师，而在己。**

名师传略 卢镜亭（生卒年不详），黄安（今红安县）人。清嘉庆十五年（1810）优贡生。历任河南雪香书院、东周书院、襄台书院、黄安萃英书院等书院教习、山长。一生以振兴文教为己任，教书育人，成绩显著，名重学林。

卢镜亭十分注重制艺之道，因材施教，心悟体验。他认为，为学者，贵有惑，解惑不独有师，而在己。文章虽读百遍，不静思体悟，其义难见。在长期的教学实践中，积累了一整套丰富的教学经验。因此，在他担任黄安萃英书院山长十余年间，该书院的科举考试成绩在黄安比较显著，远近闻名。一时间，引起了时任黄安知县、诗人孙文骅（字云衢，号晓山，四川绵州人）的特别关注。该知县多次亲临书院，参观学习，交流切磋，对他的学问人品赞美有加。

卢镜亭教书之余，爱好诗歌创作，是一位游兴勃发的田园诗人。诗风清新秀美，被同为诗人的知县孙文骅引为诗坛挚友，相互唱和，佳作不断。

著述名录：著《岱游》、《洛游》、《嵩游》等。

麻城芝佛书院

背景链接：芝佛书院原名“芝佛院”，原是一座寺庙，由麻城名僧僧无念修建，位于麻城龙潭湖畔。起初，“芝佛院”还不是正式的寺庙，仅是周氏家族的私人佛堂，但其建筑规模颇为宏大。院中有正殿、左右厢房，还有僧人的宿舍和客人（来往的学者）的招待所。鼎盛时期，“芝佛院”有僧人 40 余人，门徒众多，香火不断。

明万历八年（1580），李贽去官受邀到麻城的四年后，与僧无念成为好友。

便在“芝佛院”削发为僧。本来李贽在姚安知府任上就有皈依之意，离开官场后更是心灰意冷，便沉下心来交流学术，做学问。之后，“芝佛院”因李贽在此讲学而更名为芝佛书院。曾一度成为鄂东社会文化交流、学术研讨的中心。因此，芝佛书院因李贽的精彩而精彩，名垂千古，光照千秋。

相传，龙潭湖旁有钓鱼台，钓鱼台上建有“寒碧楼”。这些都是李贽寓居麻城著书、讲学、生活、休息的地方。如今，在芝佛书院原址，建有一所古朴、典雅的新式学校——阎家河镇李贽小学。

李　贽

名师名片　李贽——明代著名思想家、文学家，书院名师，举人，曾任河南辉县教谕、北京国子监博士、云南姚安知府、耿定理家庭教师及黄安洞龙书院、麻城芝佛书院主讲。

教育箴言　**为学贵在有疑。动人以言者，其感不深；动人以行者，其应必速。**

名师传略　李贽（1527—1602），字宏甫，号卓吾，别号温泉居士。福建泉州人。明朝嘉靖三十一年（1552）中举。历任河南辉县教谕、北京国子监博士、云南姚安知府。万历八年（1580），毅然辞官。万历十二年（1584）移居麻城，来到阎家河，住进龙潭湖芝佛院，专心读书、讲学、著述。

万历十六年（1588），李贽削发芝佛书院，开始潜心研究“儒、佛、道”三学。他以书院为阵地，以讲学、辩论、著书立说等形式，传经布道，前后达12年。特别是，他在与耿定向等人论战的同时，发展完善了自己的思想体系，形成了独具特色的集封建“异端”思想之大成的学术观点和教育教学理念。成就一代文豪和思想大师。

在教育观念上，他主张实行“有教无类”，敢于打破封建思想桎梏，反对歧视女生入学，提倡“男女平等”。他在芝佛书院，竟敢冒天下之大不韪，招收女学生，在鄂东率先实行男女同校。李贽以自己博学、热情和率真的人格魅力，吸引学生，因而他的学生来自方圆数百里，官员、士绅，樵夫、贩夫，男女老少什么人都有，史书记载为：“从之者几千、万人”。对鄂东教育具有深远的影响。

在教学目标上，他提倡“学必经世”，反对“求利而学”。他认为学习的目的，不是为了求官、求名、求利，而应该修养成良好的道德品格，学好本领，能够明辨是非、善恶，有经世致用、经国济民之才，能关心“天下百姓痛痒”，能为“治天下”用。

在教学理论上，他提倡“为学贵在有疑”，反对迷信盲从。在明代，儒家经学被奉为至论，但是李贽认为，那些思想在作者生活的年代固然不会有错，但是随着时间的推移，不应该奉为“万世之至论”，应当用怀疑的精神，去大胆质疑、辩难、破疑，直至悟出真道。学习也好，做学问也罢，善疑才是根本。他进一步提出教学内容要多元化，反对教学内容单一。李贽认为儒家经学不能作为教学的唯一内容。在此期间，他提出了著名的“童心说”。他认为：新的思想也好，新的观念也罢，这些新的东西，往往是先入为主的，为了让人不失去“童心”，就应该让孩子在成长过程中，少受陈旧、落后思想的灌输，而应该广泛涉猎各种知识，开阔视野，深入钻研。

在讲学过程中，他提倡“因材而笃”，反对一味地灌输、束缚和压制学生的思想。李贽认为天下的人和事物千差万别，应承认其个性差异。他反复强调，应该充分发展学生的个性，做到因材施教，反对硬性“强而齐之”，泯灭学生的个性，更不能居高临下，压制学生灵性。对于师生之间的关系，他认为，既为师生关系，同时又为朋友关系，二者是平等的。这不仅是为学的基础，而且还能促进相互进步与学习，达到共同提高，教学相长。

在麻城期间，他以纯真的品德、丰富的学识、求实的精神和生动的讲学，使芝佛书院名声大振，各地求学者来麻城交流学术，络绎不绝，从而使他结识了一大批师友。黄梅汪可受、“公安三袁”、黄安“天台三耿”、麻城周思久、梅国桢、杨定见等学者经常慕名而来，研究学问，进行学术争鸣。他与黄安耿定向的学术之争，不仅推动了当时讲学活动，还对中国理学发展有着深远的历史意义。

李贽在黄安、麻城讲学之余，还完成了《初潭》、《藏书》、《焚书》等思想名著的撰写、编辑和出版工作，向封建礼教发出了振聋发聩的声音，成为我国历史上反对封建桎梏、崇尚人性自由的第一人。不仅如此，他还对许多小说、戏剧如《水浒传》、《西厢记》、《琵琶记》等进行了深入细致的点评，在学术界影响深远。李贽在其一系列著述和讲学中，倡导个性解放，思想自由；提倡人人平等，反对封建礼教，充分展示了自己的民本思想和人生态度，向几千年的封建权威发起挑战，猛烈抨击了宋明程朱理学，对统治者所极力推崇的孔孟之学也大加鞭挞。在《焚书·赞刘谐》及《续焚书》的《圣教小引》、《题孔子像于芝佛院》等文中，他以戏谑嘲讽的笔调贬低孔子。这在尊孔子为至圣先师的古代，真是一种大胆的举动。他认为孔子并非圣人，孔子没什么了不起的，人人都是圣人，又何必一定要去学孔子呢？显示了他追求光明与自由的大无畏精神。李贽的言论和行为引起了封建统治阶级的惊慌和仇视。他们以“异端思想”、“乱道行为”、“惑世言论”等罪名，对其进行了残酷的迫害。最终，李贽被逐出麻城，在通州逮捕入狱。万历三十年（1602），李贽乘狱吏为其理发不备，夺过剃刀割喉，以自己的鲜血和生命向封建卫道士表示了不屈的抗争。李贽的一生，是探索的一生，是战斗的一生，正因为此，也构成了他悲剧的一生。

李贽虽然不是麻城人，但麻城是他的第二故乡，甚至是他选择的身后地。他与僧无念、周柳塘、邱长孺、杨定见等人在芝佛书院读书之余，设帐讲学，成就斐然。著名弟子有黄梅人汪可受，后来中进士，历任浙江县令、礼部主事、员外郎、郎中，江西吉安知府，山西提学副使，江西右参政，山东霸州兵备道，山东按察使，顺天府尹，大同巡抚，兵部侍郎等职。政绩卓著。死后诏赠，旌表为“天下清廉第一”。

著述名录：在黄安、麻城辑有《初潭》、《史纲》、《藏书》、《焚书》、《因果录》等，撰写评点书不下数百种。

诗歌选录：

独　坐

有客开青眼，无人问落花。
暖风熏细草，凉月照晴沙。

客久翻疑梦，朋来不忆家。
琴书犹未整，独坐送晚霞。

系中八绝·老病初苏

名山大壑登临遍，独此垣中未入门。
病间始知身在系，几回白日几黄昏。

即事其四

若为追欢悦世人，空劳皮骨损精神。
年来寂寞从人谩，只有疏狂一老身。

麻城道峰书院

背景链接：麻城道峰书院创办于明嘉靖（1522—1566）年间，位于麻城牛棚山（亦称牛坡山）。由时任知县陈子文带头捐资倡建。该书院名师首推毛凤起、熊吉。

该书院以麻城名人毛凤起之号“道峰”命名。以个人之名号命名的书院，在黄冈亦有东坡、孔子、龙仁夫、韩魏公等书院。在鄂东书院发展史上有着重要的历史意义和学林地位。现为麻城市第一中学旧址。

毛 凤 起

名师名片 毛凤起——明代麻城著名理学学者、教育专家、书院名师，道峰书院首任山长。

教育箴言 **读书不死人，死人不读书。**

名师传略 毛凤起（生卒年不详），字瑞东，号道峰。麻城（今麻城市）人。是麻城市首部地方志《麻城志略》主修毛凤韶的弟弟。一生隐世不出，乐在乡间当教师，讲学著述，教书育人，道德学问，名播乡里。死后葬于五脑山，父老乡亲为纪念他，建有明德堂以彰其表。

毛凤起一生德性和易，志行高洁，孝友敦睦，老而弥笃。明嘉靖十一年（1532），诏告全国各地，推举贤良、敦行、俊逸之士。他作为当地有名的塾师、理学学者和《家塾警语》的作者，得到了麻城县乡亲父老的一致推荐。然而，他淡泊名利，坚辞不受。麻城知县陈子文只好会同乡绅，另择途径表彰他，号召全县捐资捐料，以他的名义建一座书院——道峰书院，并聘请他为主讲、山长。对此，他满心欢喜，欣然接受。

毛凤起以振兴书院为己任，爱校如家，诲人不倦，有口皆碑。在书院建设之初，他以极大的热情投入其中，亲自鸠工调度，自编教材，主讲《春秋》、八股文、书法、对课等课程。披星戴月，废寝忘食，呕心沥血。在他的主持下，该书院的制艺之道，在鄂东远近闻名。科举数量，在麻城首屈一指。

毛凤起从小刻苦好学，潜心钻研王阳明学说，成就显著。中年时期，曾师从明代著名思想家、教育家、文学家、书法家、哲学家和军事家王阳明（守仁）学习心学。有一年，当他得知理学大师王阳明在浙江讲授心学时，他不远千里，风餐露宿，徒步南行，终于拜在王阳明门下，从业数年，学有所成，遂返家乡，开门授徒，力倡王学。教学之余，精心绘制“心学图”，苦研“致知说”理论，深明教旨，著有《心学篇》。其学术观点，在鄂东理学界影响很大。周围数县的理学学者纷纷慕名前来请教、研讨。可谓门前车水马龙，鸿儒硕学纷至沓来。他每每于厅堂之上，侃侃而谈，使来者无不口服心服，一时名噪鄂东。

著述名录：著有《心学篇》、《宋史删》、《家塾警语》等。

熊　吉

名师名片　熊吉——清代麻城著名学者、书院名师，贡生，曾任南陵训导、壁山教谕、道峰书院主讲。

教育箴言　**学无疑，与学无益，疑者学之始也。**

名师传略　熊吉（生卒年不详），字子敬。麻城县（今麻城市）人。明嘉靖元年（1522）岁贡，曾任南陵训导，后改任壁山教谕，但因故未赴任，告假还乡。返乡后，受毛凤起等名师推荐，被知县礼聘为道峰书院主讲。从此，教书育人，笔耕不辍，讲学会友，著书立说，以娱晚年。

热爱教育，身体力行。熊吉自幼聪颖好学，才思敏捷，出口成章。致仕后，历任训导、教谕，长期从事教育工作，对教育充满了热情和眷爱，每到一地，走家串户，劝教兴学，四处奔波，不辞辛劳，造福莘莘学子。

教学有方，德艺双馨。他担任道峰书院主讲期间，经常与毛凤起、刘承烈等名师一起，经常进行学术研讨，常常挑灯夜话，相互砥砺，和谐共进。在教学上，他效法孔子，提倡温故而知新，学以致用，学然后知不足，教学相长。他经常组织学生以小组的形式开展讨论，提出问题，让学生思考，然后答疑解惑，让学生在一问一答中，豁然开朗，茅塞顿开。特别是，他主讲《春秋》一课，尤其得心应手。他认为，《春秋》是儒家的重要经典之一，对国人的思维方式、思想感情、道德情操、民族性格、文化传统的形成起到了至关重要的作用。在教学上，他十分推崇朱熹关于“读书无疑者，须教有疑，有疑者，却要无疑，到这里方是长进”的教育箴言，并向学生提出：“学无疑，与学无益，疑者学之始也。”他认真备课，精心讲课，深入浅出，因材施教，深受同行推崇和学生的敬爱。他十分注重教学反思，在教学之余，笔耕不辍，将历年的讲稿和讲课时的心得体会编写成《春秋因是》一书，被同行视为教学经典，争相传抄。后来，该书以其较高的学术成就，被收入《四库全书》传世。

学识渊博，青史留名。他在道峰书院讲学期间，关心学生，乐善好施，经常接济贫困学生，加之教学能力强，学问超群，在麻城享有很高的声誉。因此，他被麻城社会贤达举荐，参与编修《麻城县志略》，历时两年有余。他以丰富的历史、地理知识和对麻城风土人情的了解，并以谦虚的态度，与其他专家精诚合作，使《麻城县志略》在体例和史料等方面均有上乘的表现，发挥了志书的存史、资治、育人、旌表等特定作用，为麻城留下了一笔宝贵的精神财富。

著述名录：著有《春秋因是》、《柏举文集》、《归来集》等，参与编修《麻城县志略》。其中《春秋因是》被收入《四库全书》。

麻城辅仁书院

背景链接：麻城辅仁书院创办于明朝嘉靖末年。大约公元 1556 至 1566 年左右。该书院首推名师为创办人周思久。

辅仁书院以“仁”为办学理念。授课分为“朔课”和“望课”（朔是指每月的第一天，望是指每月的第十五天），分别在每月的月初和月中进行。朔课（斋课），经费为公共捐资。望课又称官课，经费由道、府、县三级衙门共同支付。

每天课程安排为：上午请名士授课，中午在书院用餐，下午作文，太阳落山之前交卷。书院实行严格管理，制定了《辅仁书院条规八则》、《月课学规十六则》，养成良好学风，为当地培养出了一批高质量的人才。

周　思　久

名师名片　周思久——明代麻城著名学者、书院名师，进士，曾任琼州知府，为麻城辅仁书院创始人、首任山长。

教育箴言　**为学之道，贵在求真。**

名师传略　周思久（生卒年不详），字子行，号柳塘。麻城县（今麻城市）人。明嘉靖三十二年（1553）进士。致仕后，曾四次担任知府之职，琼州知府任上，辞官还乡，创办辅仁书院，自任山长兼主讲，教书育人，成就显著；著书立说，著作等身，是麻城明代著名的学者和儒师。

周思久出身于麻城周氏名门望族，自幼受到了良好的教育。青年时期，就被族里的长辈称赞为人品学问、道德修养俱佳的好后生。在求学的路上，他喜爱周游各地，求学拜师，讲学会友，并注重交好友、益友。常常与同道者，结伴而游，挑灯夜话，相互砥砺，取长补短。他与著名的思想家、理学家耿定向曾是同窗好友，亲密无间，连学术观点也是几近相同。他与明朝著名的清官海瑞，思想家、文学家李贽也是好朋友。李贽去官时，就是他和他的兄长周思敬（耿定向的亲家）以及耿定理合力推诚置腹地劝说，才使李贽选择到麻城的。李贽认识僧无念，也是他引荐的。李贽在龙潭湖居住的芝佛院，曾是周思久家的私人佛堂。周思久对李贽在麻城讲学、著述等学术活动给予了很大支持。

周思久强闻博记，治学严谨，读书、学习十分用功，特别是研习古文、诗歌，造诣颇深，著有《柳塘遗书》、《有求录》、《石潭诗抄》等书籍传世。他擅长书法，喜欢收藏志书，学问博大精深。万历初年（1573—1575），曾被麻城知县推举，参与编修《黄州府志》。

周思久十分关心家乡的教育。辞官后，在家乡麻城创办辅仁书院，热衷于讲学课徒。在教学上，注重思辨，力求明体适用。在他晚年时，为了专心讲学著述，便在麻城石潭湖边建造学馆，自号“石潭居士”，经常邀请李贽、耿定理等名师到他的学馆讲学，切磋学术。他十分欣赏李贽的“学贵质疑”的观点，培养学生敢说真话的精神，在学生中积极倡导“为学之道，贵在求真”。科举成绩为麻城学林翘楚。对麻城教育界影响很大。

著述名录：著有《柳塘遗书》、《有求录》、《石潭诗抄》等，曾参与编修明代《黄州府志》。

蕲水蕲阳书院

背景链接：蕲阳书院创办于清顺治十八年（1661），位于蕲水县（今浠水县）玉台山，故始名玉台书院。创始人为时任知县刘佑。该书院历史上名师如云，首推徐跃、闻斯行两位。

蕲阳书院初建之时，比较简陋，只是在玉台山半山腰炸石开基，修建了两大间学舍和食堂。后来，在官府的重视和民间的支持下，不断发展。乾隆八年（1743）知县许腾鹤重建，改名为蕲阳书院。乾隆十年（1745），知县倡捐，增修学舍数间，广延名师执教，声望日隆，县中童生，无不争先恐后地到该书院研习。咸丰初年被毁，光绪七年（1881）修复，并拨入田课，加上原有田课，一并作山长及生童每年膏火经费。宣统二年（1910）改初等农业学堂，附设养蚕室。为当地的教育事业和培养科举人才做出了重要贡献。

蕲阳书院是清代鄂东的著名书院之一，也是蕲水县科举教育中心。据《浠水县志》记载：文学家、“竟陵派”创始人谭元春曾读书于此。县城百姓曾集资在山顶修建了“春晓亭”，记录了北宋大文豪苏东坡游览蕲水县的轶文趣事，成为浠水县的著名人文景观。

徐　跃

名师名片　徐跃——清代蕲水县（今浠水县）武术家、经学专家、书院名师，武举人，曾任林则徐幕僚、蕲阳书院山长。

教育箴言　**为师者，教勤业精，教堕业毁。**

名师传略　徐跃（生卒年不详），字南墅。蕲水县（今浠水县）人。清嘉庆十二年（1807）中武举人，曾被林则徐延聘随身幕僚兼贴身护卫。后历任蕲阳书院山长、汉阳训导等职。死后入选《汉阳县志·人物传》。

徐跃体格健壮，孔武有力。他从小爱好习武，专攻骑射、棍术。后拜一游方道人为师，学习剑法，深得其剑术精髓，一支钢剑，舞得出神入化。在嘉庆十二年（1807）武举考试中，勇夺第二名。道光十年（1830年）秋，他被湖北布政使林则徐聘请为随身幕僚兼贴身护卫。他对林则徐的人品学问和关注民生、兴利革弊、忠于职守的精神品格和行政风格，佩服之至。他虽比林则徐年长，但他追随左右，工作十分勤勉。他曾多次随林则徐夜间查看长江江堤，为防汛，做了大量的准备工作。

徐跃在习武的同时，勤奋读书，研习古文，特别是钻研《易经》，精勤不倦，颇有造诣，因此，尤其擅长教授《易经》，被湖广巡抚张瀚山誉为“经师人师”。因而声名远播，慕名求学者日众。特别是，在他担任蕲阳书院山长期间，大力提倡“为师者，教勤业精，教堕业毁”的治学思想。从整肃学规、严格执教入手，广延名师，坚持教师“会课”制度，不断提升办学水平，使蕲阳书院成为蕲水县培养科举人才的教育中心。

他人评价：湖广巡抚张瀚山赠以“经师人师”门匾，额其门。

闻斯行

名师名片　闻斯行——清代蕲水县教育专家、书院名师，举人，曾任石首县教谕、晋阳府教授、蕲阳书院教习、山长。

教育箴言　**讲学须变万法，课徒须应万能，唯业精于勤一法万世不变。**

名师传略　闻斯行（生卒年不详），字勇斋。蕲水县（今浠水县）人。清嘉庆十二年（1807）举人，历任石首县教谕、晋阳府教授、蕲阳书院教习、山长。

勤奋好学，品行端庄，颇有政声。闻斯行25岁左右开始担任塾师，一边教书，一边研习制艺，教学相长。致仕后，长期从事教育管理工作，劝教兴学，积极推动辖区教育事业发展，造福一方，很快由教谕擢升为教授。特别是，他即便公务繁忙，也要到当地书院兼任教习，设坛课徒，参与“会课”，造福莘莘学子，深受学林尊重。

勤勤恳恳，励精图治，业绩显著。闻斯行与蕲阳书院结下了不解之缘，曾先后两次到该书院任教，为书院的建设和发展做出了重要贡献。第一次是在中举前，因他在童试中八股文写得好，被蕲阳书院山长看中，聘为教习兼学长。他在协助山长管理书院事务之余，带领学弟们研习制艺，兢兢业业，深孚众望。第二次是告老还乡后，被时任蕲水县知县礼聘为山长。上任后，他提出“讲学须变万法，课徒须应万能，唯业精于勤一法万世不变”。鼓励教师勤奋治学，因材施教。蕲阳书院在他的主持下，科举成绩大幅度提高，成为晚清鄂东学林翘楚之一。

英山凌云书院

背景链接：英山凌云书院创办于雍正七年（1729），由时任知县赵宗昊倡建，位于英山县城东门外徐家塝。该书院首推名师为英山县名宿——郑一坊。

凌云书院建成后，为英山带来了一股强劲的儒学之风，四方学子纷纷而至，负笈求学。文人雅士接踵而来，授徒课业。院规森严，学风良好，为英山培养了一大批秀才或贡生、举人和进士，闻名遐迩。

该书院曾一度荒废。乾隆五十八年（1793），在县府和民间士绅的支持下，移建于县城内明伦堂左侧，是清代英山县唯一的一所书院，是英山的科举教育中心。

郑　一　坊

名师名片　郑一坊——清末英山县名宿、书院名师，举人，曾任知县、凌云书院主讲。

教育箴言　**体悟圣贤之言，反观知行得失，每日三省，功莫大焉。**

名师传略　郑一坊（生卒年不详），字宇平，号怀云。英山县人。清光绪二十三年（1897）举人，历操选政、拣练知县。晚年主讲凌云书院，德艺双馨，桃李满园，成为英山县晚清时期的一代名宿，知名儒师。

饱读诗书，学问渊博。郑一坊自幼聪颖好学，勤奋刻苦，成绩优异。青年时期，闭门苦读，穷经究史，研习诗文，学业精进，诗歌、文章俱佳，被英山学界称为青年翘楚。晚年，辞官告老还乡后，因其学问人品名重学林，被英山知县礼聘为凌云书院主讲。

爱岗敬业，德艺俱馨。郑一坊任教期间，每日早出晚归，十分勤勉。他敏而好学，因材施教，诲人不倦，课士极严，深受同行推崇和学生敬重，为英山培养了很多俊秀之才。他还在教学之余，坚持每日三省其身，结合教学实践，体悟圣贤之言，反思教学得失，颇有心得，撰成《培元堂文集》一书。刊印后，广为流传，深受书院同道好评。

造福乡梓，德高望重。郑一坊热爱家乡，积极支持本县的教育事业，特别是，他于凌云书院倾注了大量心血。他曾借鉴问津书院的会课制度，积极倡导教习们同台会讲，开展教学研究活动，提高讲学艺术。他还拿出家财，以百金营息，购置田课 43 担，花课 30 斤，作为凌云书院生徒膏火。其事迹刻于英山县明伦堂、兴贤馆和凌云书院功德碑，深受英山百姓敬爱。

著述名录：编写有《培元堂文集》等著作。

罗田义川书院

背景链接：罗田义川书院创办于明代，始名薪櫄书院。初建时，位于罗田县永兴门。该书院建成后多次毁于战乱或天灾。因此，多次重修或移址扩建。明中后期，曾移建于县城东玉屏山，改名为塔山书院，广延名师，县中秀才，无不到此研习。书院中兴，盛极一时。清乾隆四十四年（1779），时任知县见书院日渐颓废，便倡捐重修。因旧书院破败严重，士绅建议：重修不如择地重建。于是，移址凤山玉阁，更名为义川书院。道光十一年（1831），再移建于城内新街。同治三年（1864），毁于兵火。同治七年（1868），于新街原址重建。光绪末年，改为罗田县高等小学堂，现为罗田县实验小学。

该书院历史悠久，鄂东闻名。尤其是清末，在毛凤起、匡庆榆、潘贻福、周从煊、王葆心等名师的主持下，高举教育救国旗帜，走教育维新道路。通过严格管理，革故鼎新，开教坛新风，为罗田县培养了一批又一批优秀人才，为罗田教育做出了重要贡献。

王　葆　心

名师名片　王葆心——湖北省著名国学大师、教育家、方志学家、地理学家、藏书家，书院名师，湖北两湖书院毕业，曾任学部主事、武昌高等师范学校教授、湖北国学馆馆长、武汉大学教授、义川书院山长、志馆馆长。

教育箴言　**学不可以偏废，义理、词章、考订三者缺一不可。**

名师传略　王葆心（1867—1944），字季芗，号晦堂。罗田县大河岸古楼冲人。府试以经学第一名，录为秀才。清光绪十五年（1891），进入两湖书院，修读 5 年。光绪十六年（1890），以优异成绩毕业。毕业后，先后受聘为潜江传经书院、黄梅调梅书院、罗田义川书院、汉阳晴川书院兼山长、教习。光绪二十九年（1903），在汉阳任上，参加乡试，中举人，名列第三，授候补知县。光绪三十三年（1907），在“举贡”考试中，他任职的书院名列全省第一，受到表彰，被调任到礼部司务厅行走，兼图书馆编纂。不久升任学部主事，并被聘为礼学馆纂修。辛亥革命成功后，历任湖北革命实录馆总纂、湖南省官书报局总纂、京师图书馆总纂等职。晚年，担任武昌高等师范学校教授、湖北国学馆馆长和武汉大学教授。1932 年，任湖北通志馆筹备委员会主任兼总纂。1937 年，为避战乱，返回罗田故里，出任县志馆馆长。

教学有方，名动荆楚。王葆心自幼强闻博记，学习勤奋认真。青年时期入黄州经古书院（前身为黄州河东书院），学习成绩优秀，复以优异成绩考入两湖书院深造。学习期间，遍读所藏典籍，为日后教书育人、著书立说打下了坚实基础。光绪三十三年（1907），他所任职的汉阳晴川书院，在全省选拔留洋学生考试中，成绩突出。张之洞为表彰其办学成绩，专门上奏朝廷，使他得到了升迁，官至学部主事。特别值得提出的是，他先后两次担任义川书院山长，一是中举前，二是抗日战争期间。他执教，十分重视中华经典书籍的阅读，要求学生十天一本书，半年一回读，如此往复，把书从厚读到薄，再从薄读到厚，在精熟的状态下，注重体悟和总结。在他的主持和影响下，古老的义川书院焕发了青春，名儒自愿前来授课，一时生徒云集，誉满乡梓。

学识渊博，堪称大师。王葆心生前对经学、史学、方志学、教育学、文学都有深入的研究，遗著多达 170 余种。其中《方志学发微》一书，被誉为我国方志学的经典力作。王葆心的治学方法有许多过人之处。他治史或研究，“始于条理，终于贯通；始于剖析门户，终于不分门户”。他认为：“学不可以偏废，义理、词章、考订三者缺一不可。”王葆心 50 岁后，专心研究方志学。常常对学生说，“乡邦文献，陵替久矣，此日不为收集，更待何时?”为撰写《方志学发微》一书，他广搜博览全国志书达一千四百余卷，将所载内容同有关历史地理资料查对考证，辨抄袭、证谬误、审体例、寻因革，找出其中融会贯通的脉络、体例变革的原因和切实可行的经验。抗战前夕，他还先后主持编修了《湖北文徵》、《湖北通志》。晚年任罗田县志馆馆长，主持纂修《罗田县志》。1944 年，为了进一步了解宋朝末季楚东义民抗暴保乡的史迹以及当地地理形势，抱病前往罗田天堂寨实地考察。因过度劳累，卧床不起，含恨而去。

同情革命，爱才如渴。1924年，徐复观报考湖北国学馆时，受到王葆心与黄侃的器重，被录取为第一。徐复观后来成为国民党少将、蒋介石侍从室机要秘书、台湾新儒家代表人物。徐复观在湖北国学馆学习时，得到了王葆心的悉心教导和热心资助，对此，徐复观终生感激不尽，临死前还询问王葆心著作的出版情况。据《王葆心传》记载，徐复观曾动情地说："我能报师恩于万一，心里也得到一点安慰。"受到王葆心提携的不仅有徐复观，还有中华人民共和国代主席董必武。在大革命时期，董必武与王葆心相交甚密，引为知己。董必武对王葆心的学问推崇备至，而王葆心则对董必武早期从事的革命活动给予理解和力所能及的支持。

名垂青史，后人仰慕。王葆心一生乐于教书育人、著书立说，是一位爱国学者。他政治上极具敏感性，学术上极具实用性，工作上极具创造性。新中国成立后，董必武曾多次指示有关方面，加快他的遗著的搜集、整理与出版。2000年，传记作家叶贤恩从鄂州市政府秘书长岗位退休，历时十年，精心撰写《王葆心传》，于2009年9月，由崇文书局正式出版发行。书中评价王葆心："有一人要呼吸三千年学术精华之气魄，各个学科，包括经学、史学、方志学、教育学、文学的研究都有其重要的成就。"

著述名录：出版发行有《虞初支志》、《明季江淮七十二寨纪事》、《续汉口丛谈》、《重修湖北通志条义》、《历朝经学变迁史》、《经学研究前后编》、《中国教育史》、《古文辞通义》等20余种。未出版发行有《方志学发微》、《增补修志通则》等100余种。涉及经学、方志学、地理学、史学、文学、编纂学、教育学、生命科学等诸多方面。

著名学生：徐复观，新儒家代表人物，少将军衔，历任蒋介石侍从室机要秘书，国民党政府军队团长、军参谋长、师管区司令，立农学院、台湾、香港新亚研究所教授。

他人评价：王国维、梁启超等名人赞誉王葆心为一代"宿儒"。新中国成立后，罗田县人民政府重修王葆心墓时，董必武亲笔题写挽联："楚国以为宝，今人失所师。"湖北省文史研究馆为其撰文立碑纪念。

文章选录：

[作者按]以下两篇文章是王葆心早年参加乡试之作。

其　一

狄青奏罢交址助兵讨侬智高论

用兵之地，成败所伏，非处穷蹙之势，不必求援助于人，尤不必引外人以自卫。明季桂藩求援于缅甸，唐藩乞师于日本，所谓处穷蹙之势，局蹐海内者也，然而卒莫应焉。若夫外族之请助中国，有可许者，有不可许之者。其可许而许之者，如吐蕃请为宋讨继迁，高车愿为唐讨禄山，新罗助刘仁轨征扶余，皆出于戮力效顺之忱，故辄得其功，不受其害。其未可许而许之者，如九夷助桀谋汤，犬戎助申攻周，夜郎助汉讨越，皆出于首鼠反侧之诡谲，故成败不相偿，反贻口实。岂有际国家之全盛，负上将之威名，值跳梁之小丑，而徇邻封援助之请，引敌兵而入内地者哉。如交址请助兵讨侬智高，而狄青奏罢之，其言亦既深切矣。吾反覆求之，知是役也，有宜罢者三焉。智高起广源，陷邕州，下浔梧封康诸小州，交址国地实与毗连，倘阳假助顺之名，阴行拓境之策，幸而获胜，自负首功，师或迁近，因以为利，王根挟单于而求地，羌人恃抵冒以渡湟，内难虽平，彼欲难餍，宜罢一也。智高生长南交，亲昵蛮土，获戾交人，曾释不罪，乘我不备，或与潜通，倘漏师于多鱼，遂挟寇以自重，表里盘结，为患正长，朱买臣东越之功未邀，而庾亮邾城之戍已失，宜罢二也。宋自削平诸伪，偃兵驰备者六十余年，岭外荒阔，守戍多阙，交址以助兵为名，深窥虚实，如或陆军竟迁于伊川，浑邪内处于五郡，久之突厥漠北之徙不行，氐羌窃发之事难禁，未去近忧，徒贻后患，宜罢三也。况交址昔称好乱，而侬氏一族自唐以来与黄氏韦氏唇齿为边患，狄青固稔知之。夫以好乱之人，乘机逐利，偶一不合，瞋目语难，交人即韦黄之续也。将国兵而为人之司命者，顾听余靖之谋，坐贻无穷之巨累哉！

[作者按]文章开头提出“用兵之地，成败所伏，非处穷蹙之势，不必求援助于人，尤不必引外人以自卫”。后面以此为论据，展开论述。对于此文，其评语

为“体大思精包归一切”。

其　二

水火金木土穀惟修正德利用厚生惟和义

三代以上，先天后人，先养后教。帝皇驭治，与洪水相始终。娲皇共工，下逮伯鲧，迄无成功，及神禹而奠之。当时数大政，宰万方，养重于教。六府三事，世称九功。正德属教，厚生兼教养，余均养民之政也。大禹谟于六府曰修，于三事曰和。请申言之，昔者生民之初，不知所以养生之具。伏羲教民佃渔、养牺牲。神农始艺五谷。少昊建官，有五工九农之制。颛顼有五行命官之制。宰治之意，皆重农民。施教之方，略可纪者，制嫁娶，服衣裳而已。嗟乎，上世人与物不别，伏羲出而别之。人与人不别，颛顼出而别之。人与水争消长，大禹出而胜之。夫禹之绩大矣，观其劳心捍患，以养庶姓也。身职工官，当时工重于农，工治水，农教稼，水土平，而农业乃可施，即谓稷之功亦禹之功可也。穑事作而司徒之教乃可入，即谓契之功亦禹之功可也。帝舜之云，岂无微旨乎。禹修六府和三事，禹谟纪之，禹贡复及之。禹贡之六府孔修，亦作六府三事孔修。当时录功之详，禹贡则以人民纳贡之勤，书其伟绩。禹谟则以治水功成之后，志其前劳。盖地无废财，则货产殖，货产殖则贡赋之法立矣。水火以烹饪，金以锻冶，木以成器，土以植谷，正德以教民，利用以阜民，厚生以惠民。详为较之，举属当时明堂之要政。明堂有六府之治，如明堂耕籍是也。有三事之治，如明堂兴学，明堂养老，明堂行庶政是也。夫六府之义古矣，自洛书既出，五行之说兴，而六府之义废。然不明五行生制之理，亦不能修六府也。被之金石，乃有九歌。盖歌其善者，所以劝功美，昭法戒。养之于听，而成之于心，非徒归美其上也。禹成其功，而启颂其德，大司乐职其音，晋却缺重赓其懿，楚屈平载表其文，而墨家更术其俭勤胼胝之学，杂家亦依托其三十七篇之书。书称劝之以九歌，俾勿坏，圣人列之为经，垂为世教。想见水土平治，土膏力厚，府事修和，而百姓咸有，九歌积储之盛美也。

[作者按]此文是王葆心参加乡试的应试之作，被评定为第三名。本文“正德以教民，利用以阜民，厚生以惠民”，对当今仍有现实意义。该文的评语是：“意旨清超，气机洋溢，词条复鬯满有底有面之作。”

匡 庆 榆

名师名片 匡庆榆——清末国际法学者，翻译家、书院名师，举人，曾任知县、同知、及义川书院、开洲书院、济宁书院、渔山书院教习。

教育箴言 **御外侮不可不知法，然国力比之法犹如石头鸡卵也！**

名师传略 匡庆榆（1805—1865），字星垓，原名一清。罗田县匡河人。清道光二十三年（1843）癸卯科举人，道光二十七年（1847）丁未科三甲第30名进士。咸丰元年（1851）任直隶（今属河北省）知县，后升任同知（副知府）等职。晚年，致力于教育事业，历任义川书院、开洲书院、济宁书院、渔山书院教习，德艺俱馨，桃李满天下，卒后，入选《黄州府志·儒林传》。

匡庆榆自幼勤奋好学，学问宏博，一如诸多名师，是“学而优则仕，仕而优则师”的典型。在教学上，他反对读死书，主张学以致用，举一反三，温故而知新。他经常组织学生开展小组讨论，与学生围坐一起，交流学习体会，辨析、阐发词章义蕴。他在教学之余，精心研究诗经、书法，颇有造诣。著有《诗经序注》《正楷客窗·消寒笔记》等书籍，深受同道学者推崇。在义川书院任教期间，还主持编修了《义川书院志》，为罗田县留下了一份宝贵的教育文化遗产。

匡庆榆是一位爱国学者。面对当时清朝政府的腐败无能，在外交、战争、贸易上屡屡吃亏。他不甘屈辱，自学外语，矢志钻研国际法，成就斐然。翻译有《欧洲交际要则》、《日清战役国际公法》、《日俄战役国际公法》、《外国和平论》等国际法学著作，是我国早期国际法学的重要奠基者之一。

著述名录：著有《诗经序注》、《正楷客窗·消寒笔记》、《知足常足斋文集》，编有《义川书院志》，译有《欧洲交际要则》、《日清战役国际公法》、《日俄战役国际公法》、《外国和平论》等。

周 从 煊

名师名片 周从煊——清末湖北省著名教育专家、诗人、学者，新学名师，留学日本，曾任湖北省普通中学校长兼教习、湖北省立二中校长、罗田义川书院山长、湖北省政府参议。

教育箴言　**教人本真，教然后知不足，乃今日之师，明日典范。**

名师传略　周从煊（生卒年不详），字念衣。罗田僧塔寺人。清光绪（1875—1908）年间，曾追随教育官员——后来成为湖北省提学的黄鲜庵，东渡日本留学，学成归国后，历任湖北省普通中学校长兼教习、湖北省立二中校长、罗田义川书院山长、湖北省政府参议。被誉为“海归派”（亦称“海龟派”）名师。

勤奋刻苦，视野开阔，学问广博。周从煊青年时期，曾就读于湖北省武昌勺庭书院，师从留日学者、书院名师余子存。学习期间，博览群书，兼收并蓄，悟性高，深受老师喜爱。他与余子存老师建立了深厚的情谊。他曾评价先生说：“嗜书籍图画琴砚，琳琅什袭，辄出示客道所从来。一砚镌东坡题字，尤护惜。鄂军纷纭时，先生隐几，顾儿辈，絮语，犹手此自遣也……著有《觉园诗文集》若干卷藏于家。”耿介之言，充分说明了他与恩师的交往是亦师亦友之情。先生余子存对他也是知无不言，倾囊相授，非常看好，亲自推荐他到日本留学。

热爱教育，呕心沥血，勤勉不辍。周从煊一生长期从事教学和教育行政管理工作。在学校行政上，他借鉴日本新式学堂的管理经验，提倡精细、务实、规范和学术自由。在教学上，他提倡简明实用，因材施教，因人而异，师生互动，开展辩论。特别是，他在担任罗田义川书院山长期间，极力提倡“教人本真，教然后知不足，乃今日之师，明日典范”的教学理念，为振兴书院教育，励精图治，呕心沥血，为罗田县培养了一大批优秀人才，并积累了丰富的教育教学经验。

多才多艺，才华横溢。周从煊擅长诗歌，工于书法。其诗婉转清丽，直抒胸臆。其书法师承颜柳，结体端庄，苍劲朴茂，刚健婀娜。晚年，将平生之诗集成《象溪诗存》一书，流传于世。

著述名录：著有《象溪诗存》等。

潘颐福

名师名片 潘颐福——清末湖北著名诗人，史学家、教育家、书院名师，进士，曾任户部左侍郎、礼部乡试同考官、湖北学政、湖北两湖书院监督、罗田义川书院山长。

教育箴言 **劳力不劳心，难究本真。劳心不劳力，一事无成。**

名师传略 潘颐福（1844—约1916），字芝堂。罗田县城关人。同治十三年（1874），30岁中进士。清光绪二年（1876）恩科散馆授翰林编修，总纂、功臣馆协修。后历任刑科给事中、府尹、户部左侍郎。光绪十二年（1886）春闱，任礼部乡试同考官。光绪二十二年（1896），任湖北学政。不久，托病辞官。居家养病期间，曾任湖北两湖书院监督、罗田义川书院山长。逝后殊荣，朝廷赐祭葬，赠户部尚书。

潘颐福学习勤奋，才思敏捷，是清末湖北著名诗人之一。从青年时期起，他就喜欢研习诗文、经史和写作，尤其是能写得一手好骈体文，对仗工整，铺锦织绣，脍炙人口。他创作的诗歌，风格绮丽，叙事、咏物俱佳，被选入《清诗汇》流传于世。

潘颐福一生穷经究史，学问广博，是一位颇有成就的历史学家。他在担任翰林院编修时，为了做好清代史料长编，一头扎进大清帝国国史馆，废寝忘食，认真收集资料，考据订正，辨析真伪，历时三年有余，编著成清咸丰朝编年体历史长编《东华录》100卷，其文献及研究价值均较高。于光绪十八年（1892），由上海图书馆集成印书局刻印出版。

潘颐福教书育人，精勤不倦，是罗田义川书院最有成就的山长之一。他托病辞官后，居家20年，每天五更即起，读书、写作、讲学，精勤不辍。即便是天寒地冻的冬天，抑或是烈日炎炎的酷暑，仍然坚持不懈。因其学问渊博，很多书院纷纷前来礼聘。但他对家乡充满了感情，毅然接受家乡父老的盛情邀请，在穷乡僻壤的义川书院担任山长多年，教书育人，诲人不倦，桃李满园。为罗田县培养了一批俊秀之才，使罗田义川书院在清末教育维新的浪潮中再一次复兴。

著述名录：著有《东华录》、《似园随笔》、《搴芙蓉室骈文集》，其诗曾选入《清诗汇》等。

蕲州崇正书院

背景链接：蕲州崇正书院创办于明嘉靖初年，位于蕲州城北门外。创办人为明代嘉靖八年（1529）己丑科状元、著名理学家、地理学家、文学家、教育家、书法家罗洪先。嘉靖三十五年（1556）湖广兵备佥事沈宠、知州谷钟秀、乡大夫顾问、顾阙等儒学名师曾联合讲学于此。书院兴旺一时，学生约有百余人。

罗洪先一生喜欢云游天下，大约中举前一年，游学到蕲州，见城北门外熊化岭一带古木深幽，风景秀丽，游兴大发，一时流连忘返，便投荒村借宿，夜间梦见文曲星陨落于此。于是，找当地官府和士绅游说，在此建书院，学必兴焉。于是，在他的建议下，蕲州府通过倡捐，修建了崇正书院。书院落成后，他曾到此有过短暂的边读书、边教书的经历。

蕲州崇正书院历史上曾毁于大火。有人认为，它有可能异地重建。其中一说是：清代旅蕲南京人集资就是在其遗址上兴建了金陵会馆，并设金陵书院。清同治六年（1867 年）重建，书院占地面积约 210 平方米，建筑气势恢宏，结构精美，具有典型的明清徽派建筑风格。现在，是鄂东唯一保存至今比较完整的明代书院。

明中后期，崇正书院由顾问、顾阙俩兄弟主持，成为传播王阳明“心学”的重要根据地之一，是鄂东地区比肩天台书院的又一理学研讨中心。

崇正书院首推名师罗洪先、顾问、顾阙。著名学生有李时珍、顾景星、黄云鹄等人。

罗 洪 先

名师名片 罗洪先——明代著名理学家、地理学家、文学家、教育家、书法家、书院名师，嘉靖己丑科进士，曾任翰林院修撰、左春房赞善，追随王阳明到各地书院讲学，为创办蕲州崇正书院倡议人。

教育箴言 **世间最大惟生死，白玉黄金尽枉然。**

名师传略 罗洪先（1504—1567），字达夫，号念庵。吉水（今江西省吉水县）人。嘉靖五年（1526）举人，嘉靖八年（1529）己丑科进士，授翰林院修撰，迁左春房赞善。嘉靖四十三年（1564）去世，享年61岁，诏赠光禄少卿，谥号文恭。

读万卷书，行万里路，朋友满天下，桃李满天下。

罗洪先才思敏捷，天资聪慧，22岁中举。他为了拜王阳明为师，不远千里，徒步到王阳明家中，拜其为师。在王阳明的悉心指导下，学业精进，25岁便中状元。出仕不久，因冒犯皇帝而被撤职，又回到游学天涯、云游四方的生活状态。在游学过程中，结交友人无数，且遇书院便拾教鞭，广纳门徒，讲学传道，提携后进。他还多次随同恩师王阳明到各地书院讲学布道，名噪大江南北。

兴趣广泛，学贯今古，成就众多。罗洪先一生兴趣广泛，涉猎了文学、经史、理学、地理学、军事、经济、健体等诸领域，是一位十分有影响的大学者。他出生于明世宗时期，皇帝迷信道教，追求长生不老，政治极为腐败。嘉靖十八年（1539），他因联名上《东宫朝贺疏》，冒犯了世宗皇帝而被撤职。从此离开官场，开始学者生涯。他曾在家中闭门谢客，三年足不出户，专心致志，研究学习“心学”。与此同时，他还考图观史，上至天文、礼乐、典章、阴阳、术数，下至地理、水利、边塞、战阵、攻守，无不精心探究。另外，他还积极锻炼身体，坚持冬练三九，夏练三伏。舞刀弄剑，乐、射、御、书，样样精通。终于融会贯通，厚积薄发，成一代思想大家。

罗洪先对地图学的贡献尤为显著。他一生中花了大量的时间研究地理学，通过翻阅古籍，实地考察，精心考证，精心绘制了两卷《广舆图》，为我国历史上最早的分省地图集。他在绘制地图方面的建树，不但为我国地图的绘制和地理科学的发展作出了贡献，而且为国际的同行所瞩目，在世界地图绘制领域占有重要的一席之地。

罗洪先在文学方面也颇有造诣。他爱好文学，口才出众，诗文俱佳。他的主张，在实践过程中有三次较大的变化。开始他效法李梦阳，反对虚浮的台阁体，提倡复古。然而，后来渐觉复古派一味强调“文必秦汉，诗必盛唐”，专从字句上去摹拟古人，既使作家的思想受到束缚，又使作品脱离现实，便自觉放弃了这种文学主张，加入唐顺之、归有先等唐宋派的行列，主张为文“开口见喉咙”，反对僵化地摹拟古人，摹拟古文。他写的诗文，既摆脱了拟古派一味摹拟古人的痕迹，又无唐宋派的那种道气。

罗洪先在理学方面，也有突出成就。他属于江右王门学派，除拜王阳明为师外，还曾师从黄宏纲、何廷仁等阳明学派的知名学者。他们经常在一起研究王阳明（守仁）的“致知”学术宗旨，深得个中意蕴，为弘扬阳明学说作出了重要贡献，是王阳明学派的重要继承者和开拓者。但他的思想倾向具有由虚到实的特点，可以说在阳明学说的基础上又前进了一大步。

著述名录：著有《念庵集》、《冬游记》、《广舆图》等。其中《念庵集》被《四库全书》收录。

诗歌选录：

其　一

游黄山题汤院壁

紫翠林中便赤足，白龙潭上看青山。
药炉丹井知何处，三十六峰烟月寒。

其　二

拜靖节墓

久憎折腰事，再拜向高坟。
东晋非前日，南山还暮云。
将持斗酒酹，更以挽歌闻。
不饮缘何事，低回心已醺。

其　三

罗洪先醒世诗之一

荣辱纷纷满眼前，不如安分且随缘；
身贫少虑为清福，名重山丘长业冤。
淡饭尽堪充一饱，锦衣那得几千年；
世间最大惟生死，白玉黄金尽枉然。

顾　阙

名师名片　顾阙——明朝中后期著名思想家、理学家、书院名师，进士，曾任刑部主事、礼部郎中、南京吏部郎中，福建副使、崇正书院山长，为顾问胞弟。

教育箴言　**有教无类，学以致用；方技杂流，亦不拒也。**

名师传略　顾阙（1528—1613），字子良，一字桂岩。蕲州（今蕲春县）人，著名思想家、理学家，书院名师顾问的同胞兄弟。明嘉靖二十九年（1550）进士。自以“年少学浅，何以分君父忧”，闭户读书三年，才出任刑部主事。后历任礼部郎中、南京吏部郎中，福建副使、崇正书院山长兼主讲。万历年间，经张居正及朝臣举荐，拟任通政司参议，然而他坚辞不受，享年86岁。

教书育人，有教无类。顾阙37岁即弃官回乡讲学，受其兄顾问委托，长期担任崇正书院山长兼主讲，专门从事教育工作，讲学会友，著书立说。在教学实践中，他大力提倡“学以致用”，并践行孔子的“有教无类”的教育理念。在他看来，教育者要有博大的胸襟，应该做到：“方技杂流，亦不拒也。”因此，他为书院营造了宽松自由的学习氛围。在他的数百门客和学生中，既有学者鸿儒，也有来自各行各业的方术之士，亦有贩夫走卒。连后来成为著名医药学家的李时珍和他的父亲，都是他门下的常客。故崇正书院在他的引领下，开一代学林新风。一时间，学者云集，慕名到此求学的学生有时高达数百人，使该书院成为蕲春县的科举制艺和学术研讨中心。

学识渊博，名重学林。顾阙在担任福建副使期间，母亲去世。他及时告假回乡，尽守孝道。办丧事时，他与其兄取得一致意见，不事铺张，力推简朴哀荣，深得族人称赞。特别是在父亲去世后的服丧期间，庐山白鹿洞书院发出请帖，慕名邀请他与当朝名士王畿、李材、罗洪先、海瑞、耿定向、耿定理、耿定力等人到该书院讲学，进行学术交流。他们一行人各自独特的学术见解和精彩的演讲，博得师生们阵阵掌声，受到白鹿洞书院师生的热烈欢迎。为此，李贽每每谈到人的学问和品行时，必首推顾阙。可见顾阙在他心中的地位。

言传身教，桃李芬芳。顾阙教书育人，注重言传身教，不仅培养和指导了李时珍等一大批经世致用的人才，还十分重视家教。他以身作则，家训极严，课子有方，其后人中也是英才辈出。其子顾大训为明代藏书家兼著述家。其孙顾天锡，通经史、精医道，所著诗书有很多被收入《四库全书》。曾孙顾景星，更是明末清初两代文学巨擘，名垂千古。

著述名录：著有《五经发意》、《通鉴补意》等。

他人评价：顾阙37岁即弃官回乡讲学，其兄顾问也同时九疏乞归。时人评价为：“天下清绝，顾问顾阙。”又比之如宋代二程（程颐、程颢）。

蕲州阳明书院

背景链接：蕲州阳明书院创建于嘉靖初年，位于蕲州城北门外，比崇正书院早几年。地点，一在山下，一在山上。嘉靖四十一年（1562），刑部尚书冯天驭辞官，荣归故里，见书院日渐颓废，曾捐资扩建重修，使书院形成一定规模，常年约有学生100人左右。

蕲州阳明书院是全国第二所以王阳明的名字命名的书院，是鄂东历史上第一家专讲王阳明学说的书院，历来受到王门学派的高度重视。在这里聚集了一批又一批王门学派的传灯者和追随者，以及理学大成就者。特别是，在明朝嘉靖至隆庆年间，在顾问的主持下，立教严峻，学风淳朴，先后聘请了黄安“天台三耿”和王阳明的得意弟子钱德洪、王畿、罗洪先、李材、罗汝芳、吴自守等名师到书院担任主讲，一时间，明师荟萃，风云际会，名动江淮，四方学者无不闻风而至，在鄂东树起了一面研习和传播王阳明学说的大旗。

顾　问

名师名片　顾问——明朝中后期著名思想家、理学家、书院名师，进士，曾任寿昌知县、贵州道御史、郊州知州、浙江按察佥事、徐州兵备、福建左参政、蕲州崇正书院主讲、阳明书院山长。

教育箴言 **疾易愈耳，政恐以此废；学不至圣贤，为大罪可惧也。**

名师传略 顾问（1511—1591），字子承，一字日岩。蕲州（今蕲春县）人。明世宗嘉靖十七年（1538）进士。历任寿昌知县、贵州道御史、邠州知州、浙江按察佥事、徐州兵备、福建左参政、蕲州崇正书院主讲、阳明书院山长兼主讲。一生之中，从事教育事业的时间达30年以上，成为鄂东久负盛名的书院儒师。

天资聪慧，成绩优异。顾问6岁时，有一天，他在父母面前哭泣，父母问："孩儿饥饿了？"顾问答："儿不饿，是想读书。"父母大喜，便带他去见塾师。老师为了检验他的才智，拿一本书，读一句，叫他复述一句，而他竟能一目十行，大段地复述，反复如此，竟无差错。顾问少年时期就崭露头角，其诗歌和童试文章，便在蕲州城里脱颖而出。青年时期，学业精进，学问人品俱佳。28岁中进士，被乡邻亲切地称为"大相公"。

教学有方，声名远播。嘉靖三十六年（1557），顾问母亲去世，他与其弟顾阙极尽孝事，在家为母亲守墓三年以上。在此期间，他与王畿、钱德洪、弟顾阙讲学于蕲州崇正书院。崇正书院一时名气遂大，四方学子和文人墨客，纷纷慕名而至，门客竟有数百人。嘉靖四十一年（1562），刑部尚书冯天驭辞官归里，在蕲州创建阳明书院，曾聘请顾问为主讲。隆庆五年（1571），他61岁时，思乡情切，九次上疏，乞骸得归，主持阳明书院。在任期间，严格执教，学规森严。在教学上，以王阳明学说为主要内容，提倡学术争鸣，教学相长，积累了丰富的教育教学经验，其教学反思《讲学书札》，被儒林同道视为讲学的"拐棍"。他曾与知州谷建秀同台讲学，深受好评。教书育人，成绩显著，桃李满园。特别是他在阳明书院的讲学实践和开展的学术争鸣活动，为蕲春教育做出了特殊贡献。

广交博儒，砥砺学术。在理学研究上，顾问倾注了毕生的心血，成就一代理学大师。顾问辞官返乡后，讲学、养道于蕲州。与罗洪先、唐顺之、海瑞、罗汝芳以及黄安耿定向、耿定力、蕲州李时珍等学者巨儒，"竿牍相应，晤言相证，针芥所投，会心致远，往来密切”。晚年，集一生学习“心学”的体会，编著了《经说》、《昭代见闻录》、《语录》等理学理论著作，具有泰州学派心学杂以道教方术的学术特色。著名学者章学诚评论说：“耿氏顾氏，皆溯源泰州……至其讲学也，耿氏则偏于释，顾氏又杂于神仙，亦其不可为讳者也。”他以其学术魅力，和弟弟顾阙一起，把王门学说又向前推进了一步，并使蕲州城成为明中后期湖北的又一个理学中心。

虚怀若谷，青史留名。顾问在崇正书院和阳明书院任教期间。医圣李时珍曾拜顾问为师，执弟子礼甚恭，两人共同研习理学，意趣相投，“晤言相证，深契濂洛之旨”。对李时珍的学术思想有很大的影响。万历五年（1577）七月，李时珍撰写的《奇经八脉考》一书脱稿，请他撰写序言。67岁的他欣然应允，抱病作序。成文后未称作序，谦称“引”，署名为“同里日岩顾问顿首书”。突出“同里”关系，并以“顿首”自谦，未以老师自居。可见师生二人互相钦慕，情谊甚笃，一时传为佳话。

著述名录：著有《义勇武安王集》八卷，《经说》三十卷，《语录》、《日岩诗文》三十卷，《昭代见闻录》若干卷，《讲学书札》、《诗文外集》十卷，《诗文外集》、《诗话》等。

诗歌选录：

其　一

楮墨因缘断，烟霞锢疾瘳。
寻常茶饭事，一味复相求。
隐居钴鉧潭，蓑笠骑牛作。

其　二

山中名器一蓑衣，带月和云着得归。
借问先生何品秩，上农夫也是耶非。

他人评价：罗洪先评价他说：“子承，真圣人之徒也。”被学林同道誉为“中和夫子”。

吴 自 守

名师名片 吴自守——明代著名鄂东教育专家，书院名师，秀才，长期担任阳明书院主讲。

教育箴言 **行不知始，知不知本，为学之大忌也。**

名师传略 吴自守（生卒年不详），字介夫。广济（今武穴市）人。秀才出身，毕生从事教育工作，长期担任蕲州阳明书院主讲，教书育人，诲人不倦；研究学术，呕心沥血，成绩显著。

吴自守自幼读书，诸子百家，无不涉猎，知识极为博杂。明嘉靖、隆庆年间（1522—1572），王阳明学说盛行，吴自守被其理论和宗旨深深地吸引，通过自主学习和讲学会友，学问精进，成为阳明学说有一定名气的忠实信徒和传播者。

吴自守青年时期，为求深造，曾进入享有“海内第一书院”之誉的白鹿洞书院苦读 3 年。学习期间，对《易经》发生了浓厚的兴趣，研究《易经》，精勤不倦，终于窥其堂奥，颇有造诣，被儒林同道极为推崇。蕲州阳明书院山长顾问慕其名，礼聘为主讲，教授《易经》。

吴自守讲学，深入浅出，融会贯通，阐发意蕴，智慧机巧，妙语连珠。一时引来四方学者蜂拥而至，听讲者常常挤满讲堂。由于他教学得法，《易经》讲得好，加之他热爱易学，连书斋也起名为“读易庵”，因而被学者、生徒们尊称为易庵先生。蕲州城里没有人不认得他，官员学者无不对他肃然起敬，连商贩见了他也要脱帽，可见声望之隆。他逝世时，前来吊唁的官员、学生、亲朋好友达 300 余人，灵堂前谥称其“闻道”，极尽哀荣。

蕲州麟山书院

背景链接：蕲州麟山书院为今蕲春县李时珍中学前身，筹建于清乾隆八年（1743），主要创办人为王銮，其院址始选于明代荆王府旧址校场北边（今蕲春县李时珍中学校园北部），位于蕲州城麒麟山西北山麓。该书院为清朝中后期鄂东著名书院之一，其中名师有陈台、陈琼甫、钱鋆等人。

该书院历史上曾遭兵燹。兵祸后，移建于明代荆王府旧址校场南边（今蕲春县李时珍中学校园南部），至光绪三十年（1904）废止，接着改办为蕲州官立高

等小学堂。1939年，在其旧址上创办蕲黄广联中，后陆续更名湖北省国立第四中学、湖北省蕲春县高级中学、蕲春县第二中学。1985年12月，原全国人大副委员长王任重到该校视察时，题名为“蕲春县李时珍中学”。

李时珍中学历史悠久，积淀了丰厚的教育文化底蕴。特别是，从清末到现在，从这块地方走出的“教授级”以上人才30余人，为蕲春县成为全国知名的“教授县”、蕲州的东长街成为世界知名的“博士街”做出了巨大的贡献。

万　年　茂

名师名片　万年茂——清代著名学者、教育家、书院名师，进士，曾任翰林院编修、广西道御史、监察御史以及麟山书院、岳麓书院山长。

教育箴言　**太极与中庸合一，以天地实迹证之，以人验之，而要以立诚为本。**

名师传略　万年茂（1718—1808），字少怀，号南泉。湖北黄冈人。清乾隆元年（1736年）进士，授翰林院编修。历任广西道御史、监察御史等职。罢官后，先后担任过麟山书院、岳麓书院山长。一生大部分时间从事教育工作，教书育人，成就显著。清代《湖北通志》、《黄州府志》、《黄冈县志》均为其立传。

学识渊博，才华出众。万年茂少年时即饱读诗书，聪颖过人。14岁时，便显露了出众的文学才华。他写的童试文章，才思敏捷，条理清晰，气势恢宏，惊动了当地的儒学界。特别是在府试中，他的考卷，被列为黄州府八郡之首，受到时任湖北巡抚王士俊的器重。后来，万年茂在教书之余，精研《周易》，数十年不辍，主张“太极与中庸合一，以天地实迹证之，以人验之，而要以立诚为本”，逐步完善了自己的思想体系，形成了具有自己独创性的学术观点，编著《周易图说》六卷。该书深研三极，探星宿，汛溟海，一一具陈其源，具有较高的学术价值，在周易学术界广为流传。

热爱教育，教学有方。万年茂对家乡的教育十分关心。他被罢官后，因名重学林，被各地书院争相礼聘为教习。曾先后五次主持问津书院祭孔祀典，多次参加黄州贡院的阅卷工作。每次大比之后，都被邀请参加鹿鸣宴。他激励后生，言传身教。教书育人，桃李满天下。其中，他在担任麟山书院山长期间，在教师中，大力提倡学为人师，身为世范。在他的努力下，麟山书院迅速复兴，科举成绩明显提高，受到蕲州老百姓的称赞。不久，即被岳麓书院礼聘为山长，成为中国最为著名的书院的山长，被学者们誉为中国书院的"山斗"。

万年茂耿介敢言，刚正不阿。他担任监察御史时，严格履责，纠弹当道，不避台阁。乾隆十一年（1746）8月28日，皇帝于瀛台赐宴文武百官。侍讲大学士陈邦彦、于振为献媚权倾朝野的当朝首席军机大臣、乾隆皇帝的小舅子、孝贤纯皇后的弟弟傅恒，当场向其下跪。他认为："越礼献媚，近前屈膝，观礼之场，大雅之堂，有失体统，有伤风化。"于是上疏，向皇帝建议，"对如此恬不知耻之徒，请予罢斥，以儆后效"。由于他言辞过激，也由于其他官员官官相护，乾隆一时查无实据，反而罢了他的官。归后，从事书院教育，并乐此不疲。

著作名录： 著有《周易图说》六卷、《侍御集》等。

他人评价： 吏部尚书、大学士、书法家刘墉赠其"槐里余荫"匾额，以示敬重。

万年茂90岁寿诞时，内阁学士、兵部右侍郎李潢送"寿万老年伯南泉公九旬上寿联"。联曰：

父执惟两翁，廿八科前亲懿范；

寿筵开九秩，三千里外祝遐龄。

诗歌选录：

[作者按]万年茂一生中多次参加鹿鸣宴，每每以诗歌的形式，记其事，言其志。

其　一

解组归来五十年，此心甘老向林泉。

忽闻折简传开府，也喜簪花赴上筵。

谣避乘骢空底事，歌听鸣鹿尚依然。
漫猜席帽离身日，日首重叨湛露缘。

其　二

八十垂老又六年，那随光气跃龙泉。
恩传桂殿陪芳宴，快说琼林近绮筵。
多士秋风新荐后，故人漳浦独翘然。
算同科第同庚甲，谬附褒推二老缘。

趣闻轶事：

有一年会考，万年茂应黄州府贡院邀请，赴黄州古城参加阅卷。他身着粗布衣，肩背包裹，手里拿着一把雨伞，行至阳逻江边渡口，上了一艘小船。船上正好坐了几个书生，谈诗作对，好不热闹。万年茂坐在一旁，冷眼观看。有个书生看他衣着朴素，不像个有学问的人，便向他挑衅地说："既然你小看我等，我今出个上联，你能对得下联么？"说着口出一占："两岸青山夹绿水"，未等书生落坐，万年茂脱口而就："一船黑炭下黄州"！众书生听罢，一个个怒目圆睁，其中一人大声喝道："吠！你胆敢如此污秽我等，难道吃了豹子胆不成！我今罚你作诗一首，作得好万事皆休，作不好够你受的。"万年茂不慌不忙地回答："老夫会作却不会写，能否代笔？"众生应允，并推出一人记录。万年茂捋须摇首，念道："乜乜一小舟"，众书生顿时一愣，原来"乜乜"二字他们闻所未闻。惊神未定，只听万年茂又念道："□（ji）□（ya）水中流。"众生面面相觑。万年茂旁若无人，接着又念"□（xi）□（nai）三声响"，船舱内寂静无声。这时，万年茂才微笑着一语收缰："五六到黄州"。书生们目瞪口呆，方知遇上博学之人，而要他们代笔，原是出他们的洋相。至此，书生们只好谢罪说："学生有眼不识泰山，望老师见谅。"万年茂拱手回礼，当即借杜工部诗一首，以教诸生："庾信文章老更成，凌云健笔意纵横。今人嗤点流传赋，不觉前贤畏后生。"于是，书生们更加敬服地围着老夫子谈笑风生，不知不觉船儿到了黄州城下。

陈　台

名师名片　陈台——晚清鄂东著名教育专家、书院名师，举人，曾任麟山书院山长、荆门州（今荆门市）学正。

教育箴言 **理当顺应时世，物竞天择之源，立宪民主之论，声光化电之学，皆为必修之课。**

名师传略 陈台（1842—1908），号文阶，蕲州（今蕲春县）望江畈人。清光绪元年（1875）乙亥恩科举人。历任麟山书院山长、荆门州（今荆门市）学正。

陈台出生于晚清时期，目睹清朝政府腐败无能，立志教育救国，走科学民主道路。他为了实现自己的抱负和理想，遍访名师，讲学会友，锻炼能力。他十分珍惜光阴，闻鸡起舞，刻苦学习，博览群书，经常手不释卷。在学习中，逐步接受了西方的科学民主思想，学贯中西，成为鄂东一代新儒师。

陈台在麟山书院的历任山长中，任职时间最久，影响最大。光绪三年（1877），他被蕲州知州封少霞礼聘为麟山书院山长，主讲28年，励精图治，为书院的发展倾注了毕生的心血，使麟山书院成为清末鄂东著名的书院之一。

陈台十分重视教师队伍的建设，利用自己的社会影响，四处选聘名师。在教学内容和课程设置上，倡导“古为今用，洋为中用”。除保留儒家经典等课程外，率先研习物竞天择之源，传播西方立宪民主之论，声光化电之学。开创了鄂东书院传播西方科学民主思想的先河。

陈台名重学林，办学有方。由于他在麟山书院的业绩显著，光绪三十一年（1905），被擢升为荆门州（今荆门市）学正。任职3年，劝教兴学，勤政爱师，不料积劳成疾，不得已卸任归田，于光绪三十四年（1908）七月病逝于家中。

陈 琼 甫

名师名片 陈琼甫——清同治年间鄂东教育专家、江淮书院名师、举人，曾任江西凤仪书院、浙江双峰书院主讲及蕲州麟山书院山长。

教育箴言 **教师会课，学生会考，山门之所以兴也。**

名师传略 陈琼甫（生卒年不详），号金铭，亦号瑞林。蕲州（今蕲春县）檀林河人。清同治元年（1862）举人。历任江西凤仪书院、浙江双峰书院和蕲州麟山书院主讲。其中担任蕲州麟山书院山长多年。一生从事书院教育，教书育人，精勤不倦，科举成绩十分显著，是江淮地区著名的书院主讲。

陈琼甫出身贫寒，靠族人资助，10岁才正式进入私塾读书。青年时期，他虽然读书刻苦认真，但父亲要他挣钱养家糊口。于是，他边教私塾，边读书，准备应试，到40岁左右才中举。中举后，无钱买官，遂投身教育行列，辗转在江西、浙江等地的书院任教。晚年返回故乡，被礼聘为蕲州麟山书院山长兼主讲，在书院管理上，他为鄂东带回了江浙一带书院的管理经验，积极倡导有教无类，重新制定学规，广延名师，严格挑选学长，整肃院务，倡导学风，科举成绩明显提升，鄂东学林为之一振。

陈琼甫在麟山书院任教期间，大力提倡教师“会课”，研究教材教法，开展辩论和教学反思，有力地促进了教师专业成长。在教学上，他反对腐儒之气，只读不讲。他一贯实行精讲多练，讲练结合。要求学生静心体悟，格物致知，知其然之后，还要知其所以然。因此，他的教学效果非常突出。学生中有多人中举。他服务乡梓，造福一方。特别值得提出的是，由于他深知贫寒子弟的读书之苦，经常接济家庭贫困的学生，为当地普通家庭培养了一大批人才，深受蕲州普通老百姓的爱戴。

钱 鋆

名师名片 钱鋆——清代学者、鄂东书院名师，进士，曾任河北抚宁县知县、蕲州知州、黄州知府、四川布政使、麟山书院主讲。

教育箴言 **学有言，政有声，不枉一世也。**

名师传略 钱鋆（生卒年不详），进士出身，历任河北抚宁县知县、蕲州知州、黄州知府、四川布政使等职。在职期间，勤于职守，关注民生，关心教育，颇有政声。特别是在蕲州任职期间，在繁忙的政务之余，坚持以地方首脑身份担任麟山书院主讲，体现了他对教育的重视。更重要的是，他以其渊博的学识和精湛的教学艺术，征服了麟山书院的师生，因此获得名师称号。

钱鋆为政，以振兴教育为己任，怀抱教育兴邦的梦想。蕲州古老深厚的文化底蕴，给了他施展平生抱负的舞台。在他主政蕲州17年间，身体力行，关心支持教育。办社学，兴义学，事必躬亲，持之以恒。还多次为麟山书院扩修、增建学舍，增招生徒，并筹资置办学田40余石，使“师儒廪膳惟厚，生徒膳膏之给视常有加”。又以其余资周济“寒士及州人之与宾兴而艰于资斧者”。为推动蕲州教育事业发展做出了贡献，深受百姓欢迎。

钱鋆不仅善政，还是一位有思想的名师。他在蕲州任职17年，每月到麟山书院讲堂讲学1～2次，坚持17年不间断。“与诸生考经义、陈古训，节其高等”，深受书院师生的欢迎和尊敬。与此同时，钱鋆还通过书院积极倡导忠孝节廉，仁义礼智信，弘扬中华传统文化美德。树立尊贤敬德的好风尚，引导民风向善，改善社会风气。

钱鋆十分关心麟山书院的建设，除了在资金上和教学上支持麟山书院外，还对麟山书院的文化建设和教师队伍建设不遗余力，尤其是规章制度的建设。他在政务之余，亲自为书院审核修订了各种规章制度，使书院“试课有程，出纳有经”。这些典章，在鄂东书院界教育影响很大。

蕲州凤麓书院

背景链接：蕲州凤麓书院创办于明正德三年（1508），位于蕲州凤凰山东坡，与凤山寺（四祖正觉禅寺）相隔不远。该书院自建院以来，学风纯正，课士规严，与后来的蕲州麟山书院相媲美。首推名师为创办人陈大中。

该书院所处的位置——蕲州凤凰山，自古素有“禅宗甲天下”的美誉。唐初武德七年（624），四祖道信到蕲州凤凰山，建凤山寺传教。寺里悬有一口大钟，每天清晨，和尚敲钟一百零八声，举州可闻。苏轼谪居黄州时，曾经慕名到此地游玩，游罢归来，憩息于凤岗钟楼，酣睡不醒，后被钟声惊起。明朝荆王府左使吴稷以诗记之曰：“凤凰岗上晓钟鸣，月落江城度远声，苏子解枕春睡美，打钟何用更关情。”

该书院曾于明代洪武年间重建，正殿之外，建有转轮藏阁、千仞亭、望江亭等建筑，规模较为宏大，与凤麓书院相呼应，构成了蕲州特殊的人文景观。明正统十年（1445），明仁宗朱高炽第六子朱瞻堈，将荆王府自江西建昌迁徙蕲州，使蕲州“城中奕奕王孙地”。凤麓书院，也因此成了王子王孙的读书之地，是为书院发展的鼎盛时期。

陈 大 中

名师名片　陈大中——明代学者型官员、蕲州书院名师，进士，曾任庆远知府、福建盐运使，为蕲州凤麓书院创始人。

教育箴言 **今日之学，必备明日之需。**

名师传略 陈大中（生卒年不详），字日捕，号凤麓。蕲州（今蕲春县）人。明弘治八年（1495）进士。官累至庆远知府、福建盐运使。辞官后，创办凤麓书院，教书育人，著书立说，成为蕲州一代名师。

清正廉明，性情耿介。陈大中自幼家教甚严，立志做一个清官。进入官场后，十分注重个人品德修养。他品行端庄，勤政爱民，处理民间诉讼，如履薄冰，为民请命。特别是在担任福建盐运使期间，由于他执政为民，执法如山，受到排挤和打击，深感官场黑暗，人情、腐败就像是一张遮天蔽日的网，让他身心疲惫，左右为难，寝食难安。为此，他愤而辞官，退隐田园，在家乡凤凰山东坡筑庐而居，并修建凤麓书院，设帐授徒，乐于育人，造福乡梓。

办学有方，声名远播。为修建凤麓书院，他几乎拿出了当官 13 年的全部积蓄。筹建之时，他亲自绘制图纸，鸠工调度，日夜操劳。竣工后，广延名师执教，并亲自书写院规条例，以正学风。在教学内容设置上，提倡“今日之学，必备明日之需”。鼓励学生为经世、治国、修身、治平而读书。在他的努力下，凤麓书院很快成为蕲州的科举教育中心，为蕲春培养了一批又一批有用人才，为推动蕲春教育事业发展做出了重要贡献。

著作名录：著有《凤麓集》等。

黄梅调梅书院

背景链接：调梅书院创办于明嘉靖三十四年（1555），位于黄梅东禅寺左边。该书院历史上名人辈出，名师如云。首推名师张九一、王葆心。著名学生有喻化鹊、喻文黎、喻血轮和废名等人。

该书院与黄梅东禅寺左右呼应，花木幽深，五松送荫，古槐纳灵，云雾飘渺，宇阁学舍，古色古香，是一处读书、清修的理想之地。清康熙三十四年（1695），因山洪毁院，移建于县城东门外，更名为大林书院。雍正年间曾重修。乾隆七年（1742），恢复原名——调梅书院。光绪三十一年（1905），改制为黄梅县立高等小学堂。

张 九 一

名师名片 张九一——清代著名诗人、书法家，黄梅书院名师，进士，曾任黄梅知县、按察司佥事、布政司参议、凉州副使、宁夏巡抚，为黄梅调梅书院创办人兼首任山长。

教育箴言 **人无信不立，学无疑不信，为学者当以信自恃，为师者当以信自视也。**

名师传略 张九一（1533 ~ 1598），字助甫，号周田。今河南新蔡县人。明嘉靖三十二年（1553）进士。历任黄梅知县、按察司佥事、布政司参议、凉州副使、宁夏巡抚、调梅书院山长兼主讲等职。卒于万历二十六年（1598）。

少年得志，才华横溢。张九一自幼受父亲影响，刻苦读书，8 岁能文，14 岁名列诸生之首。19 岁赴省应举，考中《易经》第一名，夺得“经魁”，20 岁中进士。诗词歌赋，无所不能，其诗豪宕不羁，其草书狂放险峻，与余德甫、张肯甫并称“三甫”。时称文坛“后五子”之一。

劝教兴学，不遗余力。张九一担任黄梅知县期间，把振兴教育作为自己的执政的重要目标之一。他崇文重教，尊师重教，劝教兴学，身体力行，造福一方。嘉靖三十四年（1555），他带头倡捐，创办调梅书院。建院之初，他亲自担任山长，亲自修订学规，广罗当地名师执教，以致书院声望日隆。

兼职授课，课士有方。调梅书院初创之时，师资匮乏，他除了兼职山长外，还兼任教习，主讲《春秋》。在教学上，他不以县官自居，与其他教习一同平等会课，研讨教材教法。提倡“人无信不立，学无疑不信，为学者当以信自恃，为师者当以信自视也”。他讲课，注重训诂、义理，明体适用。积极倡导勤学、勤练、勤思的学风。在他的引领和带动下，调梅书院的学风日益淳朴，生徒不断增加，成为黄梅最有影响的书院。

公正廉明，颇有政声。张九一为政，不结权贵，不陷平民。由于当时黄梅县偏僻落后，土豪劣绅飞扬跋扈，历任知县对此束手无策。张九一履职后，经过明察暗访，将少数为首闹事、欺行霸市、欺压善良的土豪、恶棍，一律缉拿严办，惩一儆百，使当地百姓得以安居乐业。

品德高尚，不畏权奸。张九一在黄梅任满后，调入京城，与王世贞志同道合，相处甚欢。不久，王父因得罪权相严嵩，关入死牢。许多门徒、旧友都慑于严嵩淫威，不敢再同王世贞接近，但张九一依然如故。王世贞多次劝阻，恐怕连累于他。他却慷慨地说："士为知己者死，死且不避，还在乎官职吗！"张九一也因此付出代价，屡屡被贬。他到巴陵时，登上岳阳楼，放眼洞庭湖，举杯痛饮，豪迈地说：范仲淹先忧后乐，我心地坦荡，干的都是快乐事，有什么可忧愁的呢！表现了他虽然遭到严嵩屡屡打击，但却毫不后悔的乐观豁达的内心世界。处理公务，依然刚正不阿，为民请命，秉公而言，毫不计较个人得失。

著述名录：著有《绿波楼诗集》（14卷）、《绿波楼文集》（5卷）、《朔方奏议》（6卷）刊行于世。《四库总目》有载。

他人评价："笃行君子"。明代著名文学家王世贞题。死后，皇帝颁旨谕祭。

诗歌选录：

元夕同李伯承高伯宗赋得火树银花合

火树排虚上，银花入暗开。一宵春色到，万户夜光来。
对月惊飘桂，临风拟落梅。莫辞归去晚，携得艳阳回。

雪夜邓州顾别驾送至丹江有诗见赠赋此答之

寂寂丹江夜色空，风尘郡国叹飘蓬。岂无佐吏如殷浩，雅有中郎识顾雍。
雪霰微茫渔火外，星河摇落戍楼东。怜君尚策青丝骑，却与山阴访戴同。

回　中　山

承露甘泉次第开，如何七夕上之回。班龙五色垂天下，翠凤千旗荡日来。
异代巡游那可问，殊方登眺自生哀。茂陵只在兴平里，夜雨秋风长绿苔。

留别殷仁夫

合黎山畔黑河湄，四月津亭散柳丝。同是投荒君且住，可能生别我无悲。
弟兄绝域分襟处，尊酒斜阳奏角时。玉塞金陵千万里，相看歧路泪双垂。

留别赵梦白

娟娟丛竹翠犹翻，冉冉微霜白渐繁。海上孤槎张博望，尊中十日赵平原。
江鸿片月寒争渡，朔吹空林晚自喧。知己风尘看汝在，那能离别不销魂。

留别刘玄子

即看宾客散应刘，何意功名到故侯。薄宦未能成病免，离筵早已入边愁。
旌旗黯黯黄河暮，雨雪霏霏白草秋。纵使登楼堪望远，浮云无处觅中州。

寄见甫弟

历尽巴山白发新，西风何处不伤神。马曹蹭蹬官难起，鸟道艰危老更贫。
九派长江春后雁，一年芳草梦中人。相思况是无消息，徙倚天涯涕泪频。

送伯宗高比部为景府长史

方城紫气郁嵯峨，带砺今看帝子过。砺指恒山为太岳，带环溟水作黄河。
朝廷礼数元王异，宾客文章宋玉多。在昔曳裾应不贱，休从华发怨蹉跎。

月夜闻笛

十载皋兰三出师，角巾归第鬓如丝。那知今夜关山月，却向中原笛里吹。

广济龙坪江汉书院

背景链接：龙坪江汉书院始建于明万历三十七年（1609），创办人为时任知县李肇梅，字和甫。福清人。李肇梅担任广济知县期间，积极劝教兴学，修缮黉舍，置办礼器，先于鸿鹄山倡建义学，又于龙坪创办龙坪江汉书院。广济教育从此进入高速发展期。该书院首推名师瞿九思。培养的著名学生有金德嘉，后来成为明朝著名诗人、教育家、皇太子的师傅。

龙坪江汉书院曾更名龙坪书院，应与现今武穴市龙坪中学有直接的传承关系。龙坪中学位于龙坪镇东北端公园路，创办于 1983 年。创建初期，校园面积只有 500 平方米，1 栋教学楼，3 个教学班，100 余名学生，18 位教师，师生食堂、宿舍均在外租借。后来，借创建湖北教育先进乡镇和“普九”契机，学校不断发展壮大，成为龙坪办事处（镇）规模最大、规格最高的一所初级中学。

瞿　九　思

名师名片　瞿九思——明代湖北著名学者、教育专家、书法家、书院名师，举人，曾任广平知府、龙坪江汉书院山长及白鹿洞书院、濂溪读书院、岳麓书院、石鼓书院讲习。

教育箴言 **子欲渔，即便结网，也在功夫一途。**

名师传略 瞿九思（1543—1614），字睿夫，号慕川。黄梅县人。万历元年（1573）中举，官累至广平知府。曾蒙冤流放塞外。万历三十七年（1609），朝廷欲召至翰林院待诏，然而他却坚辞不受。一生大部分时间从事讲学著述和书院教学管理工作，成就显著，名重学林。

执着好学，学极深博。瞿九思一生著作等身，刊印发行就有 33 部之多。他 10 岁随其父瞿晟在江西吉安任所读书，先拜王阳明的得意弟子、书院名师罗洪先为师。15 岁作《定志论》，文情并茂，气势恢宏。后从黄安耿定向游学，学业精进。相传，瞿九思小时候有一次与家人一起去买书，买了一独轮车的书。瞿九思在回家的路上，边走边看，看完一本扔一本，回到家中一车书都扔光了。父亲问：书呢？九思说：我全扔了。为什么？父亲又问。瞿九思说：我全部记住了，要它何用？于是父亲考问，他对答如流，篇篇熟背不掉一句。他学习十分勤奋刻苦，闻鸡起舞，深夜挑灯，纵使寒冬酷暑，亦不间断。凡六经、史传、舆地、天文、图籍、律历、算数、稗官、野乘、书法无不涉猎，无不洞悉，学问极其渊博。其书法端庄秀丽，苍浑朴雅，自成一家。湖广巡抚赵贡仰慕其名，邀请他参与楚志纂修工作。他欣然应命，以极大的热情投入其中。收集资料，衣不解带；辨析真伪，条分缕析。该志书在他和其他编修人员的共同努力下，体例严明，领属严谨，为后人留下了十分宝贵和详实的历史资料。

一身正气，为民请命。瞿九思嫉恶如仇，面对社会腐败现象，敢于争锋相对，被《湖北通志》誉为儒侠。在他纂修楚志期间，闻讯黄梅县令张维翰违反制度，摊派苛捐。瞿九思仗义执言，为黎民百姓鼓与呼，愤作七绝《仁统篇》，讽刺县令张维翰，一针见血，入木三分。被县令诬为“聚众倡乱”，被朝廷流放塞外。后经长子瞿甲、次子瞿罕和东海人（今属浙江）屠隆、冯梦祯不断喊冤，在内阁大学士张居正的斡旋下，得以释放，返乡为民。

江淮翘楚，一代名儒。瞿九思在纂修楚志期间，或还乡后，历任白鹿洞书院、濂溪读书院、岳麓书院、石鼓书院等著名书院讲习。他经常教育弟子说，“子欲渔，即便结网，也在功夫一途”。他把学知识比作捕鱼，即便退而结网，但结网和捕鱼的时候，也要下真功夫，否则还是事倍功半。万历三十七年（1609），朝廷召唤他出仕为官，但他却坚辞不受。没想到的是，他却接受了御史史学迁的邀请，到广济龙坪江汉书院担任山长兼主讲。任教期间，他淡泊名利，爱生如子，教学有方，从学者如过江之鲫，声望日隆。使广济与蕲州、麻城并称为明代鄂东思想文化教育中心。晚年，专心讲学与书法。四方学者，部、院大臣向他求书，惟恐不获。士大夫过楚，以未能亲自聆听他的教诲，均以为憾事。朝廷为表彰他的学问人品和教化功德，令黄梅县衙每年给米六十石，资助他讲学、著述，以终天年。

著述名录：著有《六经以俟录》、《中庸口授》、《中庸位育图》、《洪范衍义》、《仁统》、《孔门愠解》、《和燮编》、《实用编》、《时务表》、《边略》、《万历武功录》、《仿古编》、《蓄艾编》、《土俗章权》、《肖元录》、《佛钥》、《孔庙礼乐考》、《明诗拟》、《幽赞录》、《文莫堂集》、《纪思录》、《言善录》、《知命篇》、《历正同仁手札》、《后先进呈》等书。

诗歌选录：

其　一

仁　统　篇

贱子哭在野，伤心痛黔首。
丰年不饱食，水旱尚可有？
虽无剽盗窃，衙门恶狼狗。
天天乱黎民，十室空八九。
哀鸿嗷嗷叫，权门酒肉臭。

其　二

无　题

而立之年庆寿辰，作歌一曲表乡音。
民饥野草难填腹，哭向青天望救星。

附：黄州府及八属古代书院一览表

属　地	书院名称	建立时间	院　址	备　注	序号
黄州城（府治所在地）	雪堂书院	宋元丰七年（1084）后	黄州城东	由苏轼所筑雪堂改建	1
	河东书院	宋宝祐年间（1253—1258）	黄州城清淮门内	雍正年间改为黄中书院，1890年改为经古书院	2
	东坡书院	宋代	黄州城东		3
	韩魏公书院	宋代	黄州安国寺左边	又名阳明书院，宋韩琦读书处	4
	孔子书院	元代	黄州城内		5
	定惠书院	明代	黄州城清淮门外		6
	振英书院	清乾隆九年（1744）	黄州城清源门内	由知府李彦瑁祠改建	7
	观善书院	清乾隆十四年（1749）	黄州府学西边	原名养正书院	8
黄冈县	蒋公书院	清代	黄州安国寺前	旧名萝村棠舍	9
	问津书院	宋末元初	黄冈县（今武汉市新洲区）北孔子河畔旧街镇	始名龙仁夫书院，又名孔山书院，明万历四十三年（1615）命名为问津书院。	10
	王公书院	明代	黄冈县（今团风县）	明代邑绅王陞讲学处	11
	灵山书院	明正德以前	黄州城东门外（属黄冈县）		12
	古郛书院	清康熙三十四年（1695）	黄冈县（今武汉市新洲区）河坪乡	初建于黄冈县文昌阁，后移建河坪乡。	13
	坪江书院	清康熙五十二年（1713）	黄冈县（今团风县）团风镇（今团风县城内）	光绪二十四年（1898）停办	14
	睢阳书院	清康熙年间（1662—1722）	黄冈县（今武汉市新洲区）武节祠内		15
	停骖书院	清乾隆元年（1736）	黄冈县（今武汉市新洲区）顾岗乡刘六湾		16

续表

属　地	书院名称	建立时间	院　址	备　注	序号
	白石书院	清乾隆元年（1736）	黄冈县（今团风县）还和乡（今总路咀镇）百福寺	光绪二十四年（1898）停办	17
	回车书院	清乾隆五十八年（1793）	黄冈县（今团风县）上伍重乡沙河街		18
	淋山书院	清乾隆年间（1736—1795）	黄冈县（今团风县）淋山河	义民孙子华建	19
	澄清书院	清道光四年（1824）	黄冈县（今团风县）马曹庙樊家楼	清末停办	20
	龙潭书院	清道光二十五年（1845）	黄冈县（今武汉市新洲县）道观河		21
	白云书院	清道光二十六年（1846）	黄冈县（今团风县但店镇）	光绪二十四年（1898）停办	22
	举水书院	清道光三十年（1850）	黄冈县（今武汉市新洲区）慕义乡	清末停办	23
	文昌书院	清代	黄冈县（今武汉市新洲区）上伍重乡		24
黄安县	天台书院	明万历年间（1573—1619）	黄安县（今红安县）北天台山	户部尚书耿定向创建	25
	洞龙书院	明代	黄安县（今红安县）城南似马山麓	黄安籍学者吴心学讲学处	26
	天窝书院	明万历年间（1573—1619）	黄安县（今红安县）县东桃花五云山巅	又名天窝山房，耿定理读书处	27
	云台书院	明代	黄安县（今红安县）	知县刘承启课士处	28
	钓台书院	明代	黄安县（今红安县）		29
	济阳书院	明代	黄安县（今红安县）		30
	卢钦父书院	明代	黄安县（今红安县）		31

续表

属 地	书院名称	建立时间	院 址	备 注	序号
	石林书院	明代	黄安县（今红安县）		32
	桃花书院	明代	黄安县（今红安县）	沙河王氏建	33
	仙湖书院	清康熙五十八年（1719）	黄安县（今红安县）鳌峰西北麓（今红安二中）	知县张琮所建	34
	萃英书院	清乾隆初	黄安县（今红安县）县治西北学宫旁	知县段绍宬建	35
麻城县	龙溪书院	明天顺年间（1457—1464）	麻城县（今麻城市）	周充建	36
	白杲书院	明弘治年间（1488—1505）	麻城县（今麻城市）县治南	邑绅董朴建	37
	东溪书院	明弘治年间（1488—1505）	麻城县（今麻城市）莲湖	邑绅熊经建	38
	辅仁书院	明嘉靖年间（1522—1566）	麻城县（今麻城市）	邑绅周思久建	39
	道峰书院	明嘉靖年间（1522—1566）	麻城县（今麻城市）牛棚山	邑绅知县陈子文为隐士毛凤起建	40
	白云书院	明代	麻城县（今麻城市）北		41
	明德书院	明代	麻城县（今麻城市）五脑山		42
	经正书院	明崇祯年间（1628—1644）	麻城县（今麻城市）县南门外	知县蒋煜建	43
	万松书院	明代	麻城县（今麻城市）武圣宫右	宋邑宰张公仁甫建，筑亭万松岭（县城西七里），康熙四十九年（1710）后移县城内，改建武圣宫右	44
	芝佛书院	明嘉靖年间	麻城县（今麻城市）阎家河钓鱼台		45

续表

属　地	书院名称	建立时间	院　址	备　注	序号
	沙明寺书院	明代	麻城县（今麻城市）中馆驿		46
	养蒙书院	清雍正十一年（1733）	麻城县（今麻城市）	知县李作室建	47
	培风书院	清道光年间（1821—1850）	麻城县（今麻城市）福田河街	罗公望建	48
蕲水县	南门书院	明弘治年间（1488—1505）	蕲水县（今浠水县）县治南		49
	孙公书院	明万历年间（1573—1619）	蕲水县（今浠水县）	知县孙善继建	50
	宋公书院	（明万历年间）1573—1619	蕲水县（今浠水县）	知县宋文昌建	51
	云路书院	明万历年间（1573—1619）	蕲水县（今浠水县）	知县游玉廷建	52
	南齐书院	明万历年间（1573—1619）	蕲水县（今浠水县）县治南		53
	大成书院	明天启年间（1621—1627）	蕲水县（今浠水县）	知县孔云宗建	54
	蕲阳书院	清顺治十八年（1661）	蕲水县（今浠水县）县治东玉台山	原名玉台书院，1743 年改为蕲阳书院	55
英山县	凌云书院	雍正七年（1729）	英山县东门外徐家塝	知县赵宗昊建，1793 年移建城内明伦堂左	56
罗田县	老塔书院	明正德八年（1513）	罗田县城东五里	郡司马毛应时建	57
	白公书院	明崇祯年间（1628—1644）	罗田县玄妙观左	纪念知县白乃忠建	58
	古塔书院	明代	罗田县万寿寺右侧	邑人张明道读书处	59

续表

属　地	书院名称	建立时间	院　址	备　注	序号
	温泉书院	清乾隆年间（1736—1795）	罗田县永宁乡三里畈	清末停办	60
	义川书院	明代	罗田县白龙井下街（今罗田县实验小学）	明知县张琳移建于永兴门，改名薪櫺书院，1779 年移至凤山玉屏阁，题名义川书院，1831 年移建白龙井	61
蕲州	凤麓书院	明正德三年（1508）	蕲州（今蕲春县）凤凰山东坡	陈大中创办的私立书院	62
	阳明书院	明嘉靖年间（1522—1566）	蕲州（今蕲春县）北门外熊化岭	专为研讨王守仁学说所设	63
	崇正书院	明嘉靖年间（1522—1566）	蕲州（今蕲春县）北门外		64
	学正书院	明代	蕲州（今蕲春县）	纪念王守仁倡导讲学而建	65
	乾明书院	清康熙三十九年（1700）	蕲州（今蕲春县）乾明矶	初名张公书院，知县张士驷创办	66
	麟山书院	清乾隆八年（1743）	蕲州（今蕲春县）荆王府校场南	初设于荆王府校场外，后移建校场南，1904 年停办	67
	月轩书院	清道光与咸丰年间	蕲州（今蕲春县）赤东菩提寺内	1870 年停办	68
	金陵书院	清代	蕲州（今蕲春县蕲州镇）	现存建筑为清同治六年（1867）所建	69
黄梅县	调梅书院	明嘉靖三十四年（1555）	黄梅县城外南郊	先建于东禅寺，曾名大林书院。1739 年重建于县城外南郊，更名调梅书院	70
广济县	江汉书院	明万历三十七年（1609）	广济县（今武穴市）龙坪	曾更名龙平书院	71
	梅川书院	清雍正十三年（1735）	广济县（今武穴市）府治北关内	知县李肇梅建	72

续表

属 地	书院名称	建立时间	院 址	备 注	序号
	沧浪书院	清乾隆十六年（1751）	广济县（今武穴市）梅川河外沧浪桥南岸	知县虞学灏建	73
	文明书院	清道光二十八年（1848）	广济县（今武穴市）后坝街	江防同、李炳奎建	74
	刊江书院		广济县（今武穴市）刊江		75
	大经书院	清光绪三年（1877）	广济县（今武穴市）幽居寺	初建于广济县大金庙，1913 年迁建于幽居寺。	76

第三节　省属书院黄冈籍名师

江汉书院

背景链接：江汉书院始建于明代洪武二年（1369），位于武昌文昌门内，创办人为提学使葛寅亮。是湖北三大著名书院之一。历史上，有许多黄冈籍学者在此深造、任教或交流讲学。其间，黄冈籍学者，如：袁铣、陈诗、帅承治、王道明、万承宗等人都曾在这里当过主讲或首席，名冠一时。其中，著名者首推袁铣、陈诗、帅承治三人。

该书院以长江、汉江二水为楚地之望而得名。清顺治年间迁建于巡道岭（今武汉中学处）。从光绪二十八年（1902）起，并入湖北经心书院，并更名为湖北勤成学堂。特别是清末，张之洞致力于培养新式人才。比较知名的有黄兴、陈威等，为湖北教育做出了巨大贡献。

袁　铣

名师名片　袁铣——清代著名学者、教育专家、书院名师，进士，曾任江南道监察御史、礼部掌印给事中、江汉书院主讲。

教育箴言　**不勘破义利关，何须讲学；要识得忠孝字，才是读书。**

名师传略　袁铣（生卒年不详），字金溪，麻城县（今麻城市）人。清嘉庆十六年（1811）与林则徐同科进士。嘉庆十九年（1814）与林则徐同授翰林院编修，历任江南道监察御史、礼部掌印给事中等职。晚年，被礼聘为湖北江汉书院主讲。教书育人，著作等身，名重学林。

袁铣与教育有不解之缘，进士及第前，曾在家乡私塾教书多年，深受欢迎。告老还乡后，主讲江汉书院，治学严谨，思路清晰，视野开阔，教学有方，深受同仁推崇和弟子尊敬。其学生中成名者很多，堪称一代名师。

袁铣十分注重提高自身修养和专业技能，积极开展学术研究。他在教学之余，潜心钻研"四书"教法、学法，颇有心得。撰写有《四书义蕴》、《四书题解》等专著，用于教学，具有很高的学术价值和实践意义。湖广总督林则徐曾亲自为《四书题解》作序，深受学者称道。他在教学上，具有鲜明教学理念。曾书写一幅对联于自家院门，借以明志："不勘破义利关，何须讲学；要识得忠孝字，才是读书。"

袁铣"侃直端要，风骨峻整"。他忧国忧民，积极参政议政，不断向朝廷谏言献策。有一年，他下基层到通州巡察曹务，针对当地的陈规陋习，积极建言革除，受到朝廷表彰。道光元年（1821）冒死上书，建议停止捐例，减去后宫各项糜费，裁撤热河例银及圆明园例银。嘉庆二十四年（1819），为革除科场积弊，毅然上奏《请剔除考试积弊疏》，引起朝野上下的热切关注。他为人正直，清正廉明。朝廷委派他稽查粮仓，他微服私访，秉公执法，拒收贿赂，被百姓誉为清官。

著述名录：著述多散佚，仅存《四书义蕴》、《四书题解》等。

陈　诗

名师名片　陈诗——清代湖北著名教育家、方志学家、考据学家、书院名师，进士，曾任工部主事及麟山书院、鹿门书院、荆南书院、江汉书院主讲。

教育箴言　**一字一书，当思来之不易；一墨一砚，可著千年春秋。**

名师传略　陈诗（1748—1826），字观民，一字愚谷，晚号大桴山人。蕲州檀林（今蕲春县檀林镇）人。进士及第，官至工部主事。教书育人长达 22 年之久，桃李满园，硕果累累，被人们誉为楚北大儒。

出身贫寒，忠良孝悌。陈诗出生前五个月，不幸丧父，从此家道中落，全靠母亲做工养家糊口。致仕后，办事干练，官运亨通，短短几年，便擢升为工部主事。31岁时，因感念鳏居多年的母亲年老多病，毅然辞官回归故里，建“知足”和“知不足”二斋，侍奉老母，承欢膝下。闲暇时，读书讲学，著述立说，点拨家乡备考的莘莘学子。

勤奋好学，治学严谨。陈诗从少年起，每日坚持黎明即起，午夜方息，手不释卷，寒暑无间。为了减轻家庭经济负担，他经常“夜归燃枯枝败叶，傍纺车而读”。通过刻苦学习，19岁中秀才，26岁中解元，29岁中进士，一路读书进学，顺风顺水。治学时，每见史传中有断简、误字，必援笔补缺、订讹。如果有学者质询，他必详细为其辨难析疑，直至问者信服为止。著书时，为积累素材，博览群书，口诵笔录，每日万余言，令人佩服不已。

课士成林，成就斐然。陈诗教学有方，桃李满天下。他辞官返乡后，起初，受家乡父老的推举，礼聘为蕲州麟山书院兼职主讲，名噪乡里。后为鹿门书院、荆南书院、江汉书院等湖北著名书院争相礼聘为主讲。为培养湖北人才，呕心沥血，倾情奉献。其中在江汉书院任教20年。培养了一大批优秀学生，“三楚名士多出其门下”。其中，清嘉庆二十四年（1819）殿试状元蕲水陈沆，嘉庆二十五年（1820）殿试探花蕲春陈銮，都是他的得意弟子。一所书院，一位教师，培养出了一个状元和一个探花，在中国科举史上确为少见，堪称一代名师。

楚北大儒，著作等身。陈诗具有丰富的历史知识和深厚学术造诣。讲学之余，致力于辑录、著述，留下文献近千卷。种类之多，为古蕲春人之最。凡出手文字，融会贯通，成一家之言。尤其是，他擅长考据，对湖北“乡邦文献，述造甚多”。他曾主编《湖北通志》，并自撰《湖北旧闻录》。其中《湖北通志》采用新体例，修成105卷（1805年付梓），为湖北省历史上的第一部通志，填补了湖北通志的空白，为湖北省留下了一份宝贵的历史资料。卒后葬于蕲春县北朱家冲。

著述名录：著有《大桴山人诗文集》、《史外丛谈》、《敬远录》、《六律正》、《五音考》、《质疑录》、《湖北旧闻》、《湖北诗文载》、《湖北金石存佚考》、《四书类考》和《历代地理志汇纂》等。主持并参与乾隆癸丑《广济县志》、《江汉书院志略》、《湖北方域志》和《湖北通志》等志书。

诗歌选录：

送饶三试吏江西兼寄彭秋潭

长杨溪水流涓涓，千曲百折奔长川。
东汇清江复东注，彭蠡大泽吞江天。
江天茫茫几千里，十载高歌寄燕市。
未奉长安一囊粟，且吸江西一口水。
章贡交流春水长，双姑昨已嫁彭郎。
停船为问江州客，听罢琵琶泪几行。

（注：彭秋潭名淦，为罗田县清嘉庆年间教谕。）

送罗肯堂同年归九江

沔口经年住，浔阳一望通。
薄田无乐岁，瘦骨易秋风。
有客如张禄，何人似孔融。
片帆归去好，萧瑟对江枫。

帅　承　治

名师名片　帅承治——清代湖北教育专家、书法家、书院名师，贡生，曾任兴国州训导、江汉书院监院。

教育箴言　**修身为立德之本，善学为从教之要。**

名师传略　帅承治（生卒年不详），字士安，号康衢。黄梅县人，贡生出身。曾追随其兄帅承瀛在广西、山东学使任上做长随。后历任兴国州训导、江汉书院教习、监院等职。一生从事教育工作，教书育人，成绩显著，是江汉书院历史上有成就的名师之一。

帅承治出身于黄梅耕读之家，名门望族，是清代名臣帅承瀛同胞二弟。自幼在其兄帅承瀛带领下学习诗文、书法，研习《春秋》和诸子百家，受到了良好的启蒙教育。在帅家四兄弟之间，他们二人感情最深。后来，帅承瀛中探花致仕，出任广西、山东学使。他追随左右，襄力最多，撰写书函，颇有见地，成为得力助手，深受其兄赞许。这段经历，既增加了阅历，又锻炼了才干。

帅承治在江汉书院担任教习期间，把林则徐评价他哥哥的话作为座右铭：“德立而才不副，无以治事理之纷；才达而学不纯，无以得措施之大。然而兼之者难矣。”把修身作为立德之本，把善学作为从教之要。为人师表，诲人不倦。因教学业绩突出，升任监院，管理院务。在教学管理与监督上，他从严治学，从严执法，厘剔积习，振兴学规，深受师生拥护和爱戴。由于他工作勤奋，管理严格，多次受到山长袁金溪的表彰。他把自己的后半生全部奉献给了江汉书院，特别是他对黄冈籍的学生照顾勉励有加。

帅承治教书之余，酷爱书法，颇有造诣，深得堂奥。其字师承赵孟頫，筋骨内敛，点划遒劲，结体端方，舒展秀美，在湖北书法界占有一席之地。

两湖书院

背景链接：两湖书院创建于光绪十六年（1890），由张之洞创办。位于武昌营坊口都司湖畔。首任院长由武昌知府梁鼎芬兼任。经费主要出自湘、鄂两省茶商捐赀，专取两湖士子入学，每省员额200名，另为报答茶商资助，专录商籍学生四十人。光绪二十八年（1902），改为文高等学堂，亦称两湖大学堂。光绪三十二年（1906），张之洞又拨款四万三千两，改名为“两湖总师范学堂”。著名地理学家和书法家杨守敬、数学家和翻译家华蘅芳、音韵学家沈勇植以及易顺鼎、杨锐、汪康年、姚晋圻、周树模、陈三立、屠寄、邹代钧等名流都曾任教该院。革命家唐才常、黄兴、何成浚、章士钊，法学家张知本、教育家张继煦、方志学家王葆心、科学家李四光等都在该书院深造过，并曾在该院任教。其中黄冈知名师生有姚晋圻、吴兆泰、王葆心、黄云鹄、李四光等人。

吴兆泰

名师名片　吴兆泰——晚清湖北省著名教育家、出版家、书法家、书院名师，进士，曾任翰林院编修、河南道监察御史、两湖书院教谕、湖北学务会所议长及荆门龙泉书院、两湖书院、经心书院堂监兼教习。

教育箴言　**汉文惜露台之费，而海内富饶；秦皇作阿房之宫，而天下怨叛。**

名师传略　吴兆泰（1851—1910），字星阶，别号弦斋。麻城（今麻城市）中馆驿人。进士出身。历任翰林院编修、河南道监察御史、两湖书院教谕、湖北学务会所议长等职。曾任荆门龙泉书院、两湖书院、经心书院教席、堂监。清宣统二年（1910）3月卒于武昌书局。

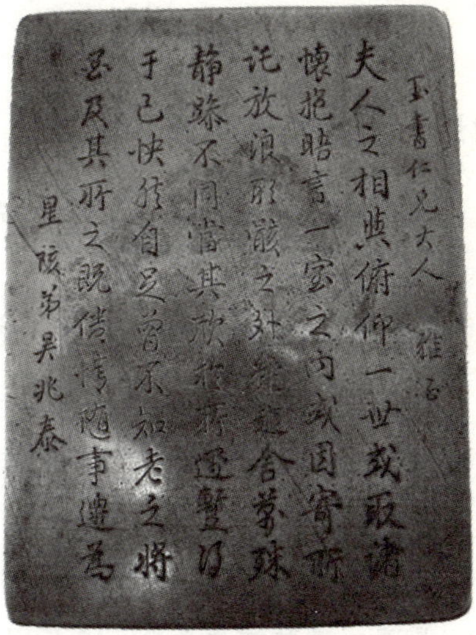

吴兆泰幼年失去双亲，家境贫寒，靠叔父抚养成人。他自幼读书用功，乖巧伶俐，聪明好学。每天寅时起床，到村边举水大河沙滩上，将老师布置的篇目背足一百二十遍，诵罢，又在沙滩上用树枝练习书法。因此，成绩十分优秀。16岁补官学子弟，22岁取拔贡。为养家糊口，他辗转在家乡私塾教书，一边教书，一边备考，教学互长，25岁中进士。同窗都称他有经国济世之才，并深受张之洞器重。

吴兆泰素有抱负，立志振兴社稷。中进士后，走上仕途，本来可以平步青云，一展宏图。然而，他面对积弱积贫的中国、腐败无能的清政府，忧心如焚。在河南道任监察御史期间，目睹了“庚子之变”后，哀鸿遍野、民不聊生的悲惨景象。他知道这都是国势衰危、洋人欺迫的结果。因此，多次上书，力谏倾全国之力兴办北洋水师，以振军威。光绪十六年（1890），慈禧太后拟建颐和园，吴兆泰立即上奏谏止，秉笔直书，痛陈弊端。慈禧闻言大怒，以“钓名沽誉，阻止孝思”之罪，交六部议处，经湖广总督张之洞会同十省巡抚力保，方免死罪，以“永不录用”遣送回籍。

吴兆泰罢官后，在张之洞的推荐下，历任两湖书院教谕、荆门龙泉书院、湖北经心书院教习，前后共计18年，为湖北培养了一大批人才。其间，1891—1895年，主讲荆门龙泉书院4年；1895—1903年，主讲湖北两湖、经心书院8年；1903—1907年，再任荆门龙泉书院讲习4年。宣统帝登基后，在张之洞保荐下，朝廷准其官复原职，然而，吴兆泰已爱上教书行当，无意仕途，并未赴任。

吴兆泰曾先后两次在两湖书院任职，先为教谕，后为堂监。因教绩卓著，名播荆楚。在教学上，他主张厉以道义，经世致用。他把苏轼“古之立大事者，不惟有超世之才，亦必有坚忍不拔之志”的警世之言，作为教育学生的口头禅，鼓励学生立志修行，吃苦耐劳，积极向上，使学生深受其益。

对联选录：半江之孤月空悬，鹜音已杳；一世之雄风安在，铜雀全飞。

附录：吴兆泰谏止颐和园疏

臣闻汉文惜露台之费，而海内富饶；秦皇作阿皇之宫，而天下怨叛，奢与俭之异也。我朝敦本尚实，列圣相承，大内规制，一仍前朝之旧，无所改作。康熙八年，昭圣太皇太后以乾清宫，交泰殿，栋梁朽坏，宜撤旧更建，圣祖夙崇俭约，重违慈命，但取工料坚朴，无事华丽，以增繁费。惟圆明园为世宗宪宗皇帝潜邸，其后，三时听政恒驻于斯。至乾隆间，二廓经营规模略备，五年因东偏隙地，增构台榭，都御史臣刘藻抗疏切谏，高宗纯皇帝克己损欲，手诏褒答，切戒华侈，主圣臣直，当时称为美谈。嘉庆以来，禁苑工程，有岁修而无增益。宣宗恭俭爱民，慎重兴作，圣怀冲穆，恒乐园居，取畅宸襟，非耽逸豫，是以三十年之久未尝增一堵一椽，其他游观不及之处，或因颓败报修，辄令折毁，用致海宇殷富，帑藏充盈，先后蠲免各省钱粮，拨济工赈，动逾万千，此列祖列宗，敦崇节俭之明效也。

经心书院

背景链接：湖北经心书院创办于清同治八年（1869），位于武昌火星堂文昌宫（今湖北省实验小学后面），始名文昌书院，由清末洋务运动代表人物倡建，是为了培养洋务人才专门设立的书院。后由李鸿章正式定名为经心书院。在此任教的黄冈籍教习中，著名者有吴兆泰、黄云鹄二人。

经心书院招生面向全省，由学政在各县诸生中亲自选拔调取。该书院办学条件优越，特别是学舍宽裕，分经、义、治、事四斋，每斋20人，人各一室。课程有经解、史论、诗赋、杂著等。学风良好，教学自由，培养出不少高材生。光绪十七年（1891），湖北前学政赵尚辅等捐廉俸，将经心书院迁建于湖北学署右侧（今武汉市警官学校处），更名为经心精舍，规制依旧。光绪二十三年（1897），书院推行改革，增设天文、舆地、兵法、算学等自然科学课程。光绪二十八年

（1902），经心精舍与江汉书院合并，改为湖北勤成学堂。

黄　云　鹄

名师名片　黄云鹄——清代著名学者、诗人、书画家、书院名师，进士，曾任刑部主事、兵部郎中、知府、盐茶道按察使及两湖书院、江汉书院和经心书院山长。

教育箴言　**夫人好学，虽亡若存；不学者，谓之行尸走肉。**

名师传略　黄云鹄（1819—1898），字祥云。蕲州（今蕲春县）人。清咸丰三年（1853）中进士，历任刑部主事、兵部郎中，四川雅州、成都知府，建昌兵备道，四川盐茶道按察使，官累至二品。卸职后，历任两湖书院、江汉书院和经心书院山长。儒学造诣精深，为蕲春县一代宿儒。

黄云鹄勤奋好学，以博学见长，尤其擅长书画。特别是他创作的散文，效法唐宋“八大家”，深受士林敬仰。其中，《雅州重建武侯祠记》、《游周公山记》、《琴泉亭记》等一系列佳作，至今脍炙人口。尤其是他写的《琴泉亭记》，在写景状物方面，与苏轼的《后赤壁赋》有异曲同工之妙。文中说：“时夜方半，万象寂寥，俄而江月翻波，水风喷岸，豚鱼惊跃，鸥鹤争鸣，予心栗焉。”短短三十字，就描绘出了江上月夜下的诡谲怪异。苏轼在《后赤壁赋》中描写月夜泛舟大江时说：“时夜将半，四顾寂寥。适有孤鹤，横江东来。”“划然长啸，草木震动，山鸣谷应，风起水涌。予亦悄然而悲，肃然而恐。”黄苏二人非同时同地而游长江，然而所见所感如此一致，大师匠心，令人拍案惊奇。

黄云鹄在四川为官20余年，勤政廉政，颇有政绩。在他眼里“王子犯法与庶民同罪”。他执法严正，不畏强暴，被当地老百姓称为“黄青天”。光绪十六年（1890），他担任四川盐茶道按察使。任职期间，发现一些不法商人，勾结官府，大搞权钱交易，草芥人命，导致很多冤案。他面对官场腐败现象，怒不可遏，拍案而起，秉公执法，为民请命，极力反对冤狱，得罪了当地权贵，让他工作难以为继，因而愤然辞官，携家眷返乡。

黄云鹄卸职返乡后，先后担任两湖书院、江汉书院和经心书院山长，与新派人物张之洞过从甚密，引为挚友。他痛感当时的清朝政府像一个行将就木的老人，而自己又苦无救国良策，常常为此苦闷不已。他主张教育救国，十分赞同张之洞推行的洋务运动。为此，他饱蘸浓墨，通过撰写《劝学说》，抒发自己的报国之志和爱国之情。在阐发教育宗旨、劝诫人们勤奋学习方面，《劝学说》比荀子的《劝学篇》更有时代意义，并且是一连五篇。在文中，他十分欣赏晋·王嘉在《拾遗记》中写的"夫人好学，虽死若存；不学者，虽存，谓之行尸走肉耳"这句话，向学生反复强调："夫人好学，虽亡若存；不学者，谓之行尸走肉。"在教学上，他对好学者大力表扬，对厌学者严词切责，要求学生们要乐于读书，善于读书，为振兴国家做学问。

黄云鹄在经心书院履职时间最长。他尽管公务繁忙，仍然坚守三尺讲台，教书育人，诲人不倦。他讲课，比喻生动，风趣幽默，见解精辟，以致"比至期集者数千人，咸肃衣冠，入竟日无哗"。可见他受学生欢迎的程度。

黄云鹄家世十分显赫。溯上，他是北宋著名文学家黄庭坚的第 17 世孙，延下，他是近代著名语言文字学家、国学大师黄侃的父亲。

著述名录：著有《学易浅说》、《群经引论大者》、《念昔斋寤言图纂》、《花潭集咏》、《实其文斋文钞》、《实其文斋诗钞》、《完贞伏虎图集》、《兵部公牍》、《归田诗抄》、《粥谱》等。

对联选录：

游山遣兴非逃世；作字颐神不为名。

岳麓书院

背景链接：岳麓书院始建于北宋开宝九年（公元 976），位于今湖南省长沙市湘江西岸，国家 5A 级风景名胜岳麓山风景区，有着悠久的办学历史，是中国古代著名四大书院之一，培养了众多杰出的人才。该院与湖北及至黄冈有着千丝万缕的联系。历史上，有很多黄冈籍教师在此任教或到该院交流讲学。仅清康熙年间就有麻城人李中素、黄冈县人王懋绩在此任教。其中，李中素曾在该院掌教 26 年之久，在岳麓书院历代山长中享有较高声誉。明代著名学者，红安人耿定向、耿定理、耿定力，蕲春人顾问、顾阙都曾到该院交流讲学，留下佳话。

该书院经历了宋、元、明、清四个朝代风雨洗礼，"千年学府，弦歌不绝"，在全国享有殊荣。清末光绪二十九年（1903）改为湖南高等学堂。1926 年正式定名为湖南大学。1988年，岳麓书院建筑群被国务院批准为第三批国家重点文物保护单位，现为岳麓山风景区重要观光点。

“惟楚有材，于斯为盛。”岳麓书院大门上的这副对联，道尽了岳麓书院历史上人才辈出的事实。纵观岳麓书院一千多年的历史，早在北宋，山长周式便“教授数百人”。南宋理学家张栻出任山长后，岳麓书院成为湖湘学派的发源地，培养出了一批“岳麓巨子”。南宋乾道三年（1167），朱熹来岳麓书院与张栻会讲，历时两月，史称“朱张会讲”。这次会讲，吸引了大批士子纷纷返归前来听讲，“方其盛也，学徒千余人”，“一时舆马之众，饮池水立涸”。正德二年（1507），阳明心学一代宗师王阳明（守仁）率弟子在岳麓书院讲学，是继南宋湖湘学派之后，岳麓书院的又一次重要学派活动，推动了岳麓书院又一个学术繁荣时期。明清至民国初期，更是岳麓书院培养人才的鼎盛时期。一批批影响中国历史命运的人物纷纷从这里走向社会，如潜龙入海。

李　中　素

名师名片　李中素——清中前期湖广著名教育家、学者、诗人、书画家、书院名师，贡生，曾任湖南湘乡教谕、福建闽县知县、岳麓书院山长及台湾知县。

教育箴言　**胸窄自是，悔误必多；庸懒自甘，学业难成。**

名师传略　李中素（1633—1697），字鹄山，号怍庵。麻城（今麻城市）人。贡生出身。历任湖南湘乡教谕、福建闽县知县、岳麓书院山长及台湾知县等职。康熙皇帝为褒扬李中素主持岳麓书院办学之功，特亲笔御书“学达性天”匾额，颁赐该书院，进一步巩固了岳麓书院在全国学林的地位。

李中素敏而好学，有儒侠之风。自幼崇拜孔子，勤练“六艺”。礼、乐、射、御、书、数，样样精通。曾入于成龙军中当参谋，出奇设策，忠肝义胆，颇有侠士之风。读书过目成诵，诗文操笔立就。尤其长于诗歌，旁及字画，自成一家。在学林中有“工诗、书、画三绝”之誉。政务之余，喜吟咏。著有《梅花书屋诗选》四卷，名播荆楚，脍炙人口。

办学有方，成就斐然。李中素从康熙七年（1668年）起，到康熙三十三年（1694），任岳麓书院山长长达26年之久。他秉承朱熹的办学思想，并不断发扬光大。在教育思想上，提倡以孝悌为先，把道德品质修养放在首位。在教学上，克服门户之见，提倡学术自由，主张海纳百川，包容并蓄。在他的主持下，书院的科举制艺、学术成就闻名全国，为国家培养了大批优秀人才。康熙皇帝为表彰该书院在教书育人方面的突出贡献，亲笔御书“学达性天”匾额，并赠十三经和二十一史等书籍16种。获此殊荣，一时轰动朝野。

莅治精勤，操履端洁。李中素在湘乡任教谕期间，深入社会积极倡办社学、义学，推动教育事业发展。由于他平易近人，爱民礼士，善于鼓动，被容接者如坐春风中，得到了当地士绅的理解和支持。康熙三十四年（1695年），因办学有功，擢升为台湾知县。台湾县是清朝统治时期台湾岛汉人集中居住的所在地。管辖范围大约为4500平方公里，为今台湾南部的嘉义县、嘉义市、台南县、台南市全境及高雄县部分区域。在任期间，他勤政爱民，善断诉讼，遇冤狱必竭力申救、平反。后死于任上，台湾老百姓自发建“李祠”纪念他。

著作名录：著有《梅花书屋诗选》四卷，康熙二十三年（1684）雕版行世，规格为半页九行十九字，白口，四周单边无鱼尾。今藏有全本。

诗歌选录：

饮雪酒一律

携来仙人掌，醉到大士身。
明月入喉通夕吟，梅花香舌隔年春。

渡海赴台湾任

别路外，舟凭行。
去家六千里，渡海十三更。
赤嵌山将见，清源水尚盈。
何时闻嗽虚，重听声。

友人评价：清康熙三十年（1691）进士，河道总管兼总漕运事、著名诗人、画家陈鹏年曾为他作传，其中评价说：“公出嗣伯父学博春江公。学博公才兼文武，自幼教以韬略。后事兄逸楼公如师，逸公淹贯古今，杜门著述，有《史诗文禅四论》行世。公负气，有侠士风，逸公屡抑之锋焰，遂敛，事无巨细，行必请命。逸公病，公亲侍汤药，久益无倦。及卒，抚侄如己子。邑人士称李氏孝友无间言。……公魁梧颖异，书过目即成诵，诗文操笔立就，不加点窜，自臻微奥。年十九首补弟子员，二十食饩于庠，比入闱，文呈荐缘，末场笔误被黜，遂奋袂投笔从其兄水师将军于粤海，出奇设策，所至有功，被谗，不合，弹铗归里。”

第三章　学塾名师

私塾，一般设于家庭、宗族或乡村内部，黄冈俗称爨（cuàn）馆或“犁耙馆”。这种教育形式在鄂东源远流长。春秋战国时期，中国由奴隶社会向封建社会过渡，当时“天子失官，学在四夷”、“学校不修”，随之私人讲学之风开始兴起。《统一志》、《湖广通志》载：“相传自陈蔡适楚，至此（今武汉市新洲区旧街孔子河村）问津。”由此可以推测，当时孔子周游列国讲学曾到过黄冈境内。汉以后，私学成为黄冈封建时代学校制度的重要组成部分，是城乡基础教育的主要场所。唐宋时期，私塾在官宦之家和富裕大户中大量发展。元代因社学广兴，私塾有所减少。明代开始发展义学。至清朝，私塾遍及鄂东大地，每一个集镇和大一点的村都有。特别是清末，境内涌现出一批效维新之法、图改良之志的塾师，顺应社会潮流，改良办学理念、教学内容和教学方法，传播新思想、新文化，在黄冈基础教育中发挥了重要作用。不少近、现代知名人士，如蕲春田桐、黄侃、胡风，广济居正，黄冈熊十力、李四光，红安董必武、李先念，浠水闻一多等都曾在少年时期读过私塾。

从总体上说，黄冈的塾师大致可分为三类：第一类是一群命运不济或仕途无望的没落文人。如，蕲春的著名塾师陈仰瞻，胸有大志，但怀才不遇，屡次名落孙山。一生大多数时间靠教私塾养家糊口，是黄冈塾师的典型代表。其次是有叛逆思想的文人，尤其是失业文人的重要职业选择。如，著名文学家冯梦龙早年为了在私塾界立足，曾在《春秋》和《四书》等科考内容上狠狠地下过一番功夫，尤其是《春秋》教得好，故被麻城名士梅之焕、田生金引进到麻城教授《春秋》。第三类是官员退隐之后的一种修身方式。如黄冈县的陈大章，进士出身，选授翰林院庶吉士，官至太仆寺少卿。晚年返乡，设帐授徒，名播乡里。

黄冈人历来崇文重教，对塾师的聘任非常重视。一般先要托人查访塾师的学问人品。聘任还有一整套礼节。首先下“关书”，再举行“拜师仪式”。私塾一般分为蒙馆和经馆两个阶段。蒙馆对初入学儿童进行启蒙教育，以读书、识字为主，兼习毛笔字，经一两年学习后练习作文。经馆为高一级私塾，其教学内容主要围绕科举制艺，教学活动一般有读书、识字、背诵、习字、作文和对课等形式。读书是私塾的最主要的教学活动。黄冈县刘氏族学的条规中要求学生："每日读生书，朗读百遍。"要求师傅读一句，蒙童照读一句，如此返复上口后，再读百遍，周而复始，不有间断。黄冈的私塾先生历来重视识字和背诵，并不重视讲解。所谓"书读百遍，其义自见"。在鄂东流传有"孟子一百页，屁股打发裂"的民谣。在黄冈大多数私塾里，每个学生读的书是不一样的。这是先生根据不同学生的学习基础和接受能力安排的，因而真正能做到因材施教。习字，即进行写字练习。私塾里都是用毛笔写字，首先要磨墨。古人曾言：人磨墨，实乃墨磨人也。因此，习字不仅能帮助学生巩固所学的知识，还有助于培养学生的耐心和毅力，磨练性格和意志。古人"板凳要坐十年冷，文章不写一句空"治学态度的养成，不能不说与长期习字没有关系。对课，即对对子。蔡元培先生曾说过："对课不但是作文的开始，也是作诗的基础。"对发展学生的智能和语言表达能力具有十分重要的意义。

第一节 北部塾师

⊙黄安县（红安县）

背景链接：红安县是全国著名的"将军县"。曾养育了理学奠基人、北宋时期著名哲学家程颢、程颐二兄弟，明代理学家、教育家耿定向、耿定力、耿定理耿氏三兄弟，以及现代著名世界级翻译家、文学家，历史学家，经济学家等一大批成就斐然之士。

该县始建于明嘉靖四十二年（1563）。据《郡县释名》湖广卷称：黄安县"本黄冈、麻城、黄陂三县地，在郡西北，距各县治远，盗贼丛集，积逋滞讼，久而益炽，官司苦之。嘉靖间，抚臣张雨奏请割麻城太平、仙居二乡，黄冈中和乡，黄陂滠源乡，建县于姜家畈，黄民始安，故名黄安"。明清两代均属黄州府。1914年，属江汉道。1927 年直属湖北省。1934 年，属湖北省第四行政督察区。1943年，改属第二行政督察区。1931 年 12 月，中共鄂豫边区第一次改黄安县为红安县。1945 年后，复名黄安县。1947 年 11 月成立黄安县人民政府。1949 年后黄安属孝感专区。1952年改属黄冈地区，为纪念鄂豫皖革命根据地和中国工农红军第四方面军于此创建，报经政务院批准，第二次改黄安县为红安县。

程　颢

名师名片 程颢——北宋著名思想家、哲学家、教育家、理学奠基人之一、理学名师，进士，曾任太子中允、监察御史、宗宁寺丞。

教育箴言 **涵养须用敬，进学在致知。**

君子之学，必至圣人而后已。不至圣人而自已者，皆弃也。

名师传略 程颢（1032—1085年），字伯淳，世称明道先生。原籍洛阳，生于北宋府县（今属红安县二程镇）。北宋嘉祐二年（1057年）进士，历任鄠县主簿、上元县主簿、晋城令、太子中允、监察御史、监酒税、镇宁军节度判官、宗宁寺丞等职。死后，封“先贤”，奉祀第38位。

程颢先后在嵩阳、扶沟等地设学庠（实为比较大一点的私塾），开坛讲学，集乡中贤者而教之。通过潜心研究和实践，形成了一套较完整的教育思想体系。

在教育教学目的上，他提出“乃在于培养圣人”，主张“君子之学，必至圣人而后已。不至圣人而自已者，皆弃也。”“孝者所当孝，弟者所当弟（悌），自是而推之，是亦圣人而已矣”，即认为教育最高目的要使受教育者循，仁民而爱物，谨守封建伦常。

在教学内容上，他提出：学《论语》、《孟子》则为“知道”，“读《论语》、《孟子》而不知道，所谓虽多亦奚以为？”《大学》、《中庸》亦不可不学，“大学之道在明德，明此理也”。而《中庸》“天理也，不极天理之高明，不足以道中庸”。总之，教学必以儒家经典为教材，以儒家伦理为教育的基本内容。

在教育教学方法上，他提出：读书以期“讲明义理”，注重读书方法，“读书将以穷理，将以致用也”，不可“滞心于章句之末”，并郑重申明，为此者乃

“学者之大患也”。

在教育思想上，同他的理学思想一样，对后世影响颇为深远。后人为求学统渊源，于他讲学之处立祠或书院以为纪念。如，嘉祐元年（1056）程颢于京师讲《易》处（今开封繁塔之左）立二程祠。明成化二十年（1484），河南巡抚李衍就二程祠建大梁书院，祀“二程”于讲堂。另嵩阳书院亦为纪念“二程”所立。《嵩阳书院志·序》称：“嵩阳书院，宋藏经处，两程夫子置散投闲与群弟子讲学地也。”宋乾道年间（1165—1173），黄州太守李訦为纪念程颐、程颢，于学宫内修建“两程祠”，以供后人瞻仰。

在学风上，程颢提出了“穷经以致用”的主张，突破了汉学不敢独立思考的墨守成规的治学方法，不失为一大进步。当然，在理学后来被定为属于支配地位的以后，就长期束缚了人们的思想，妨碍了社会的思想开放，阻碍了社会的发展，故其消极面仍然是不可忽视的。

在学术方面，程颢与其弟程颐，早年都师从于理学创始人周敦颐。后来，兄弟二人研习理学精勤不倦，成为北宋理学主要奠基者，世称“二程”。因二程兄弟长期讲学于洛阳，故又称其学为“洛学”。“二程”在哲学上发挥了孟子至周敦颐的心性命理之学，建立了以“天理”为核心的唯心主义理学体系。“二程”在学术上所提出的最重要的命题，是“万物皆只是一个天理”。他们认为阴阳二气和五行只是“理”或“天理”创生万物的材料。从“二程”开始，“理”或“天理”，被作为哲学的最高范畴使用，亦即被作为世界的本体，而且人类社会的等级制度及与之相适应的社会道德规范，也都是“天理”在人间社会的具体表现形态，“君臣父子，天下之定理，无所逃乎天地之间。”“二程”的学说，后来由南宋朱熹等理学家继承发展，成为“程朱”学派。

“二程”出身于官宦世家，曾祖程希振任虞部员外郎，祖父程遹曾任黄陂县令，赠开府仪同三司吏部尚书，卒于该县。父程珦年幼无力返乡，遂居于黄陂，曾任黄陂县尉，后官至太中大夫。“二程”就是在其父任黄陂县尉时所生，自幼深受家学熏陶，在政治思想上受其父程珦的影响，以非王安石新法著称。

程颢死后，享受殊荣。宋宁宗十三年（1220），被赐谥为“纯公”。理宗淳祐元年（1241），又追封为“河南伯”，并“从祀孔子庙庭”。元明宗至顺元年（1330），诏加封为“豫国公”。明代宗景泰六年（1455）诏令两程祠以颜子

（即颜渊）例修建，规制比于阙里，前后殿庑斋室等房共60余间，祭文称颂两程“阐明正学，兴起斯文，本诸先哲，淑我后人”。清康熙二十五年（1686），二程进儒为贤，位列孔子及门下、汉唐诸儒之上，次年康熙皇帝又赐给两程祠“学达性天”匾额。

著述名录：由朱熹编定“二程”语录《遗书》（《河南程氏遗书》）25卷、《外书》12卷。“二程”门人辑录刊行还有《明道先生文集》、《二程粹言》、《经说》等。

诗歌选录：

其　一

游　月　陂

月陂堤上四徘徊，北有中天百尺台。
万物已随秋气改，一樽聊为晚凉开。
水心云影闲相照，林下泉声静自来。
世事无端何足计，但逢佳节约重陪。

其　二

云淡风轻近午天，傍花随柳过前川。
时人不识，将谓偷闲学。

其　三

秋　月

清溪流过头，空水澄鲜一色秋。
隔断红尘三十里，白云红叶两悠悠。

陈　逵　九

名师名片　陈逵九——鄂东名师、教育专家、书法家，举人，曾任麻城县坐馆塾师、礼部主事、黄安县高等小学堂堂长、黄州府中学堂监督、启黄中学校长、湖北省通志馆馆员。

教育箴言　**贫学则国家贫矣，富学则国家富矣。古往今来，莫不如是。**

名师传略 陈逵九（1857—1936），亦名鸿翼。黄安县（今红安县）上新集桥店谭家田塆人。举人出身。历任塾师、军机处员外郎、军机章京、礼部主事、黄安县高等小学堂堂长、黄州府中学堂监督、启黄中学校长、河南省叶县知事、武昌凤凰窝黄安学社社长、湖北省通志馆馆员等职。是湖北省著名学者、教育家、书法家，黄安县一代名宿。

陈逵九出生于贫寒之家，自幼发奋图强，寒窗苦读，酷爱书法。因家贫且迷恋书法，参加科考屡试不中，然他不坠青云之志，研习不辍，直至中年方中得举人，出仕为官。陈逵九中举前，在家乡黄安县城以教私塾养家糊口。中举后，历任军机处员外郎、军机章京、礼部主事等职。八国联军入侵中国后，他愤然弃职还乡，仍然从事塾师工作，并致力于书法技艺。清光绪三十一年（1905），任黄安县高等小学堂堂长。宣统二年（1910），任黄州府中学堂监督。1912 年，任启黄中学校长。后历任河南省叶县知事、武昌凤凰窝黄安学社社长、湖北省通志馆馆员。1935 年 2 月，携眷回乡。次年 8 月 11 日病逝。

陈逵九注重蒙童品德习惯养成教育，十分重视写字教学。教私塾期间，他经常对学童说：古人云，人磨墨，实乃墨磨人也。并认为，习字不仅有助于学生巩固所学的知识，还有助于培养学生的恒心，磨练学生的性格和意志，使急性子变成慢性子，坐不住的变成坐得住，养成静心读书的好习惯。教学之余，临帖苦练，书法技艺渐精，名重一方。家中穷困时，卖字以应急需，常给人书写对联、中堂，时在黄安县城和十里八乡流传“黄安有个字案首，家家挂有陈逵九”之语。

陈逵九具有强烈的爱国主义精神，积极践行教育救国理想。居北京时，捐款修建“黄安会馆”，以便乡人赴京读书、殿试。八国联军入侵中国后，他深感清朝政府腐败无能，借丁忧之机，愤然弃职还乡，决心以教育救国，提出“贫学则国家贫矣，富学则国家富矣。古往今来，莫不如是”的观点。因此，他把后半生的全部心血，都奉献给了家乡的教育事业。清光绪三十一年（1905），出任黄安县高等小学堂堂长。宣统二年（1910 年），受聘黄州府中学堂监督，聘请革命者董用威（董必武）为英文及国文教员。1912 年，到武昌担任启黄中学校长，开鄂东中学教育之先河，培养了一大批优秀人才，为黄冈教育做出了杰出贡献。

陈逵九品高自洁，同情并支持革命。他接受新思想快，与董必武志同道合，建立了深厚的友情。1915 年，董必武因参加反袁护国运动，黄安县知事将其逮捕入狱。他闻讯后，迅即返回黄安，经过多方斡旋，将其保释出狱。在河南省叶县任知事 6 年。时任河南省长田文烈，为扩充本人势力，送他“乐只君子”匾额，企图拉拢他。他不愿卷入派系之争，不屑与之为伍，遂辞职还乡。1931 年，于武昌凤凰窝任黄安学社社长。同年 8 月，单身直入湖北省高等法院，保释中共党员陈九舟。后受聘为湖北省通志馆馆员，为湖北省地方志工作做出了特殊贡献。

著述名录：著有《宦途记事》、《从教摘录》等。

⊙麻城县（麻城市）

背景链接：麻城历史悠久，人文厚重。著名的柏举之战发生于此。魏太医令、脉经之祖王叔和晚年迁徙于此。杏花村千古驰名。曹操、李世民、李白、杜牧、苏轼等，均在此留下名篇佳作。一代廉吏于成龙在此施政，青史流芳。明代，麻城是文化中心之一，有辅仁、明德、万松等 12 大书院。李贽、冯梦龙、“公安三袁”等竞相来此设帐讲学、著书立说。有 136 位进士入朝。培育了刘天和、李长庚、梅之焕等 10 位载入《明史》的一代名臣。“湖广填四川，麻城占一半”。麻城“孝感乡”，为明清移民圣地。麻城是“黄麻起义”策源地，是中国红军之源，诞生了红四军、红二十八军。走出了王树声、陈再道、许世友等 44 位共和国将军。乘马岗为“全国将军第一乡”。当代培育了“两弹一星”元勋彭桓武等杰出人才。

该县于隋开皇十八年（598）设县治。位于今湖北省东北部，鄂豫皖三省交界的大别山中段南麓。北与河南省商城县、新县以山脊为界。东北同安徽省金寨县依界岭分水。省内东邻罗田县，南接团风县、武汉市新洲区，西与红安县毗连。1986 年撤县建市，更名为麻城市。

冯 梦 龙

名师名片　冯梦龙——明代著名文学家、戏曲家，塾学名师，贡生，曾任麻城县（今麻城市）田氏家族坐馆塾师、丹徒训导、任福建寿宁知县。

教育箴言　**世俗但知理为情之范，孰知情为理之维乎？**

富贵无根本，尽从勤中得。

势不可使尽，福不可享尽；便宜不可占尽，聪明不可用尽。

恩德相结者，谓之知己；腹心相结者，谓之知心。
事不三思终有悔，人能百忍自无忧。

名师传略　冯梦龙（1574—1646），字犹龙，又字子犹，号龙子犹、墨憨斋主人、顾曲散人，吴下词奴、姑苏词奴、前周柱史等。汉族，南直隶苏州府长洲县（今江苏省苏州市）人。万历年间，在麻城“坐馆”八年有余。崇祯三年（1630），57岁时补为贡生，次年破例授丹徒训导。崇祯七年（1634）升任福建寿宁知县。四年后。任满回到家乡。清顺治三年（1646）春忧愤而死（一说是被清兵所杀）。是我国明代著名文学家、戏曲家。

冯梦龙青年时期参加科举考试，屡试不第。后来为了生计，以做馆塾先生，兼为书商编书以解无米之炊。为了在私塾界立足，他曾在《春秋》和“四书”等科考书籍上狠狠地下过一番功夫。尤以教授《春秋》出名。万历三十七年（1609）左右，冯梦龙与麻城名士梅之焕、李长庚、田生金结为莫逆之交。此后，梅之焕、田生金曾先后两次邀请冯梦龙到麻城教授《春秋》。第一次应梅之焕邀请，在万历四十年至四十五年（1612—1617）之间。第二次应田生金邀请，于万历四十八年（1620）到田氏家族坐馆。两次共计8年有余。

在教学上，冯梦龙深受鄂东教育界推崇。明代麻城科举十分昌隆，本地教授《春秋》的大儒比比皆是。但冯梦龙来后，麻城乃至鄂东各地研习《春秋》者纷纷前来请教，而且深为冯梦龙所折服。冯梦龙在麻城“坐馆”期间，专门针对其治的《春秋》编纂了《麟经指月》，由梅之焕作序后刊印。被当时鄂东教授《春秋》的老师作为重要教学参考书。

在思想上，冯梦龙奉寓居麻城的李贽为“蓍蔡”。他深受李贽思想影响，推崇其文学主张，敢于冲破传统观念，向世俗宣战。他提出：“世俗但知理为情之范，孰知情为理之维乎？”（《情史》卷一《总评》）强调真挚的情感，反对虚伪的礼教。在文学上，他重视通俗文学所涵蕴的真挚情感与巨大教化作用。他认为通俗文学为“民间性情之响”，“天地间自然之文”，是真情的流露。在《叙山歌》中，他提出要“借男女之真情，发名教之伪药”的文学主张，表现了冲破礼教束缚、追求个性解放的时代特质。他重视通俗文学的教化作用，在《古今小说序》中，认为“日诵《孝经》、《论语》，其感人未必如是之捷且深”，通俗小说可以使“怯者勇、淫者贞、薄者敦、顽钝者汗下”。这些见解，有力地回击了鄙视通俗文学的看法。

在文学上，冯梦龙在麻城期间创作了《情史》等一系列小说和专著。他积极探寻麻城的民间风俗。尤其是对麻城的婚俗很感兴趣。他根据麻城结婚风俗中“二人对饮合卺在明烛下”，描述了麻城人结婚洞房花烛夜的浪漫情景。演变到现在，即是喝交杯酒。喝了交杯酒后，青年男女在“烛”下成双成对永结同心。在麻城“坐馆”期间，他还撰写了《春秋衡库》、《太平广记》和《古今谭概》等专著。其中，《春秋衡库》、《太平广记》由麻城名士李长庚作序，《古今谭概》由梅之焕名贤作序。

冯梦龙出生成长之时，正值西方文艺复兴时期，与之遥相呼应。在我们这个有着几千年文明的东方大国，也出现了许多离经叛道的思想家、艺术家。李贽、汤显祖、袁宏道等等一大批文人，以他们惊世骇俗的见解，鲜明的个性特色，卓绝的艺术成就，写下了中国思想史、文学史上璀璨的篇章。冯梦龙作为这个时期的新生代，发出了最有力量的呐喊。他的著作涉及面广，数量众多。其作品比较强调感情和行为，最有名的作品为《古今小说》（《喻世明言》）、《警世通言》《醒世恒言》，合称“三言”。其中三言与凌濛初的《初刻拍案惊奇》、《二刻拍案惊奇》合称“三言两拍”，是中国白话短篇小说的代表之作。冯梦龙以其对小说、戏曲、民歌、笑话等通俗文学的创作、搜集、整理、编辑，为我国文学做出了独异的贡献。

冯梦龙自幼好读书。他的童年和青年时代，与当时的许多读书人一样，把主要精力放在诵读经史以应科举上。他曾在《麟经指月》一书的《发凡》中回忆道：“不佞童年受经，逢人问道，四方之秘复，尽得疏观；廿载之苦心，亦多研悟。”他的忘年交王挺则说他：“上下数千年，澜翻廿一史。”然而他的道路却十分坎坷，屡试不中，后来在家中著书。因热恋一个叫侯慧卿的歌妓，对苏州茶坊酒楼下层生活的频繁接触，为他熟悉民间文学提供了第一手资料。他的《桂枝儿》、

《山歌》民歌集，就是在那时创作的。直到崇祯三年（1630），他 57 岁时，才补为贡生。次年破例授丹徒训导。崇祯七年（1634）升任福建寿宁知县。四年以后回到家乡。

冯梦龙还是一位爱国者。在崇祯年间任寿宁知县时，曾上疏陈述国家衰败之因。在清兵南下时，他除了积极进行宣传，刊行《中兴伟略》诸书之外，他还以 70 岁高龄，奔走呼号，反清复明。因而得罪清朝政府，于清顺治三年（1646）春被清兵所杀（一说为忧愤而死）。

著述名录：冯梦龙勤于著作，作品总数超过 50 种。他在小说、戏曲、民间歌曲三方面，都做出了杰出贡献。除写诗歌外，主要精力在于写历史小说、言情小说、戏曲、文学评论。他的诗集大都散失，但值得庆幸的是，由他编纂的 30 种著作得以传世，为中国文化宝库留下了一批不朽的珍宝。其中除世人皆知的“三言”外，还有《新列国志》、《增补三遂平妖传》、《古今烈女演义》、《智囊》、《古今谭概》、《太平广记钞》、《情史》、《墨憨斋定本传奇》，尚有许多解经、纪史、采风、修志的著作，而以选编“三言”的影响最大最广。代表了明代拟话本的成就，是中国古代白话短篇小说的宝库。这三部小说集相继辑成并刊刻于明代天启年间。“三言”各 40 篇，共 120 篇，约三分之一是宋元话本，三分之二是明代拟话本。“三言”中较多地涉及到市民阶层的经济活动，表现了小生产者之间的友谊。也有一些宣扬封建伦理纲常、神仙道化的作品。其中表现恋爱婚姻的占很大比例，《杜十娘怒沉百宝箱》是其中最优秀的一篇，也是明代拟话本的代表作。

总之，明代拟话本较多反映了市民阶层的感情意识和道德观念，具有市民文学色彩。它表现了资本主义萌芽时期的社会风貌，具有鲜明的时代特色。艺术上，“三言”比宋元话本有了很大进步。它与宋元话本一样，具有情节曲折的特点，但它的篇幅加长了，主题思想更集中，人情世态的描绘更丰富，内心刻画上也更细腻。但是，“三言”语言不如话本生动，矛盾冲突也淡化了。冯梦龙曾主持编修《寿宁待志》，参与校对精刻《水浒全传》，评纂《古今谭概》、《太平广记钞》、《智囊》、《情史》、《太霞新奏》等，并有笑话集、政论文等 10 余种传世。其中《智囊》、《古今谭概》、《情史》三部书，可谓冯梦龙在“三言”之外的又一个“三部曲”系列的小说类书。《智囊》之旨在“益智”、《古今谈概》之旨在“疗腐”、《情史》之旨在“情教”，均表达了冯梦龙对世事的关心。而

《智囊》是其中最具社会政治特色和实用价值的故事集。还撰有研究《春秋》的著作《麟经指月》。此外，后人尚编有《冯梦龙全集》传世。

邹知新

名师名片 邹知新——明末清初鄂东历史学家、文学家、族谱专家、塾学名师，举人，曾任襄阳宜城县教谕、山东莱阳县知县、麻城县（今麻城市）邹氏本族私塾坐馆塾师。

教育箴言 **掌乡州之粮，磨研头之职，何其重也！**

名师传略 邹知新（生卒年不详），字师可。明末清初麻城县（今麻城市）人。崇祯十五年（1642）举人，顺治八年（1651）官襄阳宜城县教谕，后升山东莱阳县知县。因为缉捕逃人违期，解任归田，设帐乡梓，教书育人，诵读自娱，修身齐家，桃李成荫。

邹知新是一位在麻城境内知名度较高的塾师。他自幼颖慧，苦学不辍，学极博杂，文辞清新绚丽，明晓通畅，因此文名远播。他解任归田后，坐馆要求子侄甚严，课读有方，成效显著。有多名弟子在县试、府试中出类拔萃。在家族中享有很高声誉。

邹知新是一位用心考证的学究。他的考证文章，文简事详，证据严谨。著有《麻城县纪略》十四卷，惜未付印。康熙九年（1670）刻本《麻城县志·重修麻城县志序》云："麻邑旧志，兵燹罔存，邑邹君师可，访得烬余数纸，补缀增益之。"乾隆六十年（1795）刻本《麻城县志》载："今志多所取证焉。"明崇祯七年（1634），他撰写了《邹氏祖源考》，对麻城的山川地理、人文历史颇为注意。尤其是他撰写的《都碑记》，确认了麻城孝感乡的存在，并解决了孝感乡的得名时间和原因。

邹知新还是一位文学爱好者。其诗文俱佳，名闻遐迩。康熙十一年（1672），他有事到莱阳县公干，与时任知县的麻城同乡万邦维相识，临别时吟诗话别，其诗序云："壬子夏，重有事于莱阳，数数过从万松溪寅翁署中，喜其清宁一，深得古黄老饬吏治意，因赋此章话别。"其诗曰："重过卢乡炙德光，静调化瑟理岩疆。三年政听舆人诵，两袖风清宓子堂……"康熙三十年（1691），莱阳诗人张齐玉，在莱阳文庙告成之日题诗曰："卢乡文运自今昌，绿藻丹辉映庙墙。章甫趋跄械朴盛，佼髦德造汉云光。波泓天水恩常渥，乐奏箫韶听不遑……”诗中“卢乡”、“岩疆”都是指莱阳。由于邹知新的诗和文名，“卢乡”、“岩疆”成为莱阳的别名。后来诗人、书画家写莱阳时，多有引用。凑巧的是，顺治十六年至十八年（1659—1661），邹知新曾任莱阳知县。

邹知新还是一位正直有良心的清官。当年莱阳于七率众起义后，清廷大肆捕捉杀戮党羽，株连九族，波及无辜。据官方府县志记载：“当大军之初至也，有谓莱阳同恶者众，欲悉诛之。赖知县邹知新力请于三大帅，保全甚多。”由此，可见邹知新不顾个人得失的拳拳爱民之心。

著述名录：创作有《经正书院记》、《道观矶记》、《什子山记》、《芝佛寺记》、《定惠寺记》等文章。撰有《麻城县纪略》十四卷。

文章选录：

都　碑　记

去城东南七里，有乡碑、石磨当路，云是古之孝感乡都。昔麻邑存四乡，独孝感乡有遗碑。耆老谓之世宝也。今刘氏后裔珍护之，可谓知所重也。

新龆时，闻故老言：孝感乡都在邑城东南匆远。都府面坊，多逢回禄，惟都碑、米研犹存。甚异！余读旧志稿，云：治东南七里许即磨子场及孝故都，陈侯碑、驰辙、万松亭、赤亭古城，与沈秀者马头湾诸名胜，如联珠然。宋孔常父诗云：磨子场边堪寓目，赤亭城下更关情。乡都好景无人说，只得邑城小市民。华美骚逸，理或可想。又读志略，称：“孝乡犹尚小，是以户丁为制，不以里数为限。”河东先生龙池闲话亦曰：久居湖边孝都里区，八百户丁，音声皆悉。观数典而综之，地狭而鸣世也。惜新幼时未知，不知究辨。今徒古乡，见其山川明润，风泽清旷，遥闻豫章人鸠集，悦余，乐而忘归。自赵宋胡元以来，丁旺，常为乡之患害。明圣初，云传蜀地土广，川道虽险，乡之迁人皆居之。今民散久矣，百遗二三，莫一能奉。日不见□龠渔歌，夜无柝击双六，烛火孤点。新叹曰：名乡耳！岂可独忘此乡乎？

都门之阳有碑碣，额镌：邑东南七里磨子场，大明湖广布政使司黄州府麻城县孝感乡都旧址，皇明成化二十三年（1487）丁未秋邑侯陈兴谨识。背阴有字，铭文漫辨。志稿云：陈侯有才能，常乞其旧，而朝廷无旨，乃泐于石，自以怀怨。夫谓旧舍故，以继乡都，起废重兴之。以是亦存复之意，以复全盛，尚义崇孝也。

彼其近周，破垣环故井，荒草冠遗坛。往牍曰：当洪武初，太祖定迁民之策，迁诏至公署，县堂徙治磨子场。十年，遂升其都为散州，统属七县。未几罢之。永乐中复旧治。弘治时，都崩基坍，故今不知有其乡云。非虚语也。

绕碑偕刘氏多居焉。访问之，曰：孝都离邑七里，究之，乃知兹坊集始自汉。传闻同里赵氏至孝，奏之，册封为四乡之宗正。弘治五年（1492）正月丁酉燹之。然崇祯间值献祸，邑名更长顺。八大王广置乡间，招合流旧，计丁授田。时于富人沈万三秀雕彩之古宅，依议复置（献力置孝感厅，燿恩风相传）。析其故地，添置信义、□□、□和、清平。一时避地逊名者，多有附焉。梅宗长者亦默如忘言。又云："盖先人有完稿实着，吾邑言忠仁礼义之俗，推河东者。河东者，惟吾卯金氏者也。词虽出自流语，吾又谓：何哉？继曰：掌乡州之粮，磨研头之职，何其重也！余山林湖匽之积，司仓之责，点造之任者，何其大也；造厨、煮调、白卷，饱头之事者，何其苦也；锉切茎荚，抱注金泉，菜茶头之勤劳者，何其累也。羹汤适口，熟淡相宜。如奏刀不嫌其细，倾尽而为，不以贫富易视来者之言，兹足以传信，邑人咸仰焉。并曰：故时人仍谓之孝乡云。

吾世力小任重，太平之功，岂不半赖先祖哉？嗟乎！新幼所闻之，今访其墟，观其金石亦相合，然益信乎！恐其古胜久淹，予谨述其事，存其传者耳，以示不朽矣！（注：文中"□"为石碑残缺部分）

王　五　玉

名师名片　王五玉——麻城盐田河镇南门外梅氏祠堂坐馆塾师，廪生，麻城县著名乡村塾师。

教育箴言　**读书若如吃生苕，食而不化放臭屁。**

名师传略　王五玉（1820—1892），字辉瑞，名天贵。麻城县盐田河三合湾村王家冲（今麻城市盐田河镇）人。幼读私塾，21 岁补县学廪生。一生坐馆执教，培桃育李。端方耿直，诙谐睿智，德高望重，闻名乡梓。

王五玉出生在一个贫穷乡村的穷苦人家。8 岁时，他仍衣不遮体。父母看他自幼聪明好学，机智过人，便在家境经济十分拮据的情况下，请私塾先生为其授课。他读书十分刻苦用功，成绩优秀。由于家庭太困难，不久便失学了。自 23 岁起，当塾师以养家糊口，从此一生执教乡里。

王五玉干一行爱一行。从事塾师近 50 年，把毕生的精力都献给了乡村教育。其中，在麻城盐田河镇南门外梅氏祠堂中坐馆 40 余年，启蒙儿童以千计。他学识过人，善于动脑筋，教学方法灵活，注重实用，反对打骂体罚学生。讲课善用比喻，通俗易懂，诙谐风趣，谈笑风生，深受蒙童喜爱和东家敬重。

王五玉工诗文，擅作对联，才思敏捷。当地老百姓每到逢年过节，家有喜事，慕名而至，请他写对联的一年比一年多，远近闻名。有一年农历五月，县衙准备唱大型会戏，原定地点在城内南门，戏名为《屈原传》，后地点改为城内东门，时间改为九月，戏名改为《岳飞传》。当时县令发出征集会戏台联告示，如有人能写出包含上述六个内容的台联，赏银百两。许多文人墨客做出几副对联，都未能表达出县令的心意。其时有人举荐王五玉，县令随即传王先生到县衙。县令说明大意，让王五玉据此作联。王先生遂挥毫立就，写出一副脍炙人口的对联（见对联选录），呈与县令。县令看后高兴地称赞道："写得好，有气魄，表达出此次会戏的内容。"此事，一时在麻城传为美谈。

王五玉育子有方，子承父志，孙承子志，三代都从事教育职业，是麻城誉满乡邑的教育世家。他平时为人正直，不畏地霸豪绅，敢于讥讽权贵，且乐于助人，常为弱势群体主持公道，备受穷苦百姓尊敬。

对联选录：

表大将精忠吊大夫孤忠百世流芳何惜折两朝梁栋；

演南宋传戏补南门会戏九秋奏曲依然落五月梅花。

熊冕南

名师名片　熊冕南——麻城鸭儿河熊氏祠堂私塾坐馆塾师，秀才，大革命期间麻城著名红色私塾先生，曾任麻城县（今麻城市）敫家园农民协会秘书。

教育箴言 **为天下的劳苦大众撑腰说话，谋福祉，是我们共产党人的责任。**

名师传略 熊冕南（1876—1945），化名履冰。麻城县木子店丁家坳（今麻城市木子店镇）人。清末秀才。中共地下党员。一生执教乡里，秘密从事革命工作，为创建鄂东苏区和鄂豫皖革命根据地以及鄂东抗日根据地做出了重要贡献。被誉为麻城红色教书先生。

以教育为阵地，秘密开展革命斗争。1926 年冬，熊冕南在麻城鸭儿河本族祠堂设馆教书期间，在武昌读书归来的共产党员学生李梯云等人的影响下，接受共产主义思想，萌发革命意志，积极投身火热的农民运动之中。因表现突出，不久秘密加入了中国共产党，并担任敫家园农民协会秘书。为壮大革命声势，响应北伐战争，他根据党的指示，白天坐馆教书，夜晚或走村串巷，或开办夜校，秘密串联，宣传革命，发动群众。发展党员 10 余人，农会会员 100 余人，为举世闻名的黄麻起义培养了一大批革命骨干。1927 年，大革命失败后，熊冕南遭到国民党反动派还乡团通缉，他带着两个女儿逃往武汉龟山矮桥同族长辈家中，隐身教书，秘密从事地下党工作近 10 年。1937 年，国共合作后，复归梓里族祠教书。他不顾年迈之躯，积极参加抗日活动，为抗日军民筹款筹粮，传递情报，直至 1945 年病逝。

红色教书先生，染红一家人。他十分重视两个女儿的教育和培养，要求他们要为天下的劳苦大众撑腰说话，谋福祉。他身教重于言教，以身作则，敢于面对面与地主恶霸和国民党反动派作斗争，在农民朋友中享有很高声望。大革命期间，他晚上出去开展革命活动，常常带上长女家模，次女家训作掩护。在他的教育和影响下，两个女儿家模、家训先后走上革命道路，成为中共党员。

祖孙四代，礼乐传家。熊冕南一家三代儒生，四代教书，桃李满天下，是麻城有名的乡村教育世家。祖父熊灿，清咸丰九年（1859）己未科进士。父亲熊汝明，廪生。不求仕进，甘以教私塾为生。长女家模考入省女中、省女师暨武昌中华大学等校。毕业后于麻城闵集、石磴坳、罗田肖家坳、武汉临中、世界佛学院等校教书。1972 年退休。任教 37 年，1981 年病故于武汉，享年 80 岁。次女家训参加过武昌农民讲习所麻城分所学习，长期在麻城从事基础教育工作。

第二节 中部塾师

⊙黄冈县

背景链接：历史上，黄冈县私塾十分发达，据统计，清末达到542所，在校生10917人。著名塾学有刘兴斋青黎义学、苏子期万寿宫义学、陈氏族塾（聚星学校前身）、杜子固华公庙义学、李卓侯塾馆等。特别是在清末民初涌现出一批代表新思想、新文化的塾师群体，如，李卓侯、刘兴斋、陈树三、林少儒等人，启蒙了黄冈县一代新人。革命先驱包惠僧、林育南、张浩、世界著名地质学家李四光、哲学家熊十力、经济学家王亚南、文学家秦兆阳、军事家林彪，易经宗师叶盛东等响彻寰宇的名人，都曾在自己家乡的私塾里接受过启蒙教育，由此走上社会，大展宏图。

该县是黄冈市一个已撤销的旧县名。1950年以前其辖地大致相当于今黄冈市所辖的黄州区、团风县和武汉市所辖的新洲区。1951年至1990年间则大致相当于今黄州区和团风县。黄冈县县名始于隋开皇十八年（598），一直沿用至1990年，历代均为郡、府、州治所，县治位于黄州城（今黄冈市区）。

陈 大 章

名师名片 陈大章——清代著名学者、诗人、塾师，进士，曾任翰林院庶吉士、太仆寺少卿、黄冈县中和乡松湖私塾坐馆塾师。

教育箴言 **诗必穷胜，可作游记，可补志乘。**

名师传略 陈大章（1659—1727），字仲夔，号雨山。清黄州府黄冈县中和乡（今属武汉新洲毛集）人。康熙二十六年（1687）举人，次年进士，选授翰林院庶吉士，官至太仆寺少卿。工诗古文，《毛诗》研究专家，鄂东著名塾师。

勤奋好学，博研经史，学益纯邃。陈大章一生著作等身，撰写了大量的学术专著。特别是，他对《毛诗》的研究情有独钟。他认为《毛诗序》是古代《诗经》题解中较为系统、完整而且保留先秦古说最多的一种序说，明显优于汉代流传的各家题解；而且其保留的古序，距离《诗经》的时代最近，对所录的宗旨、创作背景和做诗缘起等题解都比较中肯。因此，他研究《毛诗》，首先通过考察和辨析，从其是而黜其非，再以求真务实的态度去探求诗经的本义。在教私塾期间，他笔耕不辍，撰写了《诗传名物集览》十二卷，三易其稿，呕心沥血，勤奋不辍。其中，《鸟》二卷、《兽》二卷、《虫豸》一卷、《鳞介》一卷、《草》四卷、《木》二卷。学术价值极高。书成之最后，深承说经之旨，诸家广为采摘，奉为教学经典。

忠信孝悌，乐善好施，和睦邻里。陈大章为官清廉，政声卓尔，正当如日中天之时，急流勇退，以母亲年事日高为由，辞官回归故里，筑室于松湖，以教私塾为乐，并承欢膝下，极尽孝道。在乡里，每逢他人有困难，一定设法帮助，排忧解难。如果见到有人行善举，他即设宴席，以礼待之，广而告之。深得家乡父老敬重。

循循善诱，因材施教，桃李成荫。陈大章晚年在家乡设帐授徒，教育子弟，要求甚严。其徒多有成就，远近闻名。他常对门生说，“行万里路胜读万卷书”。曾深有体会地说，“诗必穷胜，可作游记，可补志乘。”因此，他的知识十分丰富，被誉为荆楚大儒。

著述名录：著有《诗传名物集览》（今存浠水县博物馆），是注释名物繁富之作。并有《玉照亭诗》、《北山文钞》、《抱节轩类记》及《读史笔记》、《钩䵷》、《敝帚》行于世。

诗歌选录：

五言律诗

其　一

熊襄愍公墓

钩党何荼酷，危关迄战争。有谁支一木，空自坏长城。
万古苌弘血，深山董相茔。揽衣频下拜，无泪洒荒荆。

其　二

罢阃归田后，囊头对狱辞。孤忠传异代，野史记当时。
事与水云逝，名同日月垂。夕阳孤照外，犹树大明碑。

古　风

其　一

九江夜泊

解帆及夕阳，系舟傍枯柳。天低九派流，浪抱孤城走。
奇峰插斗南，雄势压江右。云中五老人，见我时招手。
静夜冷鱼龙，古戍沈刁斗。欹枕不成眠，且饮浔阳酒。

其　二

登小姑山

蜀江万里浮鸿濛，洞庭势挟彭蠡雄。小姑突起插天半，百川砥柱为之东。
磴道虚无动寒色，渔舟一叶傍绝壁。蛟鼍正昼吼风霾，泱漭孤云天地白。
参差楼观丽朝霞，绣鞶珠箔颜如花。阴岩咫尺蓄雷雨，怪树千岁盘龙蛇。
吴楚雄关此第一，折戟沈沙莽萧瑟。凭栏决眦倚半酣，尽卷乾坤入诗笔。
隔江清霭有彭郎，银河带水遥相望。舟师招手闻绝叫，急趁南风过马当。

王　霭　廷

名师名片　王霭廷——清末民初黄冈学者、诗人、著名塾师，秀才，湖北两湖书院毕业，曾任安徽省视学、黄冈县淋山河某私塾坐馆塾师。

教育箴言　**教严则学勤，规盛则学殆。**

名师传略　王霭廷（1855—1927），一名作宗，字仲符。黄冈县（今团风县）淋山河人。清末秀才，后就读于武昌经心书院、两湖书院。毕业后，视学于皖，旋归乡梓，设帐授徒，致力振兴乡村教化，教书育人，名重一方。

王霭廷一生勤奋好学，注重内外兼修。通经史，善散文，尤工诗，博学多闻，乡说钦佩之至。特别是，他在武昌经心书院、两湖书院读书深造期间，学习异常刻苦，成绩出类拔萃。尤其是议论政体维新的想法，有自己独到见解，深受湖广总督张之洞的器重，被称之为“蔚为国用”。毕业时，张之洞亲自推荐他到安徽任视学。任职期间，督促地方办学，匡扶教学秩序，厘清教育宗旨，提倡教育维新，不遗余力，忠奋有加。

王霭廷在家乡设“专馆”期间，有教无类，因材施教。提出“教严则学勤，规盛则学殆”。因此，他主张教学要严肃活泼，保持学习热情。因之教学有方，四方家长送子上门求学，立雪其门而不怨，为淅山河启蒙了许多优秀人才。如新中学会骨干王养斋、江西督军方本仁、著名教育家黄勉之、凡子安等。

著述名录：著有《王霭廷诗文选》等。

著名弟子：王养斋、方本仁、黄勉之、凡子安等。

李 卓 侯

名师名片 李卓侯——清末民初黄冈县著名塾师，秀才，曾任黄冈县回龙山镇香炉山夔馆塾师、黄州私立高等小学堂堂监、黄冈东乡小学校长、黄冈县立初级中学校长（今湖北省黄州中学）。

教育箴言 **生存之道，学习之法，乃服务社会之技能也。**

名师传略 李卓侯（？—1923），字康爵，祖籍蒙古。清中后期，随父辈迁黄冈县回龙山镇香炉山。清末秀才。前半生在当地设“专馆”，教授蒙童。晚年，创办黄州私立高等小学堂（黄冈县东乡小学）、回龙山高等小学校和黄冈县立初级中学，并担任校长。因操劳过度，于1923年卒于黄冈县立初级中学任所。

李卓侯教书育人，精勤不倦，学问操守，名播乡里。幼年时期，在父亲开设的私塾里读书，刻苦用功，成绩优异，首次府试便中秀才。后因不喜八股文，屡试不第，遂放弃功名，子承父业，与父亲库里一起在回龙山镇新庙设夔馆，教授幼童四书五经，致力乡村教育发展。

李卓侯终生从教，爱生如子，教学有方，桃李芬芳。著名弟子有王亚南，“林氏三兄弟”（林育南、林育英、林育蓉（林彪）），均得其启蒙，受其教诲。其中，王亚南被誉为红色经济学家。尤其是，悉心教导次子仲揆（李四光），灌输科学思想，使其成为世界著名的科学家。他曾评价林彪道：“育蓉性格冷傲、孤僻、阴沉，长大之后成人成虫，全凭他自己。”可谓入木三分。

李卓侯知识渊博，思想开放，关注社会，志向远大。他还有强烈的爱国精神和墨子的兼爱思想。以经邦济世为己任，立志教育救国。在教育的园地上，培养国家栋梁之才，希望有一番作为。此外，他积极参加推翻清朝政府的革命活动。早年便参加了同盟会，曾与孙文、黄兴等人多次聚首。与黄冈革命党人吴贡三、殷子衡交往甚密，为其修改所编反清文稿，宣传革命。在学生中影响巨大。

李卓侯兴教办学，德高望重，为发展黄冈县地方教育事业做出重要贡献。晚清，是黄冈教育由旧式教育转为新式教育的重大转折时期。他顺应历史潮流，勇于改革创新。积极提倡学生参加社会活动与社会实践。光绪二十四年（1898），清廷诏令“各省、府、州、县现有之大小书院，一律改为兼习中学西学之学校。……省会之大书院为高等学堂，郡城之书院为中等学堂，州县之书院为小学堂”。李卓侯积极响应，奔走乡里，筹措资金，将爨馆改为新庙学堂。清宣统三年（1911），他以新庙学堂为基础，创办黄州私立高等小学堂。1912 年改为东乡小学，任校长，设班 10 个，学生 160 余名。1917 年，复于家乡创办回龙山高等小学校，广招贫民子弟，为黄冈县清末民国初兴办新学带头人。1919 年，“五四”运动爆发的消息传到黄冈，他率领当地有识之士和部分学生星夜赶到黄州参加游行示威活动，声援北京学生。“五四”运动后，他成为黄冈新思想新文化的传播者和推动者。1921 年，黄冈县政府慕李卓侯社会影响，聘其创办黄冈县立初级中学，任校长。为黄冈县开办县立普通中学之始。李卓侯以垂暮之年，砺精图治，事必躬亲，不二年，学校得到了迅速发展，在鄂东声名远播。

李卓侯言传身教，诲人不倦，积累了丰富的教育教学经验。在教学上，他提倡写白话文，反对死读书，注重因材施教和素质教育。他要求学生写文章必须文通理畅，言之有物，言之有据，不说空话、假话、无病呻吟。他不仅自己率先垂范，特别注重言传身教。如，他要求李四光的来往书信有话则长，无话则短，必须是白话文。他把因材施教贯穿于整个日常的教育工作之中。他承认学生间的个别差异，并了解学生的特点。他了解学生最常用的方法有两种。第一，通过谈话。他有目的地找学生谈话，有个别谈话，也有聚众而谈。第二，个别观察。他通过多方面观察学生的言行举止，由表及里地洞察学生的精神世界。他在考察人的方面积累了很多经验，认为不同的事务、不同的情境，都可以考察人的思想品质。李卓侯十分注重素质教育。他还要求学生学会生存之道、学习之法，并谓之为“服务社会之技能”。

李卓侯还十分重视子女的教育和培养。他一生有四子二女：子伯涵、仲揆（李四光）、叔和、季澎，女希白、希贤。其二子四光，少年聪慧。一次，李卓侯独自看《孔孟的心肝》，被李四光发现了。李卓侯郑重地说：“这篇文章主要是说明孔子、孟子他们对于国民和社稷的一些想法。”并说：“孟子说过，民为贵，君为轻，社稷次之。可如今，子民如同草芥，社稷拱手送人，这是什么世道？！”仲揆问：“怎样才能做到民为贵呢？”李卓侯道：“民主共和。”李卓侯具有高超的启发诱导艺术，善于运用启发式教育方法教育子女。他经常启发李四光自主发现，自主探索、自己动手实践，并注意培养李四光的生活自理能力。在李四光年仅 14 岁时，他就让儿子漂洋过海，到日本留学。1907 年 7 月，李四光东渡日本求学。1911 年 10 月 4 日，参加辛亥第六次游学毕业生清朝廷试，钦点“工科进士”。后留学英国，矢志地质科学，成为世界著名地质学家。

著名弟子：革命活动家林育英、林育南，军事家林育蓉（林彪），经济学家王亚南，地质学家李四光。

刘 兴 斋

名师名片 刘兴斋——清末民初黄冈县著名塾师、慈善人士，曾任黄冈县青黎义学坐馆塾师、青黎学校校董。

教育箴言 **诗书传家，不如为社稷远计，弘倡教化。**

名师传略 刘兴斋（生卒年不详），今团风县扬鹰岭人。曾创办青黎义学，担任青黎学校校董。一生执教乡里，广济慈善，泽被家乡莘莘学子。

刘兴斋思想进步，是一位开明士绅。清朝末年，他面对风雨飘摇、腐败无能的清朝政府，长啸当歌，立志报效祖国，大声疾呼：“诗书传家，不如为社稷远计，弘倡教化。”进入民国后，他致力于教育和修路补桥，并不顾家族安危，支持儿子刘念祖，加入林育南成立的黄冈八斗湾“马克思学说研究会”，研究俄国十月革命的经验，探讨改造中国的道路和革命方法，使儿子走上革命道路。

刘兴斋重视教育，是一位德高望重的乡村塾师。他怀抱教育救国志向，倾其家财，兴办教育，致力教化，创办了青黎义学。办学近 30 年，招收本族子弟，无论富贵贫贱，有教无类。办学期间，亲自任教，课读有方。他要求学生：“每日读生书，朗读百遍。”常常他读一句，蒙童照读一句，反复上口后，再读百遍，周而复始，不有间断。教学认真，管理严格，口碑好，深得族人敬重，被推举为刘氏家族族长。

刘兴斋同情革命，是共产党人值得信赖的朋友。儿子刘念祖，在革命者林育南、恽代英的影响下，成为中共黄冈县委委员。1921 年，刘念祖为宣传革命，培养革命人才、掩护革命活动，请求他将义学改为新式学堂。刘兴斋积极支持，并亲任新办青黎学校校董，保障办学经费源源不断，为革命做出了贡献。同时，他放手让儿子刘念祖当校长，聘请吴履松、王颖之、萧泳生、杨周田、陈若愚等进步知识分子和共产党人充任教员。学校规模迅速扩大，在校生达到 100 余人。采取男女混合编班，分甲、乙、丙 3 班（初级 2 个班，高级 1 个班）。其办学宗旨，课程设置、教材教法改革均与林育南、恽代英等早期共产党人创办的聚星学校大致相同。注重在学生中建立儿童团，开展革命宣传活动。教师教的是新知识，学生学的是新思想。学习与生产劳动相结合，开黄冈教育界一代新风。当时，学校实际上成了宣传马列主义的农村阵地和革命活动的据点。学校在师生中发展了一批共产党员和青年团员，组成了团支部，建立了党小组。为黄冈培养了一批革命人才和农民运动骨干。

1927 年下半年，国民党白色恐怖迫使刘念祖等革命者撤离青黎学校，转入地下。刘念祖受党组织派遣，前往苏联学习。青黎学校恢复义学原状，仍由刘兴斋坚持办学，主要教授本族贫苦子弟，为当地培养了一批又一批知识分子。

著名学生：黄冈早期共产党员，著名革命人物肖人鹄、胡亮寅、刘念祖等。

陈　树　三

名师名片　陈树三——清末民初黄冈县著名塾师，同盟会员，曾任黄冈县陈策楼陈氏宗祠族学坐馆塾师、黄冈县聚星学校财务襄理兼国文教师。

教育箴言　**澄，就是澄清。如今世道（指民国军阀混战时期）太浑浊了，你长大成人之后，要努力去浊扬清！**

名师传略　陈树三（生卒年不详），黄冈县（今黄州区路口镇陈策楼）人。中国同盟会会员。一生教授蒙童，执教乡里，德艺双馨，声名远播。

开设族塾，立志教育救国。陈树三出生于书香之家，祖父中过举人，是当地名流。父辈虽家道中落，但陈家一直“穷不废读”。陈树三兄妹 10 人，他排行第五，三哥陈春林是陈氏家族族长，七弟陈潭秋是中共著名无产阶级革命家。光绪末年，陈树三眼见国力衰弱，教育复古，遂立教育维新之志，泣血自誓。他在征得族长三哥陈春林的同意下，开设陈氏族塾，致力教育救国。校址始设于黄冈县陈策楼附近王家店陈氏宗祠，后迁至陈策楼。办学经费由陈氏宗族祖产开支。陈潭秋与其八弟陈荫林均为该族学的优等生。

襄助革命，大力推进教育革新。陈树三是参加过辛亥革命的同盟会员，思想进步，见闻识广，陈潭秋从小便受其革命思想影响。有一次，陈树三突然问陈潭秋："你为什么叫陈澄？"陈潭秋一愣，陈树三告诉陈潭秋："澄，就是澄清。如今世道太浑浊了，你长大成人之后，要努力去浊扬清！"陈潭秋听后，拉住五哥的手说："那潭秋的意思，就是深潭逢秋，清澈见底啰！我定要正直为人，为民众办事！"1921年春，陈潭秋从武昌回到家乡，为建立党的组织，宣传革命，开辟联络据点，对陈氏族塾进行改造，更名为聚星学校。首先成立校董会，委任陈氏族长三哥陈春林担任董事长，以保证办学经费及合法地位。聘请他襄理财务兼任国文教师。延聘黄冈县革命先驱陈学渭为校长，进步知识分子郝仁、陈防武、陈荫林、胡亮寅等为教员。他与陈潭秋、陈学渭等革命者一起，为聚星学校制订了新的教育管理制度，并确立了"改革教育，培养革命新生力量"的办学宗旨。要求教员以新的教学内容和新的教学方法，向学生传授新文化，灌输革命思想。大革命时期，共产党以该校为阵地，传播马克思主义，发展党组织，使学校成为黄冈早期革命的策源地之一。聚星学校学制为6年，实行男女混合编班，免收学费，注重招收贫民子弟。开设国文、历史、地理、音乐、算学、体育、英语等课程。他教国文，十分赞成七弟陈潭秋的想法，不教"四书"、"五经"，教学白话文；反对死读书，提倡学生参加生产劳动和社会实践活动。他积极参与学校自编教材，积极反映本地社会经济、政治状况及农民受削剥受压迫的情景；记述军阀混战给人民造成的灾难；辨析帝国主义的侵略给中国带来的危害。他高举反对帝国主义、封建主义、军阀统治、苛捐杂税、男女不平等的思想大旗，大力支持陈潭秋在学生中建立的"互助组"、"共进社"等进步组织，并积极参加宣传活动。还与七弟陈潭秋及学校的共产党员教员一起，在校内开办妇女识字班和农民夜校，为黄冈培养了大批农民运动骨干。

1928年2月，国民党黄冈县政府勾结蕲水县清乡团团长皮宗荣，派兵烧毁了陈策楼、聚星学校和陈潭秋的家，自此学校停办。他为此愤慨不已，郁结揪心。从此病魔缠身，郁郁而亡。

林　少　儒

名师名片　林少儒——黄冈县抗日英雄、革命烈士、著名塾师，中共早期党员，湖北省立师范学校毕业，曾任黄冈县上巴河党支部书记、启林学校校长。

教育箴言　**中国要富强，必须改革社会。**

名师传略　林少儒（1890—1939），字慕陶。黄冈县（今团风县）人。幼年受私塾教育。1910年入湖北省立师范，专修法政。因下肢患疾瘫痪，无法继续读书。从1914年开始当塾师，从事乡村教育和革命事业。1939年惨遭日伪顽军杀害。是黄冈县著名的抗日英雄、革命烈士。

投身革命，领导黄冈东部农民运动。林少儒认为“中国要富强，必须改革社会”。因此，在他当塾师期间，十分关注国内外政治形势。在俄国十月革命和北京“五四”运动的启发下，他决定投身革命，践行共产主义理想。1920年秋，到回龙山八斗湾浚新学校参加黄冈马克思学说研究会，认真研读马克思主义。1921年7月加入共存社。1923年加入中国共产党。1925年任总路咀党小组负责人。1926年1月任上巴河党支部书记。同年10月，北伐军攻克武汉，林少儒在上巴河召开盛大庆祝会，历数军阀罪恶，颂扬北伐功勋。同年11月，与省农协特派员王平章、县农协委员林凤洲在上巴河召开万人大会，镇压了横行乡里的大恶霸李品三。会后，为配合北伐战争，他组织农民运动骨干，到四乡宣传打倒土豪劣绅，打倒贪官污吏，开展妇女剪发放足、取缔高利贷等革命活动，使农民运动深入到黄冈东部的穷乡僻壤。

创办学校，为党组织培养中坚力量。大革命失败后，林少儒遭到通缉，四处隐蔽。1929年，他以教私塾为掩护，继续从事革命活动。1932年，他遵照上级地下党组织的指示，在黄冈县白坳南桥铺林氏祠堂，创办启林学校。筹建时，他自捐资金，亲自动手整修旧宇，美化校园。并亲书一幅对联挂于校门：“买兹山而落隐；就广厦以贮才。”当年招生50余名，学生多系贫民子弟、进步青年。因学生文化程度不齐，采取复式授课。在教学方面，名义上采用统一教科书，开设国文、算术、自然、地理等课程。实际上以传授革命知识为主，宣传革命思想，启发学生走革命道路。同时，帮助恢复中共白坳党支部。在学生中，宣讲马克思主义，灌输革命思想，发展党员。1936年，他把学校作为红军便衣队的巩固联络点，并向在黄冈活动的红二十八军输送了熊自力等数名学生党员入伍。

抗日救国，鞠躬尽瘁，英勇就义。抗日战争期间，他积极投身争取民族独立的时代洪流中。1938 年 10 月，鄂东抗日挺进队（后改称“鄂东独立抗日游击第五大队”）成立后，又动员学生参军抗日，收集国民党部队溃退时丢下的枪支弹药，送交五大队。在他的努力下，学校先后发展学生党员王立先、余鸣皋等 20 人，给部队输送兵员 20 余人，还将亲生儿子林策也送到了抗日部队。其中学生倪国勋在他的影响和领导下，以医生和教书职业作掩护，为中共地下党跑交通，搞侦探，筹经费，除汉奸，为革命做出了重要贡献。1939 年，日伪顽军袭击启林学校，将他捉住，他怒不可遏地用拐棍向一顽军士兵头部猛力砸去，打得满面流血。顽军当即将他拖到学校对面的山崖下杀害。就义前，他高呼：“打倒日本帝国主义!”“中国共产党万岁！”震撼山谷，荡气回肠，名垂千古！

何 达 夫

名师名片 何达夫——清末民初黄冈县塾学名师，任教于黄冈县著名胡氏教馆。

教育箴言 **善学者，择良师以师之；善教者，择好书以资之。**

名师传略 何达夫（生卒年不详），黄冈县（今团风县淋山河）人。一生坐馆启蒙育人，为人师表，德艺俱馨，是一位可亲可敬的乡村塾师。

终生执教，桃李满园。何达夫从宣统元年（1909）开始，至中华人民共和国成立前夕，一直在黄冈县淋山河一带当乡村塾师，前后长达 40 年。据说，他启蒙儿童，从不疾言厉色，武断是非，而是轻言细语，和颜悦色，循循善诱，以理服人，以德治人。他主张“善学者，择良师以师之；善教者，择好书以资之”。因此，他给每个学生读的书是不一样的。他是根据不同学生的学习基础和接受能力，精心挑选教本和安排课程的，做到了真正意义上的因材施教。他课徒以千计，其中后来成为学者、教授的就有 50 多人。

德高望重，名播乡里。在何达夫当塾师的生涯中，其中在胡氏教馆坐馆就有 36 年之久。胡氏教馆是黄冈县著名的学塾。它是由民国初期黄冈县首富义泰来与国民党县参议员胡岐山共同创办的。馆舍三间，常招蒙童 30 余人，是一座较大的学塾，塾师都是当地的有名的学究。何达夫坐馆之余，常与乡邻往来，帮助他们写书信、写对联，排解纠纷。他为人谦虚有礼，知书达理，平易近人，乐善好施，好主持公道。深受当地百姓敬重。

著名弟子：有美国芝加哥大学学者胡鹤云、华中师范学院教授胡雪等人。

⊙浠水县

背景链接：浠水县是著名爱国诗人、学者、民主斗士闻一多的故乡。清末民初，著名学塾有汤化龙塾馆、“棉葛轩”闻氏族塾、范家坳“丽泽斋”族塾等私塾。孕育了一大批优秀塾师。其中曾在巴河“棉葛轩”闻氏族塾启蒙。

该县自南唐至宋、元、明、清，名师辈出，名人荟萃。从这方土地走出了宰相1人，文、武状元各1人。在政治、军事、经济、文化、教育、科技舞台上取得卓越成就者更是不胜枚举。

该县建县始于南北朝刘宋元嘉二十五年（448），析西阳郡蕲阳县东部置蕲水县（希河以东，蕲河以西）。其后，行政区划时有变迁。其间，唐朝武德四年（621），蕲水县东部并入蕲春县，浠水县西部改为兰溪县。天宝元年（742），改兰溪县为蕲水县。1933年6月，蕲水县更名为浠水县至今。该县位于湖北省东部，长江中游北岸，大别山南麓。东邻蕲春县，东北与罗田县、英山县毗连，西邻团风县，西南与鄂州市、黄石市隔江相望。

何　焜　阁

名师名片　何焜阁——清末蕲水县（今浠水县）著名塾师、实业家、易学专家、法学专家、佛学研究专家、藏书家，举人，留学日本弘文书院，曾任山东直隶州州同（司马）、山东高等师范学校教务长兼法政学校校监。

教育箴言　**治道，贵振民权，任自由。**

名师传略　何焜阁（1862—1913），字秉藜，号澼源。蕲水县（今浠水县）沈坳人。清光绪二十三年（1897）乡试第二名。中举后，无意仕途，辗转在家乡设帐授徒。因他品学兼优，于光绪三十一年（1905），43岁时被省政府选送到日本弘文书院学习。东渡扶桑，学成归来，通过殿试，授山东直隶州州同（司马），又因学问渊博，潇洒儒雅，得到山东提学使罗正均的赏识，调山东高等师范学校任教务长，兼法政学校校监。任满回归故里，长期执教乡间，声名远播。

教学有方，名噪乡里。光绪二十六年至三十一年（1900—1905），他先后在蕲水县团陂、黄冈县白云山寺设馆教书，讲授义理经世之学，宣扬忠君爱国思想。在教学上，他尤善治《易》，认为大易需时义，教人以修齐治平。因此慕名求学者不计其数，他总能择其善而教化之。晚年，自设教馆，课读本邑青年才俊，因思想先进，时着西装，被邻里亲昵地称为“洋先生”。后积极投身于教育维新浪潮，创办新式学堂，是蕲水县倡导新学的先驱，堪称一代名师。在社会上和学生中享有很高的声望。他去世时，其门生高某挽联曰：“师谓我朴而椽，虽舍学归田，不以老农薄我；我知师儒而佛，纵呼天喊地，那堪筑室哭师。”敬爱之情，溢于言表。

关注社会，启蒙革命。他曾往北京游历，携回不少新学书刊给学生看。其中学生王汉看后，知道清朝政府愔弱茸阘，特别是读到书中丧权辱国的章节时，怒发冲冠，恨不能将祸国殃民者一一薙除。在新学书刊的刺激下，王汉愤而改名为潮，字怒涛。特别值得一提的是，他在讲授黄宗羲《原君》一文时，结合文章内容和国内形势，向学生提出：“治道，贵振民权，任自由。”向学生灌输革命思想。学生评价他说：“纵谈时事，导诸生厉实行，救国危。”门生熊十力、何自新和妹夫王汉在他的启发和影响下，逐步走上推翻清政府的革命道路。后来，熊十力成为中国著名哲学家、国学大师。何自新、王汉成为湖北省著名的辛亥革命烈士。

精通诗文，尤工书法。何焜阁自幼聪颖过人，好学上进，勤练书法，读书刻苦用功，曾师从本县文化名士熊太晶，学业精进。他读书学习，无论白天黑夜，寒暑秋冬，坐立行卧，经常手持一卷，傍若无人，或高声朗诵，或喃喃自语，在蕲水传为美谈。晚年研究佛学，颇有心得。曾在书斋自书一联：卧听松涛坐听雨，静观山色动观云。充满了辩证思想。他教书之余，广置图书、碑帖达万卷，均盖有“养园藏书”红印。为后人留下了宝贵的文化遗产。

实业救国，取经扶桑。何焜阁素有大志，立志振兴中华。在日本留学期间，看到日本工业发达，国力旺盛，逐步萌发了实业救国的思想。利用课余时间，学会了养蚕、纺织技术。回国后，立即委托和指导家人在家乡植桑、养蚕，创办乙种蚕业学校。晚年，他经常教育子孙，不要置办田产，要专心做好桑蚕养殖业，发展民族纺织手工业。只有国富民强，才不会受外辱。

著作名录：著有《水由地中行》、《逻辑学讲义》等。

著名学生：著名弟子有熊十力、王汉、何自新等人，再传弟子有徐复观等人。

尚　少　月

名师名片　尚少月——蕲水县（今浠水县）云路口塾师，廪生，著名爱国者、乡村塾师、民间郎中。

教育箴言　**早死免流亡国泪，岂能屈服事夷蛮。**

名师传略　尚少月（1868—1938），又名宝璜。蕲水县（今浠水县）云路人。18岁为县学廪生。一生以教私塾、行医为业。浠水县著名爱国者、乡村塾师和民间郎中。

舌耕悬壶两不误，安贫乐道济苍生。尚少月出生于晚清时代，目睹清朝政府腐败无能，国事日非，遂无意功名，隐居故里，设帐授徒，坐馆行医。他为人忠厚，知书达理，乐善好施，菩萨心肠，凡贫困者就读、就医，一律免费，并勤加照顾，蕲河两岸，善名远扬。

仰药捐生聊尽节，且将忠愤壮神州。尚少月热爱祖国，具有高尚的民族气节。抗日战争爆发后，华北诸省相继沦陷，尚少月悲痛国难，积极动员亲友参军，奔赴抗日前线杀敌报国，并在学生中演讲："当亡国奴，比虫蚁都不如。我愿作梁上鬼，不做亡国奴。"1938年1月2日上午，尚少月到县城看报，得知南京失守，国府西迁，不禁老泪纵横，悲痛万分。回到家中，关上门奋笔疾书《绝命诗》十首和告亲友讣告。写完后，将丧葬费用置于桌上，齐整衣冠，仰卧于床，饮药殉国。其壮烈之举，九里十乡闻之，无不痛哭流涕。1940年，鄂东行署为激发群众抗日热情，于黄冈三里畈召开"尚少月先生追悼会"。时行署主任程汝怀主持，并亲撰挽联："白首爱民还爱国；青山埋骨不埋名。"与会者无不动容，哭声一片。

诗歌选录：《绝命诗》十首，选录二首。

其　一

汪洋浩劫已临头，国难方殷何日休。

仰药捐生聊尽节，且将忠愤壮神州。

其　二

无端攻陷旧河山，风起云飞瞬息间。

早死免流亡国泪，岂能屈服事夷蛮。

何　炬　新

名师名片　何炬新——蕲水县（今浠水县）著名辛亥革命者、民族资本家、塾师、法官、律师，留学日本，曾任湖北省司法司典狱科长、宜昌地区检查厅厅长及河南法政学校、巡警学校、湖北省公立法政学校、私立法政学校、中华大学教习。

教育箴言　**吾非汝辈，恨不得铁马金戈驰骋沙场，杀尽倭寇。以炎黄子孙而当汉奸，我不为也。**

名师传略　何炬新（1876—1943），字献庭。蕲水县（今浠水县）团陂人。清光绪二十八年（1902）赴日留学。光绪三十二年（1906）毕业回国，秘密从事推翻清政府革命活动。民国期间，曾任湖北省司法司典狱科长、宜昌地区检查厅厅长等职。后历任河南法政学校、巡警学校、湖北省公立法政学校、私立法政学校、中华大学教习、湖北省省议会议员等职。兼任过法官、律师。还是湖北汉口民族资本家、蕲水县（今浠水县）著名“海归派”乡村塾师。

何炬新出生于仕官之家，其母闻氏，颇通书文，对子女教育甚严。清光绪二十八年（1902），何遵母命东渡日本，到日本明治大学法政系读书学习，与广济人居正、河南许昌人张钟瑞志同道合，交谊甚笃，以反清救国、民主共和思想相砥砺。光绪三十一年（1905）7月，由孙中山主持宣誓，加入同盟会，成为同盟会早期成员之一。他在同盟会机关刊物《民报》上发表政论文章多篇，大声抨击清政府腐败卖国行为，宣传孙中山的“民族、民权、民生”三民主义。光绪三十二年（1906）学成回国后，在武汉、宜昌、蕲水等地以充任官职或当塾师为掩护，联络革命志士，秘密策划推翻清政府。

清宣统三年（1911），他参加武昌起义。首义成功后，到河南法政学校任教，旋调陕西省警道署任行政科长，兼巡警学校教习。不久回湖北，历任司法司典狱科长、宜昌地方检查厅厅长等职以及公立法政学校、私立法政学校、中华大学教习。1918年被选为湖北省省议会议员兼卫戍司令部法官并操律师业。同时在汉口开办轮船公司、新市场、大陆旅社、蛇山公园、黄鹤楼剧场等，成为武汉新生代民族资本家。

1938 年 6 月至 10 月，武汉保卫战期间，他积极捐钱捐物支持抗战。会战结束后，他为了不当汉奸，抛弃巨额产业，几乎赤手空拳，携家眷返乡务农，并创办私塾，致力家乡教化。执鞭期间，积极宣传抗日，掩护抗日分子，与共产党人时相过从，深孚众望。1941 年，大汉奸汪精卫公开卖国求荣，在南京成立伪政府，有汉奸亲属劝其出任伪职，凡三次，何炬新均正色拒绝，道："吾非汝辈，恨不得铁马金戈驰骋沙场，杀尽倭冠。以炎黄子孙而当汉奸，我不为也。"表现了一个有民族气节的中国人的铮铮铁骨，一身正气。让说客羞愧得无地自容，夹着尾巴灰溜溜地走了。为此，他还曾写老渔自叹京调一曲，抒发自己内心的愤懑和恨不能驰骋疆场杀倭寇壮志难酬的无奈。其中有句云："到于今国危亡生灵涂炭，好山河被日寇蹂躏不堪。叹年迈无能为力把狂澜来挽，也应做炎黄好子孙不当汉奸。国难财我不发贫而无怨，到头来这石门寨是我的首阳山。"1943 年贫病而死。

⊙英山县

背景链接：英山县人杰地灵，名人辈出。古有刑典之祖皋陶，殷有贤相傅说，汉有淮南王，唐有大学士沈全期，北宋有活字印刷术发明家毕昇，南宋有首任英山知县段朝立，明有御史张禧，清有刑部尚书金光悌、潮州知府李士彬、文学智者闻筱辑，辛亥革命时期有元老付慧初、查光佛，上海律师公会会长李次山，抗战时期有著名爱国实业家纪振纲。英山还是湖北省文化先进县和远近闻名的"作家县"，熊召政、刘醒龙、姜天民等著名作家就是从这里走出大山、走向全国的。

该县宋咸淳六年（1270）立县，元、明、清属淮南，民国属，1932 年由安徽划归。位于湖北省的东部，大别山主峰——天堂寨的南麓，南与蕲春、浠水接壤；西与罗田相邻，北与安徽省金寨、霍山毗连。素有"鄂皖咽喉、江淮要塞"之称。

清末，该县著名学塾有德造义学、王葆修家塾、金铺汪贡生门馆、闻家冲闻贡生门馆等。

萧 际 云

名师名片 萧际云——清末英山著名塾师、楹联家、慈善人士，贡生，曾任安徽省六安晁氏家族专馆塾师。

教育箴言 **听说有天堂，尽吾心聊以报吾本；明知无地狱，从其俗不忍贱其亲。**

名师传略 萧际云（1850—1916），字泰峰，号杏南。英山县人。恩科贡生，一生以族学塾师为业，教书育人，学高为范，成就显著。

教学有方，名播江淮。萧际云生于书香世家，勤奋好学，聪颖过人，7岁时便能吟诗作对。成年后，虽苦读寒窗，但参加乡试屡次不中，遂绝意功名。于是在安徽省六安、霍山地区与本邑等地设“专馆”或“坐馆”教书，执教乡里，专攻育人之术，德艺双馨。特别是在安徽省六安巨族晁氏家族族学执教13年，教“对课”无人能及。他要求学生学对课，一要机智敏锐，二要掌握技巧，三要见闻广博，了解与风景名胜有关的多方面知识，如典故、人物、地理、史实、传说等，都要了然于胸。因他教学得法，经他指点的学生都能出口成对，一时传为奇谈。他一生培养了一大批秀才和举人，成为淮南六安一带著名的塾师。

造诣独特，笔锋犀利。萧际云治学勤奋，学问广博，工于诗词、楹联。被誉为淮南六安州三才子之一。尤其是他创作的楹联，纵横开阖，对仗工整，用典精到，力刺时弊，亦庄亦谐，具有朴素的唯物主义思想。其作品至今在安徽六安、霍山与湖北英山等地广为流传。

洁身自好，积德行善。萧际云幼年不幸丧父，在母亲的教育下，为人诚实，知书达理，对上谦恭有礼，对下不欺负弱小，从不沾别人的便宜，与兄弟妯娌相融洽，被乡邻称为孝儒。他对母亲非常敬爱，侍奉起居，端茶倒水，承欢膝下极尽孝道。他曾在母亲病中吃斋，祈祷母亲早日康复，并题写一联自勉：“听说有天堂，尽吾心聊以报吾本；明知无地狱，从其俗不忍贱其亲。”他品德高洁，素有大义。晚年，家资稍裕，凡地方修桥、补路、兴学、育婴等善举，无不竭力赞助。

著作名录：著有《二难集》（与弟其萧庆云合著），虽未正式出版，但民间有手抄本流传。

楹联选录：

其一，挽某学生联：记同堂三载，诸生问字汝先来，可怜瘦比寒梅，在琴边也，在灯侧也，正虚怀就教，只望芹香桂馥，与人争金榜功名，哪期忽忽辞尘，竟成了春梦半场，昙花一现；再安砚九宫，弱弟登门兄未到，闻道遥归蓬岛，其妻殉之，其父继之，想苦雨酸风，定非艾绿榴红，邀我醉蒲觞光景，所以迟迟不吊，怕听尔白头母哭，黄口儿号。

其二，题木偶戏台联：有几件衣冠，任尔空心充大老；无半点血色，亏它光棍顶人头。

陈　星　伟

名师名片　陈星伟——英山县著名塾学名师、乡村名医，廪生，曾任英山县督学、安徽省太湖著名族学（世安高等小学）教习、龙溪医药社社长兼郎中，时称“龙溪先生”。

教育箴言　**学理不通文，学文不通理，其结果文理不通。**

名师传略　陈星伟（1868—1946），名聚五，别号龙溪老人。英山县东庄畈陈上湾人。贡生。清光绪三十四年（1908）曾任英山县督学。后长期以乡村塾师、郎中为业。教书育人，悬壶济世，德高艺佳，为英山县著名乡村塾师、郎中。

陈星伟出生于书香世家，其父清末举人，授定远县教谕，颇有文名。陈星伟幼时随父亲先后在定远县、太和县学宫读书，潜心研习，学通文理，数学成绩尤为突出。35 岁时，被推荐为优等贡生，40 岁时选任英山县督学。任间，劝教兴学，倡捐筹资，不遗余力。同时，他为了振兴家乡教育，号召境内一切学校和教育机构，积极变革，推行教育维新，以实用之学育专门人才，以维新之法育国之栋梁。这在积贫积弱即将腐化的清朝末年，具有划时代的意义，开创了英山教育一代新风。

民国初期，陈星伟失业。为了养家糊口，曾去安徽太湖、霍山等地名门望族“坐馆”教书。因教学有方，1932 年被聘为太湖著名族学——“世安高等小学”教习，教授算术、地理、自然、美术等课程。常对学生言：“学理不通文，学文不通理，其结果文理不通。”他德艺皆馨，始终注意学生的文理兼修，深受学生欢迎。1934 年，返回英山县故里，在陈氏宗祠开设“龙溪学社”，广招门徒，主讲语文、数学、历史、地理、中医药等课程，尤以教授数学见长。一时声名远播。

陈星伟在教学之余，研习医理方剂，医术日精。于是在 1937 年改“龙溪学社”为“龙溪医药社”，专事诊疗，并悉心培育中医学人才。他善于将《东医宝鉴》、《医学集成》等书所载的药物与针灸术相揉合，并以中医古方配制膏、丹、丸、散，对症施用。疗效好，花钱少。龙溪医药社培养学徒有 7 人，后皆为当地名医。晚年，他以行医、赋诗、植花、养鸟自娱，殷殷指点徒子徒孙。在当地德高望重，被尊称为龙溪先生。

著述名录：著有《颐养曲》传世。

⊙罗田县

背景链接：罗田县民风淳朴，人文历史悠久。从这里走出了元末南方红巾军起义领袖徐寿辉、明代医圣万密斋、清朝翰林周锡恩、京剧鼻祖余三胜、京剧十大表演艺术家余叔岩、方志学家王葆心等名人。

该县始建于梁普通四年（523），唐武德四年（621 年），废罗田县划入。宋元祐八年（1093 年），复置罗田县。嘉颐元年（1237 年），兵乱县废。德祐元年（1275 年），罗田县复立至今。位于湖北省东部、大别山南麓。东接英山、南临浠水、西与黄州、团风相邻、北与安徽金寨接壤。是全国闻名的“蚕茧之乡”、“茯苓之乡”、“甜柿之乡”和“板栗之乡”。

叶 良 杞

名师名片 叶良杞——清末罗田县著名塾学名师、乡村名医，副榜举人，曾任罗田县七叶山私塾坐馆塾师、《罗田县志》总编。

教育箴言 **放牛娃中亦有朱元璋，雪天求炭，凿壁借光，岂敢拒也。**

名师传略 叶良杞（1829—1897），字备武，亦名楚卿。罗田县梅家冲人。罗田义川书院肄业。清道光二十二年（1842），补博士弟子员。同治元年（1862），中乡试副榜举人。曾任《罗田县志》总编兼庶务。终生从教，名播乡里。

叶良杞出生于书香门第，家学渊源。自幼天资聪颖，勤奋好学。5 岁入私塾，读书过目不忘，《三字经》倒背如流。15 岁能文能诗，才思敏捷，名播一方。中举后，时值朝政腐败，国力衰微，民生凋敝。他目睹地方官贪赃枉法，胡作非为，便淡于官达，隐居山林，博学修身，洁身自好，以教书为乐。

叶良杞为了养家糊口和后继有人，于家乡七叶山傍设学塾，本意专课其子侄。

然而外地慕名负笈求学者纷至沓来，令他应接不暇。但他都同子侄一样对待，一一谆谆教诲，倾囊相授。据说，在他的学塾，即便是放牛娃赤脚来学，亦来者不拒。他常对人说："放牛娃中亦有朱元璋，雪天求炭，凿壁借光，岂敢拒也。"为了满足日渐增多的家长的要求，从光绪五年（1879）起，他先后创办了凤凰关义学、濛濛山义学和李家坳义学三所。为了劝导乡绅捐款资助，他以身作则，率先捐出自家田亩银两。两所学校建学期间，他事必躬亲，都是亲自选址督修，并充任学董，选聘教师，保证经费。其所办学校，招收儿童，亦不论家世、远近，皆免费入学。为罗田乡村教育做出了重要贡献，深受乡民敬重。

叶良杞学通经史，见闻广博。光绪元年（1875），罗田知县慕其名，聘请他参与编修《罗田县志》，担任总编兼庶务。在他和同仁的共同努力下，该志做到了凡例科学，纪实简洁，详略得当。是一部不可多得的地方志书。

叶 朴 臣

名师名片 叶朴臣——清末罗田县著名程朱理学专家、乡村塾师，廪生，曾任罗田石桥铺、万寿桥、朦胧山及英山百丈河私塾坐馆塾师。

教育箴言 **学戒自欺自是，生戒自私自利。**

名师传略 叶朴臣（1842—1912），字良杰，号炳蔚。罗田梅家冲人。清末罗田县学廪生，终生以乡村塾师为业，执教46年，德高望重，声名远播。

叶朴臣出生于第一次鸦片战争期间，伴随着激荡的时代风云学习成长。国家和民族经历了太多的兴与亡、愤与恨、痛与悲。大清王朝在他眼里就像一只烂透了的西红柿，被一波又一波外侮、内乱、维新、立宪、共和、革命的浪潮打了个稀巴烂，终于化作泥土。在这城头不断变换大王旗的乱世，他感觉到自己太渺小了，既然不能作国之砥柱，便不求仕进，甘居山野，博览群书，研究学问。他虽然十分推崇程朱理学，造诣颇深，但对其顽固的封建道德伦理思想提出严厉的批判。他认为，即便是乱世，统治阶级也未因社会危机的加剧去突破纲常礼教的桎梏，放弃对封建道德伦理的顶礼膜拜。相反，他们为了保住自己的皇权或既得利益，不断强化这种思想信仰。尽管程朱理学并不等同于封建道德伦理学说，但却是后者最为主要的理论来源。所谓性命之理，着落在君臣、父子、夫妇、兄弟、朋友其中。说明程朱理学与封建宗法制度、封建道德伦理是紧密结合在一起的。统治阶级对程朱理学的维护，实际上是对封建纲常的维护。因此，他对维新变法和共和革命，从内心上是拥护的。晚年，他经常接济辛亥革命党人，并帮助传递消息。

叶朴臣一生以塾师为业，博文约礼。他先后于罗田本邑石桥铺、万寿桥、朦胧山及英山百丈河等地执教，长达46年，课徒以千计。其设帐之处，皆署“隐求居”。晚年自号“隐求居老人”。执教期间，表现了思想的多面性。虽然他自己以隐士自居，但积极倡导学生，学习范仲淹的“先天下之忧而忧，后天下之乐而乐”的入世情怀，勉励诸生“学戒自欺自是，生戒自私自利”。并以此律己。教学有方。所授生徒，成名者众。大约培养秀才50余人，举人6人，进士3人。著名者有姚晋圻、姚晋埏、匡一、叶启寿等人。其中姚晋圻，清光绪十八年（1892）进士，选授翰林院庶吉士，官至刑部主事；姚晋埏，光绪二十一年（1895）进士，官至户部主事；匡一，举人，辛亥革命先驱，最早的同盟会员之一，曾任北京政法大学校长、北洋大学教授，官至黑龙江省督军。

叶 谓 溪

名师名片 叶谓溪——清末民初罗田县著名教育活动者，乡村塾师、国文教习，廪生，曾任罗田县梅家冲、大河岸、梅店畈、韩家湾私塾坐馆塾师及梅家冲私立两等小学校校长。

教育箴言 **徒为师之镜，师为徒之影，师无范，则镜中之影斯是陋哉！**

名师传略 叶谓溪（1871—1922），名启熊、字梦罴。罗田县梅家冲人。清末罗田县学廪生，终生从教，德艺咸馨。清末民初罗田县著名塾师和国文教习。

光绪（1875—1908）年间，叶谓溪曾先后在罗田梅家冲、大河岸、梅店畈、韩家湾等地“坐馆”课徒，以身作则，身正为范。常常以“徒为师之镜，师为徒之影，师无范，则镜中之影斯是陋哉”自勉。教学十分认真负责。他坐馆，开设有《四书》、《五经》、《古文观止》、《古文辞类纂》、《唐诗三百首》、《千家诗》等课程。在教学上，采取破词串讲方式，按程度分组教学。每旬三、八两日命题作文，四、九两日对句、作诗，书法训练则由影写过渡到临摹字帖。学生所作诗文和习字，常常用朱红大笔或圈或批，全批全改，将学生的习作本涂得“一片红”，被学生亲昵地戏称他为“一片红”先生。教学成绩显著。先后大约培养秀才10余人，举人3人，进士1人。

光绪末年，因他品学端方，口才出众，深孚众望，被罗田县知县任命为县劝学所总董。上任后，他认真贯彻朝廷关于“开通民智”的诏令，亲自担任宣讲员，组织全县有名望的士绅、官员、学者演讲。演讲内容包括世界大事、国家形势，近代文明新事物、新知识。传播科学，破除迷信，移风易俗，给罗田县带来了一股新风。

宣统年间，叶谓溪积极响应朝廷关于兴办新学堂的号召，在家乡创办了“梅家冲私立两等小学校”，自任校长兼授国文课。他以“中学为体，西学为用”为教育教学理念。在师资队伍建设上，选聘具有新思想的进步人士作为新学教习。开设了修身、国文、算术、中国历史、地理、格致、体操等课程，每周每科授课时数 2 节。开了罗田县新学堂之先河，为当地培养了一大批新学人才。

第三节　南部塾师

⊙蕲春县

背景链接：蕲春自古“人物彬彬”，“英杰代兴”。宋代有参与纂辑《太平御览》、《太平广记》等巨型类书的文学巨擘吴淑；明代有伟大的中医药学家李时珍，著名战将康茂才；清代有著名文学家顾景星、陈诗，首创中国海运的陈銮；近代有辛亥革命先驱詹大悲、田桐，训诂学家、“章黄学派”创始人之一黄侃，“一二·九”运动组织者、华北抗日联军司令董毓华，著名诗人、文艺理论家、文学翻译家胡风等。二十世纪以来，秉文衡、掌科苑、主讲坛者遍及五洲，人数多达 800 余人，故有“教授县”美誉。

蕲春自汉末以来，以地处“吴头楚尾”，扼控长江，战略地位显要，为历代当权者所重视，先后设郡、州、府、路、行政督察区专员公署于境内；明代尚设蕲州卫、下江防道于蕲州，并迁荆王府于蕲州治所。当时辖地包括今蕲春、浠水 、罗田、英山四县及武穴市大部、黄梅县部分。历史上，蕲春长期为郡（州、路、府、专区）和县两级政府机构所在地，历为鄂东政治、经济、文化和军事中心。新中国成立后，恢复县制，位于湖北省东部，长江中下游北岸，东与安徽省相邻。

清末，该县著名学塾有陈诗“知不足斋”塾馆、陈仰瞻（陈细怪）“犁耙馆”、蕲州“萃英堂”义学、下石潭花学、朱义扶族塾、田又青塾馆、大同义学、菩提坝江氏义塾等。

陈仰瞻

名师名片　陈仰瞻——清代鄂东著名诗人、文字学家、塾学名师，清末秀才，太平天国约士，曾任太平天国某王府掌书，是一位机智传奇人物，被今人誉为“鄂东阿凡提”。

教育箴言　**为经忏可超生，难道阎王怕道士；纸钱能赎命，分明天尊是赃官。**

名师传略　陈仰瞻（1812—1885），字子赤，号痴仙，绰号细怪。蕲州（今蕲春县）株林河豹子山人。清末秀才，太平天国约士，受封师帅，曾任太平天国某王府掌书（秘书）。为鄂东著名乡村塾师，“滑稽之雄”，机智传奇人物。

读书博杂，才华横溢，怀才不遇，对科举积弊深恶痛绝。陈仰瞻幼时，尽管家里清贫，但喜好读杂书，因而强闻博记，知识比同龄儿童丰富。成年后，更是敏而好学，广泛涉猎，以学问广博见长。他认为，自古以来，统治阶级总是用传统的思想方法向下一代灌输《四书》、《五经》的义理内涵，使国人的思想受到了极大地禁锢。并指出：“中国社会当前科举考试制度中一些不良现象，其实就是这种思想禁锢的结果。”他曾愤作《不进学赋》，以诙谐的语调，揭露和讥讽了晚清科场的积弊。其中说道：“学院一出题，众人皆引领。也有半文不识，摇头摆尾；几多一窍不通，捕风捉影。分明夹带满身，反说文章齐颈……从今不习正业，不做功夫，不读且夫若曰，不讲之者也乎。”因此，他对科举制艺不以为然，不甚热心，故近40岁才考取秀才。后来参加乡试，屡次考试，皆名落孙山。平时则开设“专馆”，以课读蒙童养家糊口。

诙谐讽世，抑强扶弱，才思敏捷，深得民众喜爱。陈仰瞻出生于“文藻之家”。父亲叫陈文翼，蕲水县庠生，绰号“大怪”，也是愤世嫉俗、诙谐豁达的人物。陈仰瞻在父亲熏陶下，少小即能吟诗作对，嬉笑怒骂，出口成章，且寓庄于雅。他赋性谈谐、滑稽善辩，常常讲些诙谐语言娱乐、启迪大众。他一生不事权贵，与贫苦农民站在一起，机智巧妙地同贪官污吏、地主豪绅作斗争。他乐于济困扶危，打抱不平，加之才华出众，足智多谋，性格风趣、幽默、诙谐，深受劳动人民的爱戴。其趣闻轶事，在鄂东广为流传。

这里仅介绍两则有代表性的故事。陈细怪（陈仰瞻）的家乡有条街，叫株林街。这街上有个奸诈商贩一家目不识丁。有一年大年三十，这个商贩让自家小孩来请陈细怪写副对联。小孩说他爹有个要求，就是希望能写出他家店里卖些啥东西。陈细怪问小孩："你家店里卖些什么？"小孩告诉他："我爹说店里有做屋用的青砖、铁钉，有伢儿爱吃的果尔（一种油炸香脆面食），有耕田用来绊牛的犁藤，有面条、豆腐和年粑，还有猪爱吃的麦麸。"陈细怪一听，说："好办。"当即便提笔写下一副对联，交给了商贩的儿子。第二天，人们看到商贩店门上，贴着这么一副对联：铁钉果尔犁藤面；青砖豆腐麦麸粑。大家一看，不由得笑出了声。这家店居然卖的是：铁钉似的果尔，犁藤似的面，青砖似的豆腐和麦麸做的粑！因此他在当地被称为"滑稽之雄"。今天，蕲春人都把他叫作"鄂东阿凡提"。

高举义旗，笔为刀枪，立志兴邦，深受太平天国将帅器重。陈仰瞻目睹晚清政府腐败无能，丧权辱国，常常愤慨不已。咸丰四年（1854）八月，太平天国在武昌开科考，招贤纳士。43 岁的他立赴省城，参加太平天国科举考试，取得约士第一，授师帅职，成为翼王石达开和大将陈玉成幕僚和军师。曾为太平天国都府写过著名的"诛绝胡虏开天国;斩尽妖魔定太平"的楹联及著名的《蚁民赋》等文章，以激励太平军和天下劳苦大众。清咸丰三年（1853）三月，天王洪秀全在天京（南京）修建宫殿。竣工那天，天国文士云集，纷纷磨墨挥笔，为天国宫殿题联作对。陈仰瞻去了，也写了两副对联。第一副对联是：虎贲三千，直扫幽燕之地；龙飞九五，重开尧舜之天。第二副对联是：拨云雾而见青天，重整大明新气象；扫蛮气以光祖国，挽回汉室旧江山。洪秀全看了他的对联后，连连夸奖"写得好，有气魄！"随后，他又写了一副对联：发肤受父母之遗，无剪无伐；须眉乃丈夫之气，全受全归。洪秀全满心高兴，不久提名让他当了某王府的掌书（秘书）。太平军攻克蕲州城时，他欣喜若狂，立即赋诗一首："凄风苦雨年复年，忽报春风响杜鹃……"以示庆贺。太平天国失败后，他隐姓埋名，潜回蕲州，不料身份泄露，被县衙捕入大牢，准备开刀问斩。据说，当时有数千人自发地来到州衙请愿，为他担保，要求豁免死罪。这才保住了他的性命。这充分说明了他在老百姓心目中的分量和受欢迎的程度。

有教无类、教学有方，学以致用，深受村民欢迎。陈仰瞻前后教私塾数十年。除在南京任某王府掌书的那几年外，长期在株林河豹子山新屋塆开设“犁耙馆”。他开设的“犁耙馆”在招生上，不分富贵贫贱，本族他族，男女兼收，并免除穷苦子弟的学费。他曾作《犁耙馆赋》，用幽默风趣的语言阐明办学宗旨，述说为师感受，让人忍俊不禁。在教学上，他敢于破除清规戒律，将文化学习与生产劳动相结合。在教《四书》、《五经》、《千字文》的同时，顺应农时，教学生育种、割麦、插秧、施肥等农耕技术。农忙时，他都要给学生放假，学生均能“犁上来，耙上去”，村民无不夸先生教得好。晚年由于贫病交加，含恨而逝。

著述名录：著有《犁耙馆赋》、《不进学赋》等。

文章选录：

犁耙馆赋

既可赁居古庙，亦可寄住祠堂；约得赵钱孙李，邀来周吴郑王。满馆牧童，任尔横犁直耙，盈门竖子，由他割麦插秧；不问姓张姓李，只要到馆便教；何须择日择时，不拘那天坐学。过时节，鱼肉汤，你且莫想；逢农忙，应酬事，你要帮忙。犁上来，耙上去，读书末路；学要问，家要管，百事包场。作严师，一戒尺，乒乓直响；布作业，千字文，天地玄黄。讲台前，读子曰诗云，声调朗朗；课堂上，说之乎者也，辞意茫茫。长认铿（方言，意指一半），短认边，字典翻破；鲁为鱼，曾念兽，颜面丢光。悔只悔，往日功夫差火；误自误，当年贪玩逃学。

对联选录：

其　一

巴河疤哥摆巴渡；

麻桥麻姐卖麻花。

其　二

仙女散花，浠水流来黄石；

观音扬叶，回风吹到兰溪。

（注：仙女、观音分别指仙女庙和观音阁。散花、扬叶分别指散花洲和杨叶洲，均为浠水县所辖地名。）

朱义茀

名师名片　朱义茀——清末民初蕲春县著名教育专家、塾学名师，廪生，毕业于湖北省师范学堂，曾任蕲州预备中学堂校监及印度尼西亚爪哇岛古都士华侨中学、印度尼西井里汶华侨中学、蕲州毓俊小学校长。

教育箴言　**为学不读资治通鉴，无以立学也。为人不学司马迁，无以立人也。**

名师传略　朱义茀（1869—1947），字秉德，名荫奎，又号腾实老人。蕲州（今蕲春县）赤东镇竹瓦店人。清末廪生。毕业于湖北省师范学堂。光绪二十九年（1903）在家里设“门馆”，开门授徒。光绪三十四年（1908）任蕲州预备中学堂校监。宣统二年（1910），下南洋（今印度尼西亚的爪哇岛），历任古都士和井里汶等地华侨中学堂校长。1915 年回国，仍在故乡设私塾，“五四”运动后，他将所办私塾一度改为私立小学——毓俊小学。后来，因战乱频仍，办学经费不足，毓俊小学旋办旋停，大多数时间以“专馆”的形式，招收本族子弟。他一生执教 60 年余年，有中外学生以万计，桃李满天下，为蕲春教育和中印文化教育交流做出了重要贡献！

学贯中西，理念先进。朱义茀是蕲春名士田又新的高足，学问渊博，精通义理。他开设的私塾，顺应历史潮流，实行分班上课，注意改进教学内容，设置国文、算术、“四书”、“五经”等课程，以教白话文为主，文言文为辅。积极倡导集中讲解，个人自学的教学方法。并模仿西欧勤工俭学方式，实行耕读结合。在教学中，注重向学生传播民主、科学思想，深受当地开明士绅和学生欢迎。在教学上，他首先要求学生学习礼记，并一字一句地讲解，分析做人做事的道理。当时读书的目的都是应考做官，而他不教八股帖，也不教应试律诗，更不准他的学生参加应试。如国民党政要方觉慧，幼年时从他读书，他重点指教方觉慧读司马光的《资治通鉴》，并要求方觉慧每日读毕，先要提出对于司马氏大事评论的意见，并呈他改正。启发了方觉慧日后对历史研究的兴趣。因此，在他的影响下，有很多学生或攻读文学，或研究历史，或走上革命道路。著名弟子有胡风、何定华（留日）、朱玉琼（女，留苏）、李雄飞（革命烈士）、方觉慧（留日）等人。

其中胡风后来成为中国著名现代文艺理论家、诗人、文学翻译家。

热爱教育，造福乡梓。1938年，日军攻陷武汉，毓俊小学校舍被敌寇飞机炸毁，不得不停办。在战火烽烟中，朱义茀看到家乡到处是失学儿童，心如刀割，于是多方筹措资金，于1940年重建校舍，招收本族子弟，并无偿招收少数流浪青年和亲友子女入学。由于教学繁忙，生活艰苦，不幸积劳成疾，双目失明。然而，他生命不息，教书不止。在失明的情况下，坚持以沙盘替代黑板进行教学，直至1945年抗日战争胜利。1947年病故。

田又青

名师名片 田又青——清末蕲州著名塾师，秀才，曾任蕲春县竹瓦宋垄、罐儿垴、彭祖村、田家河大王庙私塾坐馆塾师。

教育箴言 **只要有愚公之志，总能搬走大山。**

名师传略 田又青（1854—1919），名士莲。蕲春县田家河人。光绪五年（1879年）中秀才，光绪三十一年（1905）附贡。一生执教乡里，桃李成荫，教绩卓著，在当地享有很高的威望。

德艺皆馨，名生荟萃。田又青从中秀才的那年起，先后在蕲春竹瓦宋垄、罐儿垴、彭祖村、田家河大王庙等地设帐授徒40年，教授学生数以千计。他学识渊博，熟稔经史，教书得法，名播乡里。培养自家子孙个个成才。长子田桐，后来成为辛亥革命先驱、同盟会发起人之一、政论家、宣传家。次子田桓，孙中山秘书、著名画家、辛亥革命活动家，曾被孙中山称赞为“少年英雄”。幼孙田休，留学日本，为了救国，改学军事，毕业于日本名古屋航空学校。1937年日寇侵华时，毅然回国投入抗战，任空军中校队长，其间还任过湖北宣恩县县长。1941年，任鄂豫皖边区总司令部党政总队上校秘书，1946年任武汉绥靖区少将专员。其子孙个个都是名重学林、国之砥柱的风云人物。因此，许多家长都慕名把孩子送到他的“专馆”就读。为家乡培养了一大批杰出人物，如居正、陈乾、石瑛等，还有广济伍秉初（留日）、蕲春张九维（留德）、詹一卿（留日）、广济陈韬及朱嘉尉（留日）、陈晓三、朱义茀、田静山，都曾在田又青的私塾读过书。其中，广济县居正后来留学日本，成为中国当代著名民主革命家、政治家、军事家、法学家，官至司法院院长。阳新县石瑛，留学比利时、法国、英国。归国从政，历任国民党中执委、南京市市长，被誉为“民国第一清官”。蕲春赤东陈乾与他的儿子田桐、田桓都是同窗好友，又一同留学日本，加入同盟会。在辛亥革命中，特别是在反对张勋复辟中，立过大功，授为少将。蕲春赤东张九维赴德国留学，也是同盟会早期会员，后来参加广州黄花岗起义，是组织者之一。

思想进步，拥护共和。田又青少年时，目睹清朝政府的腐败无能、民不聊生的社会，立志做个有益于社会、有益于劳苦大众的人。青年时，边读书，边游学，备尝艰辛，学问渐进，诗文俱佳。后潜心研读经史，寻求救国救民道路。教书期间，留心时务，喜好新学，积极宣传民主共和思想，鼓吹反清革命。如，居正、陈乾、石瑛、张九维等人，都是在他的影响下，加入同盟会，参加辛亥革命的。为推翻清王朝立下了不朽功勋。他还大力支持子女投身反清革命，常鼓励他们说：“只要有愚公之志，总能搬走大山。”光绪三十一年（1905），其长子田桐于日本编辑出版《亡国惨记》，触怒清廷，被逮捕入狱，他闻讯后，书联赞道：“焦桐（指田桐）名气传天下，文梓（田桐字梓琴）奇才压海东。”表现了一个父亲在大节面前的凛然正气。

爱惜人才，受人尊敬。蕲春寒士洪九云，因家贫辍学，以缝纫为业，田又青得知他才华过人，便亲自登门，到该生家里做工作，破格收为弟子。洪九云上学后，为解决其后顾之忧，他不仅免收学费，还供给膳食七载。洪九云在他的关心和精心培育下，发奋苦读，成绩优秀，在州试、府试中屡列前茅，后去南洋加入同盟会，协助田桐办报，鼓吹革命。归国后，效仿恩师田又青，致力振兴家乡教育，在故乡洪祖二祠堂设馆收徒。在教学上，注意改进教学内容，并模仿西欧勤工俭学方式，实行耕读结合，开了蕲州学塾新学之风。田又青的学生对他也是十分尊敬，常怀恩师之德，每每投桃报李。如居正在南京当司法院长时，曾派人专程到蕲春看望恩师，并馈赠一大笔银两给他盖房子。在当地留下了一段尊师重教的佳话。

著述名录：著有《拙园诗草》等。

⊙黄梅县

黄梅扼吴头楚尾之雄，凝地灵人杰之气，是佛教禅宗的发祥地、黄梅戏的发源地，集“诗词之乡”、“武术之乡”、“挑花之乡”、“楹联之乡”美誉于一身，积淀了丰厚教育文化底蕴。这里诞生了中国佛教禅宗四祖道信、五祖弘忍、六祖惠能；哺育了明朝哲学家瞿九思、兵部尚书汪可受；清朝探花、一代廉臣帅承瀛；走出了中国近代哲学家、北京大学副校长汤用彤，著名民主人士、民革中央秘书长梅龚彬；孕育了当代教育家、独树一帜的文学巨匠废名（冯文炳），现任中国最高法院院长周强等。古往今来，名人辈出，群星灿烂。

黄梅境内建县始于汉，初名寻阳。东晋太元三年（378），南境仍属县治，迁江南之寻阳县；北境划归蕲阳。南齐永明四年（486），析蕲阳县之东境立永兴县。隋开皇初（581），改永兴县为新蔡县。开皇十八年（598），改新蔡县为黄梅县。唐武德四年（621），析黄梅为义丰、长吉、塘阳、新蔡四县，置南晋州领之。武德八年（625），废州，省四县复为黄梅县。自此至今，县名未变。该县位居北尾南缘，鄂皖赣三省交界，南临黄金水道，扼八方之要衢，自古称“七省通衢”、“鄂东门户”。

清末，该县私塾遍及城乡，其中商河大屋商氏族塾较为著名。

喻钟

名师名片 喻钟——清康熙乾隆年间黄梅著名乡村塾师，贡生，曾任宜昌长阳县教谕及蕲水县王根石“专馆”和黄梅县本邑私塾坐馆塾师。

教育箴言 **读书不唱，犹不能倡其气，焉能烂熟于胸。**

名师传略 喻钟（生卒年不详），字公升，一字宫声。黄梅县人。清乾隆五十四年（1789）拔贡。曾任宜昌长阳县教谕。一生从事教育工作，黄梅著名“坐馆”先生，德高望重，名播乡梓。

喻钟勤奋好学，工诗文，喜吟咏，尤善词曲。他十分喜欢中国婉约派最具代表性的人物之一，也是宋词发展的关键人物柳永。他通过梳理，把柳永的词归为两大类：一是叙写都市繁华，反映青楼调笑和市民的爱情生活。这类词的代表作有《望海潮·东南形胜》、《迎新春》、《木兰花慢》、《雨霖铃·寒蝉凄切》等；二是抒发漂流四方、羁绊旅行途中的思亲怀乡之作。其代表作有《八声甘州·对潇潇暮雨》等。他认为，柳永的艺术成就，主要是表现在创作了大量慢词，扩大了词体，也丰富了词的表现力。他称赞柳词“善于铺叙，前点后染，烘托对照，情景交融。做到了不用典故，不堆砌辞藻，也能使语意清新，情意缠绵，音韵优美”。他的见解，曾受到士大夫们的交口称赞。他在教学之余，以黄梅风土人情为素材，创作了大量词曲，深受当地老百姓的欢迎。以至“凡有酒肆庙会，即能歌喻词”，在黄梅影响极大。为日后黄梅戏的形成奠定了广泛的社会基础。

喻钟终生从教，教有方，善为师，桃李满天下。他一生中的大部分时间从事乡村塾师工作，辗转在蕲水县王根石专馆和黄梅本邑“坐馆”教书。在教学上，极力倡导以词曲演唱的形式开展教学。他强调：“读书不唱，犹不能倡其气，焉能乱熟于胸？”因此，他要求学生读书先要唱读，让学生朗朗上口后，再阐发义蕴，以便于记忆，收到了良好的教学效果。门生众多，培养秀才、举人达 20 人以上。

德艺俱馨，振学林，司教育，父子双双当教谕。乾隆五十四年（1789），喻钟因教学有方，被选为拔贡，出仕为官，随即掌教随州，后授长阳教谕。时年 70 岁，可谓老益弥坚。其子子宾，同时担任当阳县教谕。父子同府当教谕，一时传为佳话。

性情耿介，进有据，退有礼，敢为穷苦百姓仗义执言。喻钟自幼受儒家正统教育熏陶，为人忠烈，不畏地方豪绅恶痞，爱打抱不平，深受乡邻敬重。

余 子 谦

名师名片 余子谦——黄梅县著名塾学名师、训诂学者，廪生，毕业于湖北两湖书院，曾任黄梅县下乡、广济县、江西瑞昌私塾坐馆塾师。

教育箴言 **博古而不陷于古，乃修学至境也。**

名师传略 余子谦（1873—1942），号之骥。黄梅蔡山人。清末廪生，后毕业于湖北两湖书院。曾于黄梅下乡、广济、瑞昌等地，设馆教学 30 余年，立德树人，德艺双馨，桃李成荫，把自己的一生奉献给了乡村教育事业。

余子谦自幼勤奋好学，成绩优秀。17 岁入黄梅县学为廪生，并从县学以优异成绩考入湖北两湖书院。该书院为湖广总督张之洞所创办，造就了一批又一批新学人才，为晚清时期湖北省的最高学府。在教学与管理上，张之洞亲临主持，并大力倡导“中学为体，西学为用”。开设的课程有：经学、史学、地理、数学、博物、化学及兵操（军训）等科。任教者，有很多是当时学界的名流，如原黄冈县教谕、地理学家杨守敬、数学兼翻译家华蘅芳、音韵学家等均在此执教。余子谦在两湖书院深造期间，学习异常刻苦，尤其是在恩师杨守敬的影响和指导下，逐步爱上了音韵学和训诂学，并终生致力研究。

余子谦教授古文，颇有心得。他认为，音韵学是训诂学的得力工具，明了这一点极为重要。如，他教《诗经·邶风·柏舟》五章：日居月诸，胡迭而微?心之忧矣，如匪瀚衣。静言思之，不能奋飞。其中“如匪瀚衣”一句的解释，他就有自己独到的见解。他觉得，“匪”应是“篚”的古字。《说文解字》：“匪，器似竹筐。”特别是他通过研究音韵发现，“瀚衣”应为“翰音”。“翰音”就是鸡。“衣”和“音”二者声母、韵腹均相同，韵尾不同，一个属元音韵尾，一个属鼻音韵尾，符合音韵学的音变规律“阴、阳对转”。因而，他把“如匪瀚衣”解释为“如同关在笼子中的鸡”，不能自由自在，与下文的“静言思之，不能奋飞”自然地衔接起来了。而自毛亨以来的注释家多解释为“像没洗涤过的脏衣服”，比喻心中的忧愁，就像穿着没有洗过的衣服那样让人难受。他批评道：这种解释，不仅在逻辑上讲不通，还使喻体和本体之间没有相似点，与下文的“静言思之，不能奋飞”也联系不起来。他教书往往博古而不陷于古，在批判中继承。

余子谦关爱学生，爱惜人才。在他30余年的“坐馆”生涯中，每逢遇到家境贫穷而求学志坚的学生，他常常不收学费，招至门下，以励学成。在黄梅下乡、广济、瑞昌一带名重一时，深受社会、家长和学生欢迎。

熊 竹 生

名师名片 熊竹生——黄梅县著名塾学名师，贡生，曾任黄梅县劝学所所长，与本邑李竹如、邢竹坪合称黄梅教坛“三竹”。

教育箴言 **虽然教无定法，但目的只有一个，就是启发、培养学生独立思考问题、发现问题、解决问题的习惯和能力。**

名师传略 熊竹生（1862—1935），字受虚。黄梅县柴培塘人。清末贡生。曾任黄梅县劝学所所长。一生以塾师为业，为人师表，德高望重，是黄梅县民国教坛“三竹”之首。

熊竹生追求真理，立志教育救国。他在辛亥革命和西方科学思想的影响下，逐步同情革命，支持革命，以培养革命人才为己任，把三尺讲台作为救国救民、传播新思想、新文化的重要阵地。在他的影响下，其子侄亲属和学生积极参加中国共产党领导的新民民主义革命，一批又一批，前赴后继。如，黄梅著名革命烈士邓雅声、张亚良、陈应芬都是他的得意弟子。

熊竹生十分注重培养学生的自主学习能力，善用启发式教学。他认为，在课堂上，教师采用何种教学方式，要慎重灵活。虽然教无定法，但目的只有一个，就是启发、培养学生的独立思考问题、发现问题、解决问题的习惯和能力。启发是着眼点，学生获取知识、发展能力、形成个性是落脚点。教师要思考如何把来自学生的疑问变成自己提出的问题，将老师的答案努力变成学生的结论。他上课，往往达到了以点带面、融会贯通、举一反三的教学效果。

熊竹生同情贫苦，对贫苦子弟极为关怀。凡因家贫而不能上学者，他均免费收入塾中，耐心教读。如邓雅声，年少丧父，读书勤奋，免费收留读书两年。在他的启蒙下，走上革命道路。在黄梅、武汉、京汉铁路南段等地，创办平民学校，进行革命宣传活动，发动秋收起义。历任中共黄梅地委组织部长、中共黄梅县委委员兼宣传部长兼黄梅县农民协会秘书、京汉路特委书记。1929 年 2 月 19 日，被国民党反动派杀害于汉口余记里空坪，时年 27 岁。牺牲前，写下了“不死沙场死牢狱，三年埋血恨难平”的正气篇。狱中还曾专门给他写信《致熊竹生夫子书》，其中深情地对他说：“雅声本窭人子耳，年少丧父，其能粗识之无，略解文艺者，皆大人之赐也。”

熊竹生平生酷爱古诗文，厌弃功名利禄，具有强烈的民族气节。他常常长啸悲歌，抨击弊政，词锋犀利。他曾讥讽袁世凯：“卖儿鬻妇休延缓，莫误新皇即位期。”充满了对劳动人民的热爱和对反动军阀统治的憎恶。

著述名录：著有《养拙园诗抄》、《养拙园文集》等。

李　竹　如

名师名片　李竹如——黄梅县著名教育专家、塾学名师，毕业于北平法政大学，曾任黄梅县第二高等小学教习、第三高等小学校长、黄梅县教育局局长，为黄梅教坛著名“三竹”之一。

教育箴言　**心与人合一，人与文合一，与道相近矣。**

名师传略　李竹如（1870—1945），名祖荫，字鼎臣。黄梅县停前镇李大屋人。同盟会员。毕业于北平法政大学，曾任黄梅县第二高等小学教习、第三高等小学校长、黄梅县教育局长，并长期设馆授徒。是黄梅教坛著名的“三竹”之一。

李竹如忧国爱民，加入同盟会。清光绪三十三年（1907），他与后来成为著名辛亥革命党人宛思寅一起加入中国同盟会。在黄梅、武汉等地宣传鼓动推翻满清腐败政府，进行秘密革命活动，并在宛思寅与张芸天共同主持的《震旦民报》发表多篇文章，揭露官场腐败，鼓吹民主共和。

李竹如思想进步，积极参加支持革命。1919年，在“五四”运动的影响下，他与本县名师熊竹生的弟子党员教师邓雅声一起创办“读书会”，指导进步青年学生阅读恩格斯的《家庭私有制和国家的起源》、列宁的《国家与革命》、《唯物主义和经验批判主义》，还有“五四”时期的进步书刊，如《狂人日记》、《子夜》、《母亲》、《铁流》、《大众哲学》等，还经常召开座谈会，交流学习心得，评议政治时事。在他的革命启蒙下，使一批青年进步学生很快成长起来，走上革命道路。与此同时，他积极支持女儿李咏法、李同法和独生儿子李尚达以及女婿喻文宪参加革命。他的儿女为革命牺牲后，他虽极度悲痛，却毫不后悔。他在给外孙的信中写道：“汝辈后生，应知忠于国家，孝于民族之大义。”字字铿锵，句句动容，催人奋进。

李竹如教书注重启迪，具有自己的教学特色和风格。他可以因学生的不同，教学内容的不同，不断地调整教法和学法，坚持用生活智慧启迪读书悟思，提倡“心与人合一，人与文合一，与道相近矣”。特别是，他发明一种教授作文和批改作文的模式：第一步要求学生读范文百遍，第二步让学生对照摹写，第三步他熬夜进行细改圈批，第四步找学生当面点评，第五步指导学生修改重抄，第六步帮助学生提炼佳句。这种模式达到了作文的实效，开发和启迪了学生的思维，达到了“随风潜入夜，润物细无声”的效果。因此，他教的学生文章和诗歌词赋都比较好，在黄梅有较大的影响，为培养黄梅人才，发展乡村教育做出了重要贡献。

邢竹坪

名师名片 邢竹坪——黄梅县著名塾学名师、书法家，楹联文化学者，贡生，为黄梅教坛著名“三竹”之一。

教育箴言 **无非是戏，倘记起本来面目装模作样，下台还比上台难。**

名师传略 邢竹坪（1891—1950），字家让，号龙骧工。清末贡生。黄梅县孔垅镇邢港村人。书法家。毕生从事私塾教育工作，德高望重，是黄梅教坛著名的“三竹”之一。

邢竹坪同情革命，具有高度的正义感。他曾奋不顾身地同反动势力作面对面的坚决斗争。1927年3月，国民党杀害中共黄梅县委书记邢家镇，他义愤填膺，写了一副挽联：“是讹杀吾家惠莲，苦雨酸风，春去池塘劳梦想；愧我哭穷途阮籍，伤时感世，年来髀骨半消磨。”邢竹坪还具有强烈的民族自尊心和爱国热忱。曾巧妙地拒绝了反动官僚和日本帝国主义的厚禄聘用。1940年冬，汉奸、日伪副县长费阎王，以年俸1500银元的高薪，请他做家庭教师。他笑着问：“你请我教书，是文请还是武请？”费笑着说：“请先生当然只能文请。”他说：“好吧，既是文请，开年再说。”春节时，他写了一副对联，贴在私宅的大门上：“秋水襟怀淡；庐山面目真。”春节一过，他便回避了。当费阎王登门再来请他时，看到门联，只好作罢。旧社会，黄梅县逢年过节，爱唱戏玩灯赛会，虽然带有封建迷信色彩，却也是当时城乡老百姓喜闻乐见的文化娱乐活动。1942年春节，日伪孔垅镇长王克仁，为了攻打龙坪新四军，要在孔垅镇万年台，唱三日三夜黄梅戏。邢竹坪愤然作了一副对联贴在戏台上。上联是：前年演一台，去年演一台，今年又演一台，都是本乡人，做样装模，亏得我丢丑卖国；下联是：京戏唱几齿，汉戏唱几齿，乡戏再唱几齿，岂为戏中人，似梦非醒，却看他怎的收场。王克仁看了对联大怒，跑回镇公所也写了一副对联，上联是：世事何心认真，名利皆空，遣怀且听清灯谜；下联是：面目虽然是假，衣装未改，登台犹见汉关仪。复贴在戏台的两边。邢竹坪看了后，摇头说：寡廉鲜耻，还自比关仪。于是又写一副，上联是：正可偷闲，却趁此眼底春光铄鼓震金，粉刷无如观仪好；下联是：无非是戏，倘记起本来面目装模作样，下台还比上台难。又复书贴在王克仁对联上面。王克仁看后，像泄了气的皮球，跑回房里，靠在床上自省，想到“下台还比上台难”的处境，于是，下决心学关羽，义字当头，为群众办几件好事。就主动把关押在镇公所的两个新四军游击队员放了。不料，被日伪翻译汤日明告密，被日本宪兵抓进监狱，押解到黄州。王克仁在押解途中感慨地写了一首诗：潦倒南国做楚囚，一轮押送到黄州。江村两岸炊烟少，日落西城杀气浮。赤壁故国生杂草，白杨古道挂猕猴。未能一展平生志，空坠灵环四十秋。从此，王克仁洗心革面，躬耕乡村，再没有干汉奸的勾当。

邢竹坪教书有方，桃李满天下。他对家境困难的学生，一律免费入学，一时从学者众，造就了一批又一批人才。其中著名学生有邢慕寰、李光唐等人。邢慕寰曾任台湾大学经济学研究所教授、台湾国家科学委员会教授、香港中文大学经济系讲座教授兼社会科学院院长及研究院院长、台湾行政院主计处国民所得评审委员会顾问、台湾中华经济研究院研究顾问，为台湾中央研究院第六届院士，世界著名经济学家。李光唐曾任湖南耒阳县代理县长。抗日战争爆发后，投身军旅，历任国民党第七十军、二十六军、八十八军军需处长。在长沙、衡阳、南昌、上高等地战役中，后勤保障，功劳显赫。抗战胜利后，历任中央训练团军需监组长、联勤第十三兵部分监部少将分监等职。1949 年到台湾，1950 年退出现役，开始兴办企业，担任复兴企业有限公司董事长，被台湾列为现代企业名人、著名书法家。

邢竹坪善教书法，凡学生送来的临帖，必一一指点，注重激发学生的学习兴趣，鼓励学书贵在坚持不懈。他在教学之余，潜心研究书法，造诣日臻完善，是当时黄梅县名重一方的书法家。地方上的机关、学校、商铺的招牌，家庭里的屏联多出自其手笔。尤其是善写对联，为黄梅普及楹联文化、研究楹联艺术、打造楹联之乡，做出了巨大努力，并留下了许多脍炙人口的对联。

⊙广济县（今武穴市）

背景链接：广济县（今武穴市）自唐以来，境内庙宇林立，宗教兴盛，私塾遍布，孕育了灿烂的人文历史，涌现出许多著名人物：主要有禅宗四祖马道信，南宋抗蒙英雄、兵部尚书余玠，最早研究戒毒药物的清朝鄂东名医杨际泰，追求中山先生创建同盟会的居正，民国时期外交家、中国第一位大使刘文岛，联合国安理会首位中国主席郭泰祺，共和国将军陈康、兰桥，最早发现活化石水杉的中国著名林学家、林学教育家干铎，著名新闻记者、新华社原社长郭超人等。

该市始设于唐朝天宝元年。古称“佛国”，取“广施佛法，普济众生”之意。1987 年，经国务院批准，撤县建市，更名武穴市。该市位于长江中游北岸，大别山南麓，鄂东边缘，四周与蕲春、黄梅、阳新、九江、瑞昌等地为邻。地扼吴头楚尾，历来是鄂、皖、赣毗连地段的“三省七县通衢”。

清中后期，该市义塾比较发达，其中武穴刊江义学、梅川关帝庙义学、大金铺翠珍庄义学等义塾较为著名。

王 访 儒

名师名片 王访儒——广济县（今武穴市）塾学名师，廪生，曾任广济县赵训卿家族私塾坐馆塾师。

教育箴言 **治学之道，师长者之长，补己之短，贵在精勤二字。**

名师传略 王访儒（生卒年不详），广济县（今武穴）人。清末县学廪生。毕生以塾师为业，执教乡里，德艺双馨，为当地培养了一批又一批有用之才。

王访儒大约出生于光绪初年，自幼聪明好学，在私塾读完《三字经》、《百家姓》、《千字文》、《千家诗》后，又读了《论语》、《孟子》，并学做八股文，在当地颇有文气。然而，参加科举考试，屡试不第，遂无意功名，便于邻村赵训卿家族私塾“坐馆”，教授蒙童。从此，把自己的一生都奉献给了乡村教育事业。

王访儒教学精勤，治学严谨。他提出“学也，即学问”。积极倡导弟子要“师长者之长，补己之短，贵在精勤二字”。在教学上，大力实行孔子的教学主张，做到有教无类和因材施教。他鼓励学生知之为知之，不知为不知。常常告诫学生：学而不思则罔，思而不学则殆。修业要做到实学、勤学、诚学、博学。因此，他十分注重学生学习习惯的养成和学习方法培养。平日课读极严，学生敬畏有加。教学效果好，名播乡梓。

王访儒素有大义，扶危济困。1912年，在他门下三年的邻村贫苦学子胡乔甫无钱读书，被迫退学。他怜其求学心切，爱其才华初露，毅然免费收他入学，并送两担米以济家困。在当地传开后，贫困子弟蜂拥而至。由于族塾经费短缺，他便四处募捐，有时甚至是乞讨，筹的钱粮每年免费招收蒙童五六人。受到乡亲父老的交口称赞。

王访儒坐馆期间，除教授《四书》、《五经》之外，积极与进步人士交往，接受新思想、新文化。鼓励学生阅读《新青年》之类的进步书刊。“五四”运动爆发后，在他的影响下，胡乔甫等学生逐步走上革命道路，并加入中国共产党，历任中共长江独立第七支部支部书记、中共广济县县委委员兼第八区委书记。1925年，在他的支持下，胡乔甫联络本县刘汝翼，黄梅县的吴铁汉、潘丹桂、周维邦等进步青年，成立黄广边学生会，宣传反帝反封建思想，传播马克思主义，引导学生运动，成为进步青年知识分子的良师，使黄梅的革命之火愈烧愈旺。

后　记

几年前，黄冈市教育局组织编纂《黄冈市教育志》。经过近三年的辛苦工作，终于完成了志书的编纂。这部黄冈教育史上的第一本教育专志，在2012年6月，由湖北人民出版社顺利出版了。我有幸参与了撰写工作，并忝列于总纂之一。另一位总纂，是我的好友南东求老师。

志书编完后，我与好友东求君，各自归岗。他回到了黄冈职业技术学院，我回到了黄州中学。我们同居一城，且同在一条街。他居街之北，龙王山之下；我居街之南，遗爱湖之畔。平时忙于各自的教学工作，稍有得闲，两人想起了对方，一个电话，一条短信，相约了，不到十几分钟，便走到了一起，于是，一杯茶，一支烟，天南海北，古往今来，海阔天高地聊起来。不知日落，不知夜深。

我们曾经有约，在两三年之间，利用已熟悉的黄冈教育人文资料，合撰两本书。在近三年的编志工作中，我们互相了解对方，由于我们的赤诚相照，我们自认为是黄金搭档。第一本书《黄冈教育名人传录》，作为黄冈职业技术学院的科研课题，在大家的共同努力下，已经出版了。《黄冈名师录》，这是第二本约撰的书，也即将付梓了。在撰写的过程中，个中的辛苦，我们当然最清楚。有句老话："文章千古事，得失寸心知。"千古事，我们不敢论及。但寸心知，的确如此。正因如此，我们感到欣慰。所谓欣慰，不是别的，因为岁月于我们，已是弥足珍贵。我们一辈子从事教育教学工作，没有惊人的业绩，没有羡人的荣耀，唯有的是，默默无闻地耕作，无怨无悔地生活。当然，我们希望能做点事，做点力所能及的事。能有益于人的事，哪怕是闪出一点萤光，至此足矣。这就是我们写作的动机。

付梓之前，我们还想说几句心里话。那就是我们的由衷感谢。感谢所有对此书给予热情帮助和无私支持的人。感谢黄冈市教育局各位领导，给我们曾经提供了了解黄冈教育历史人物、阅读黄冈教育史料的平台和机会。感谢市教育局屈银安主席，出任主审，审阅了书稿。感谢黄冈职业技术学院医药卫生学院的沈爱平副院长，给予了热情支持。感谢刘勇副教授，为本书的撰写做了不少努力。……我们要特别感谢的是，中国税务杂志社总编辑蔡宇先生在百忙中审阅了全书稿，并为之作序。我们还要特别感谢的是，湖北人民出版社编审陈令军先生为本书的出版事宜，不遗余力地做了许多工作。这本薄书的出版，汇聚了众多人的汗水和心血。我们谨此心怀虔诚之心，在此一并致以真诚的谢意。

此外，我们还要作以特别的说明。本书在撰写过程中，引用了众多学者专家的研究成果，我们未能一一列出，在此一则表示由衷歉意，二则示以由衷的谢意和敬意。

由于我们水平有限，学识浅薄，书中定有不少错误之处，敬请读者，不吝赐教，以便再版时改正。

曾跃进　南东求

2013 年 7 月 26 日